JN139317

ジャック・マー
アリババの経営哲学

張燕 編著　永井麻生子 訳

ディスカヴァー携書
210

まえがき

ジャック・マーすなわち馬雲。彼は貧相な体つきで、決してハンサムではない。学生時代の数学の成績は「不思議なほどに」悪く、2度も大学受験に失敗し、失意の中、大学に進んだ。しかし、決して現状に満足せず、偶然に出会ったコンピュータという存在により、インターネットというものを知り、ビジネスを始めた。そして、中国初のビジネス用サイト「中国黄頁」を作った。彼はまったくのコンピュータ音痴でありながら、中国電子商取引の神話を作った。そして、この男は、世界中から賞賛を受け、「中国のビル・ゲイツ」がいるとしたら彼だ、と思われている。

２０００年　アメリカ　アジアビジネス協会　ビジネスリーダー賞
２００５年　２００４年度中央電視台ビジネスパーソン
２００５年　世界経済フォーラム「全世界未来のビジネスリーダー１００」
２００６年　中国で最も影響力のあるビジネスリーダー25位
２００９年　クラウドコンピューティングの「アリクラウド」設立

２０１１年　B２Cサイト「淘宝商城」を開設
２０１２年　（２０１２年3月に「天猫（Tモール）」に改称）
２０１３年　米国ヤフーより同社の所有していたアリババ株40％のうち半分を買い戻す
２０１４年　馬雲CEO辞任。陸兆禧がCEOに就任。
　　　　　　ニューヨーク證券取引所に上場

インターネットの世界で成功を謳歌しながらも、彼は密かに鎧を脱ぎ、引退後の生活を楽しもうと考えていた。しかし、彼を呼ぶ人々の声は、止まなかった。皆、彼に多大なる敬意と思慕の念を抱いていたためだ。


この世間の常識では計れない男、馬雲。

馬雲は常に自分というものを持ち続け、インターネットの世界では、もはや神の領域といっていいほどに、人々が予想もつかない動きをしてきた。アリババの電子商取引から始まって、タオバオへ。B２B（企業間取引）からC２C（消費者間取引）へ。馬雲のビジネス展開は誰にも理解できない。

彼は情熱を持って起業し、堅実に事業を進めてきた。彼は、「商売をしている人に必要なサービスを作る」と言い続けてきた。彼はただ金のために事業をしているのではない。彼は、他人がより多くの金を稼げるようになるために事業をしているのだ。彼は、人材の登用に当たっては、適材適所、能力重視を貫いている。馬雲いわく、企業が求めるのは普通の人間だ。彼は、アリババという普通の人で構成されている集団が、非凡なことを成し遂げることが重要だと考えている。彼は融資を受けるために腰をかがめたりしないし、上場後のほうが、より低姿勢になっている。

馬雲の言葉はわれわれに多くの気づきをもたらす。馬雲の人生には、われわれがじっくり味わい、考えるべきものが詰まっている。馬雲は、自分が範を垂れ、人を教育しようとは思っていない。

「アリババはいかにして成功をつかんだか、アリババの特長はどこか、ということを書いた本がたくさん出ています。でも、私は読んだことがありません。私は、いつかこんな本を書きたいと思っています。内容は『アリババの1001の失敗』です。私たちは多くの過ちを犯してきました。これは起業家やこれから起業する人が研究するに値するでしょう」

中国中央電視台の人気番組『赢在中国（win in China)』のプロデューサー王利芬は、馬雲についてこのように語っている。
「馬雲には、普通の人には絶対に及びもつかない点が一つある。それは、まったく虚栄心を持っていない、という点だ。彼は中国人がこだわるメンツにこだわらないし、パッとしなかった過去についても隠さない。自分の顔さえも笑いのネタにできる。彼はどんな場所にいても彼自身だ。自分の足りないところも、優れたところも表現してはばからない。誰も彼をぐらつかせることはできないし、彼の自信を打ち砕き、自らを否定させることもできない」

本書は、馬雲が歩いてきた道のりを丁寧に記録したものだ。本書を読んでいただければ、馬雲の人生で培われた独特の知恵、勝負に対する考え、起業の心得、企業管理などに触れることができる。ぜひ、本書を読んで、馬雲の人生から学ぶべきところを見出してほしい。

本書は、普段の生活を変えたり、職場での昇進を助けたりするものではない。しかし、様々な面で、あなたの気づきを促し、忠告となるはずだ。現実の生活の中で曖昧になってしまったかつての夢を思い出させ、つらい人生の中で前に進む力になってくれるだろう。

本書を開いて、馬雲の言葉に触れ、馬雲が乗り越えてきた挫折に思いを馳せていただきたい。馬雲の独特な哲学は、あなたが夢を持ち続け、成功へと歩み続けるのを助けてくれることだろう。

張 燕

本書は、2014年12月に小社から刊行された同名書を携書化したものである。

我的人生哲学：马云献给年轻人的12堂人生智慧课BY 张燕
Copyright © 2013 by 天津磨铁图书有限公司All rights reserved.
Japanese Translation Copyright © 2014 by Discover21，Inc.
Japanese edition is published by arrangement
with 天津磨铁图书有限公司

ジャック・マー　アリババの経営哲学

目次

第3章 起業の哲学

第4章　チャンスの哲学

第5章　ビジネスの哲学

第6章 リーダーの哲学

第7章　マネジメントの哲学

第8章　イノベーションの哲学

第9章 競争の哲学

第10章 戦略の哲学

第11章 富の哲学

第12章　生活の哲学

第1章

成長の哲学

来たるべき冬は準備と信念で乗り切る。

男の度量は屈辱の量で決まる。味わった屈辱が多いほど度量は大きくなるものだ。
失敗を重ねても、死にさえしなければ再び立ち上がれる。
目の前の苦境などたいした問題ではない。
重要なのは理想を胸におのれの未来を見据え、
プラス思考で自分を成長させることなのだ。

01
やるべきときにやる。

If not now, when? If not me, who?
今でなければいつ？　私でなければ誰が？　――馬雲

馬雲は子供の頃から中国武俠小説の大ファンだ。物語の世界では、義を尊び、剣を頼みに弱きを助ける俠客たちが、天下を闊歩する。そんな武俠小説の「義俠心」を現実の生活に持ち込んでいた馬雲は、不公平な事態には必ず立ち向かっていく気骨のある子供だった。

それは馬雲の生い立ちに関係する。馬雲が子供のころ、中国では出自というものが大きな問題だった。不幸にも、馬雲の祖父は若い頃いわゆる隣組制度のリーダー「保長」を務めていたことから、文化大革命時代には反革命分子と見なされ、馬雲ら家族もずいぶんひどいいじめを受けた。

あるとき、馬雲の祖父がたまらず反抗したら、「反抗は許さん。ただおとなしくしていればいいんだ」と威嚇されたこともあった。

馬雲の小学校の教科書に、それとまったく同じセリフが書いてあった。授業中、馬雲は「どうか先生がこのセリフを読みませんように」と願ったが、結局、教師はそのセリフを読み上げた。すると、馬雲の祖父が威嚇されたのを目撃していた男子生徒が馬雲のほうを振り返り、変な顔をしてみせた。馬雲の祖父の一件をうわさに聞いていた他の生徒たちも、男子生徒の態度を見てクスクスと笑い出した。

クラスメートの異様な視線にさらされ、ナイーブで自尊心の強かった馬雲は激しい怒りを覚えた。彼は教科書をつかむと、挑発してきた男子生徒に投げつけた。すると投げられたほうも、負けじと自分の学生カバンを馬雲に投げつけてきた。カバンは馬雲の頭に命中し、流血の惨事となった。

このようにたとえ劣勢に立たされようと馬雲は決してひるまない。喧嘩は好きではないが、喧嘩を恐れたことはない。ひ弱な身体だったが、誰かにいじめられたら、どんなに屈強な相手でもすぐにやりかえす。

成功は常に勇気ある人間を歓迎する

喧嘩のせいで生傷が絶えなかった馬雲は、学校では何度も処分を受け、家では両親に叱られた。しかし決して行いを改めようとはしなかった。馬雲は自分自身のためではなく、多くの場合、友人のために喧嘩をしたのだ。友人のために戦って13針以上縫う大怪我をしたこともあったほどだ。

「この子は将来、ロクなものにならない」。当時、親戚や友人は馬雲の前途をこんなふうに悲観していた。どうせ喧嘩に明け暮れるチンピラになるのが落ちだと思っていたのだ。そんな馬雲が将来、中国のみならず世界中にその名を知られる有名人になろうとは誰が想像しただろう。

人々は、成績が悪いことや喧嘩ばかりしているといった短所にだけ目を奪われ、馬雲の最大の長所である「勇気」を見逃していたのだ。

勇気とは、現実と向き合い恐怖に打ち勝つための武器である。また、失敗を克服し勝利をつかみ取るための最強の武器でもある。

勇気があるからこそ、馬雲はいじめられたときも、不公平な扱いを受けたときも、受けて立つことができたのだ。やるべきときには絶対しりごみをしなかったのも、勇気があったからだ。成功は常に勇気ある人間を歓迎する。ゆえに馬雲の栄光というのは、決して偶然の賜物ではないのである。

「私は子供のころから貧相だったが、喧嘩は得意だった」

大人になった馬雲は、当時をこう振り返る。人間にとって最悪なのは、びくびくと一生を送ることだ。馬雲もまたそのような人生を歩みたくはないと、子供の頃から思っていた。彼の勇気は生まれながらのものであり、生きていく中でさらに磨きがかかり強固なものになっていった。

ソクラテスは言った。「世界を変えたいのなら、まず自分自身を変えろ」と。しかし馬雲は、世界を変えはしたが、自分自身は変えていない。

馬雲が、妥協をせず前に進んでこられたのは、勇気があったからだ。勇気は無敵のパワーである。**勇気を失わない者は、永遠に敗れ去ることはない。なぜなら雨があがれば必ず日の光が見えると信じているからだ。しかし、勇気を失った者に人生のプレッシャーや試練に立ち向かうすべはない。**

相手が人間であろうと運命であろうと、簡単には倒されない。馬雲は成績の悪い子供だったが、英語だけは得意だった。これは中学時代の地理教師のおかげだ。

ある日、その教師が授業中に自分が経験したエピソードを語った。西湖のほとりで数人の外国人観光客に道を尋ねられ、流暢な英語で答えたついでに杭州の見所をいくつか紹介したら、とても感謝されたという。そして地理の教師はこう締めくくった。

「あなたたちは地理だけではなく、英語もしっかり勉強しなければいけません。外国人に何か尋ねられて答えられないと、中国人の恥になってしまうからね」

失敗は停滞の理由にならない

何気ない言葉も、聞く者によっては意味を持つ。馬雲は教師の何気ない「雑談」を心にきざんだ。お小遣いから6角（中国の貨幣単位。10角＝1元）を出して小さなラジオを買い、英語の勉強に励んだ。馬雲は毎日欠かさず英語の放送を聞き、外国人の多い西湖のほとりへ出かけて行っては英会話の練習を繰り返した。

馬雲は、恥を恐れずに外国人をつかまえては話しかけた。英語が下手だと笑われても平気だった。彼にはただ一つ「英語を話すチャンスがあるなら、誰が何と言おうと関係ない」という信念があったのだ。この勇気と毎日これを続けた意志の強さにより、馬雲の英語力は飛躍的に向上し、中学時代のうちに、自転車に外国人観光客を乗せて、杭州の街のすみずみまで案内できるほどのレベルに達していた。

たびたび観光ガイドとして外国人と会話をしていた馬雲は、英語のレベルアップのみならず、かなり若いうちに異なる世界観や人生観に触れる機会に恵まれたということになる。後に馬雲は、

「外国人との交流を通して、彼らの考え方と私の受けた教育には大きな違いがあることを発見し、外にはまったく別の世界があるのだということを理解した」

と当時を振り返っている。

成功を手にした人間は、最初に直面した困難や失敗に恐れをなして退却しなかった人だ。もし、その人間が次なる挑戦のチャンスを放棄していたら、成功の神とあがめられるようにならなかったはずだ。もし馬雲がいじめにあうたびに全力で反撃し尊厳を守りぬかなければ、馬雲の性格が強靭に鍛えぬかれることはなかった。もし馬雲が外国人と交流し、厳しい英語の練習を繰り返さなければ、将来の事業のための種をまくことはできなかった。

失敗は停滞の理由にはならない。凡庸さに甘んじることなく、自分に挑戦し、覚悟を決

め、やるべき時に鉄の心をもってやれば、思いもかけない新しい局面が目の前に広がるかもしれない。人生において、いかなる境遇に陥ろうと、勇気さえあれば、それは成功への大きな糧となるのだ。

02 自分を疑ってもいい。信念を疑うな。

私は常に自分を疑う。自分を疑うが信念は疑わない。なぜなら、時に信念と自分は一致しないからだ。

このやり方でいいのかどうかと自分を疑うことはあっても、自分の信念や目標を疑ったことは一度もない。

アリババを設立するときに「世界中のあらゆる商売をやりやすくする」と私は言った。これは私の信念だ。この信念は間違っていない。ただし、やり方は正しいのか、戦略は間違っていないかと、常に自分を疑い、自分に問いただしている。――馬雲

馬雲は小学生の頃から、数学に悩まされてきた。数学の成績があまりに悪く、他教科の足をひっぱってしまうのだ。そのため、高校受験のときも志望より低いランクの高校を受験したが、それでも不合格となった。

補習を受けてなんとか高校には入学できたが、大学受験では数学が1点しか取れず不合格だった。大学受験に失敗した馬雲は、自分は大学で勉強するような柄ではないのだと思い、アルバイトで生計を立てることにした。秘書をはじめ、さまざまな仕事を経て、父親の紹介で「山海経」「東海」「江南」等の雑誌社で本の運送をするようになった。

18歳の馬雲は、三輪自転車をこぎ、貨物駅やその他の出荷場へ本を運んだ。毎日の苦しい労働で得る報酬は、ほんのわずかだった。もし馬雲がずっとこの生活を続けていたら、どんな人物になっていただろう？　行商人、あるいは三輪自転車の車夫といったところか。

他人が自分を否定しても、決してめげない

運命は、偶然の出会いにより変わった。浙江舞踏家協会で書類を書き写す仕事をしていたとき、偶然にも路遥の小説『人生』と出会ったのだ。この小説との出会いは、ぼんやりとしていた馬雲の心に一筋の明かりを灯した。馬雲は、主人公の高加林が粘り強く理想を追い求める姿に感動し、自分も理想のために勝負する決心を固めたのである。

そして馬雲は、真剣に二度目の大学受験に取り組んだ。だが、このときも、幸運の女神は馬雲には微笑まなかった。数学がたった19点で、やはり不合格だったのだ。

もともと息子の大学進学にそれほど期待をしていなかった両親は、これで完全にあきらめがついた。しかし、馬雲自身は、意外にもあきらめるどころか再チャレンジを決意したのだった。家族は口をそろえ、大学受験はあきらめて就職するよう勧めた。

その頃、馬雲はボロボロの自転車で杭州を毎日あちこち走り回り、時間をつぶしていた。当時は日本のテレビドラマ『燃えろアタック』が大人気で、あの時代の人々は皆、主人公小鹿ジュンの決してあきらめない姿にずいぶん励まされたものだ。

馬雲も、小鹿ジュンの大ファンだった。彼は小鹿ジュンからパワーをもらい、家族の反対を押し切って3回目の大学受験に挑戦する。受験の3日前、余という名の教師がこう断言した。

「きみ、こんなに数学の成績が悪くては、逆立ちしたって合格できるはずがないよ」

頭にきた馬雲は、受験当日の朝、数学の公式を10個丸暗記した。試験中、その10個の公式をすべての問題に当ててはめてみた。試験が終了し、馬雲は合格を確信する。成績が発表されると120点満点中79点で、みごと試験をパスしたのだ。馬雲は、数学の自己最高得点に大満足だったが、結局、本科合格のボーダーラインには5点足りず、杭州師範学院の専科に入学する。

ところが、当時、杭州師範学院（現在の杭州師範大学）の英語科は本科に昇格したばかりで、定員割れをおこしていた。定員を満たすため外国語学部の主任たちは、専科の成績優秀者の一部を外国語本科に繰り上げるという施策を打ち出した。幸運なことに、馬雲はこうして外国語学部英語学科にすべりこむことができたのだ。

あの日、余という教師が本当に馬雲を馬鹿にしたのか、それとも励ますためにあんなことを言ったのかは分からない。しかし、馬雲は他人が自分を疑おうが否定しようが、まったくめげることはない。

感謝の心を持てば運はやってくる

人は、自分がこんな人物になりたいという希望さえあれば、どんな人物にでもなれる。まさに馬雲の言う通り、それが信念というものだ。

「信念とは何か？『信』とは、感謝、信仰、畏敬だ。未知のことは多いが、知らないことには畏敬の念を持つことだ。私や周囲の人々は感謝に満ちている。10年前、私が感謝という言葉を口にしたときは、まるでスローガンのようだった。今となっては、われわれはなんてラッキーだったのだろうと心から思う。多くの人が、私の運はどこから来るのかと聞くが、感謝の心を持ってさえいれば運はやってくるとしか言いようがない。また、畏敬の念を忘れなければ邪気は寄りつかない。私はそう思っている」

成功するには、常に自分が求めるものは何なのかを分かっている必要がある。それは、つまり信念を持つということだ。

人は自分を疑ってもいいが、信念を疑ってはいけない。自分を疑うことは、自分自身の進歩につながる。しかし、信念を疑うことは、すなわち自分が歩んできた人生に執着しなくなるということだ。もし馬雲が二度の大学受験の失敗で進学をあきらめていたら、あるいは余という教師の言葉に屈していたら、今のアリババは存在しないし、あの自信に満ちた馬雲もいない。

03

左手で右手を温める。

完璧な人間はいないし、社会も完璧ではない。なぜなら社会は完璧ではない人間で構成されているからだ。重要なのは、他人よりも、より勤勉になり、より努力し、より強く理想を持つことだ。そうすれば世界はきっとよくなる。私はそんなふうに人生を歩んできた。

ここまで来られた唯一の理由は、私が同年代の人間よりも、楽観的であり、楽しみを見つけることに長け、左手で右手を温めるすべを知っていたということだ。そして明日はもっとよくなると信じていたことだ。——馬雲

大学に入学した馬雲は、水を得た魚のごとく自由気ままな学生生活をスタートさせた。すでに英語の基礎は固まっていたので、必死に勉強しなくても楽に学業をこなせた。そこで馬雲は大半の時間を、さまざまな学生団体での活動に費やした。

大学3年生のとき、馬雲は杭州師範学院の学生会主席に選ばれた。ほどなく、杭州市学生連盟の主席にも選ばれ、大学内では時の人となる。純粋な象牙の塔ともいうべき大学で、馬雲は平穏で満ち足りた4年間の大学生活を送った。

1988年、順調に大学を卒業した馬雲は、杭州電子科技大学に教師として配属された。その年、杭州師範学院の卒業生500人のうち、大学教師になれたのは馬雲ただ一人だった。同級生が例外なく故郷の中学や高校の教師として配属される中、馬雲は羨望の的となった。辞令を受け取った馬雲のもとを、杭州師範学院の院長がじきじきに訪ねてきて、こう言い聞かせた。

「馬雲、このチャンスは簡単につかんだものではないのだから、どうか大切にしてほしい。君は、われわれ杭州師範学院の看板を背負っているのだから、それに傷をつけるようなことがあってはいけない。少なくとも5年は頑張ってくれ」

当時はちょうど改革開放の時代で、目先の利く連中は次々と公務員を辞めて商売を始めていた。院長は、頭のいい馬雲も改革開放の波に流され、自分を見失うのではないかと心配だったのだ。

馬雲は院長の胸の内を理解した。多くの同級生が留学したり商売を始めたりする中で、院長との約束を守り5年のあいだ真面目に大学で教鞭をとった。

馬雲が教えていた大学は理工学部がメインの学校だったため、ビジネス貿易学科や外国語学科などの教師のレベルは高くなかった。馬雲が赴任し、即戦力となったことは言うまでもない。

英語が得意な馬雲は、国際貿易等の分野についても造詣が深かったため、英語と国際貿易を専門とする教師になった。着任後まもなく、馬雲は杭州にある夜間学校の講師も兼任するようになる。そのときに、外国との貿易を手がける多くの社長と知り合い、貿易に関する知識を得たばかりか、後に役立つ人脈の基礎をも築いたのである。


馬雲の授業は素晴らしく、教室の内外は学生であふれかえった。馬雲が指導すれば、英語が苦手で引っ込み思案の学生でさえ、英語が口をついて出てくるようになった。それは馬雲にとっても自慢だった。

「私は李陽のクレイジーイングリッシュ（李陽が発案した英語勉強法。中国各地でブームになり、ドキュメンタリー映画にもなった）を研究したことがある。もし私がやれば、李陽をしのいでいたはずだ。何しろ私のやり方だと、誰でも本当にペラペラになれるのだから」

この教師時代の経験は、馬雲にとって大きな財産となった。彼は人脈と知識を蓄積し、さらには後の起業につながるよき仲間とも出会えたのだから。

アリババは、馬雲と17人の仲間で創業した。そのうちの何人かは彼の生徒や同僚だった人物だ。たとえば、周宝宝・韓敏・周悦紅・戴珊・彭蕾等がそうだ。杭州電子科技大学で教鞭をとった数年間が、その後のアリババの最も中核的で最も信頼のおける創業チームを築き上げたのである。

何年も後に、馬雲はこう言い放っている。

「この世界にわがチームのメンバーを引き抜ける者はいない！」

この強気な発言の源は、当時、杭州の西湖のほとりでともに過ごした仲間たちが馬雲に与えてくれたパワーと自信なのである。

毎日の仕事を楽しみ、明日を信じる

稲盛和夫は言った。

「人生とは、物質的な繁栄の追求の場ではなく、心を鍛える場である。人生の幕引きのときの心は、その幕開けよりも高尚であるべきだ」

誘惑に満ちたこの時代、人々はお金で苦労はしたくないと思い、成功を渇望し、朝目覚めたら大金持ちになっていることを夢見ている。

だが、人は物質的な豊かさばかりを追い求めると、心がついていかなくなる。馬雲は、うわついた社会の中にあって毎日落ち着いて仕事をし続けた。**しかも、ただ「こなす」のではなく、単調な仕事の中に楽しみを見出していたのである。**

大学で教えていたころ、すでに馬雲のビジネスセンスは頭角を現していた。当時の人々の給料はおしなべて安く、大学教師は教員住宅で暮らすのが普通だった。ところが驚くべきことに馬雲は、あちこちから借金をして学校の近くにアパートを買ったのだ。

当時としては面積も広く高額だったその物件は、一大資産と言っても過言ではなかった。しかし数年後、周囲の人間が皆同じような家に住むようになると、馬雲はそこを売り、西湖のほとりに約200平米のマンションを買う。これが後にアリババ創業の地となった「湖畔花園」である。

マンションを購入した馬雲は、大学時代の友人である張瑛と結婚し、幸せな家庭を築いた。周囲が金儲けに必死になり、より高い地位を得ようと忙しく働いているとき、馬雲はしっかりと身近な幸福を捕まえたのである。希望を持って前に進み、一度手にした幸せを手放したことはない。

「左手で右手を温める」。この言葉は決して単なるきれいごとではない。

今ある幸せを味わえる者は、必ず大きく前進することができ、素晴らしい明日を手に入れることができるのである。

04

成功とは、どれだけやったかではなく、何をやったかだ。

自分には何があり、何が必要で、何が不要なのかを知っていることだ。——馬雲

理想というものは、今日語って、明日捨て去ってしまうような空論ではない。「自分には大きな理想がある」と豪語する若者は多いが、いざ実践となると萎縮して手も足も出ない。

馬雲も理想主義者であり、生活の安定のために理想を追求する歩みを止めたりはしなかった。

彼は大学教師時代、並外れた能力を評価され、1995年には杭州十大優秀青年教師の

一人に選ばれた。もし馬雲がそのまま教師の道を歩んでいたとしても、きっと大学という世界で大いに活躍していたことだろう。

しかし馬雲は、仕事が確実にステップアップしたこの大事な時期に、翻訳会社を設立したいという理由で学院長に辞表を提出した。実は、そのアイデアはずっと前から持っていた。しかし母校と交わした5年間という約束があったため、行動に移さなかったのである。

当時は英語ができる人材は少なく、多くの会社から馬雲に翻訳の依頼が入った。その仕事量は馬雲一人ではとてもこなしきれないほどだった。そこで思いついたのが大学の同僚、特に退職していた教師たちの活用だ。馬雲は彼らとチームを組み、翻訳の仕事を始めた。

大学を退職した馬雲は、翻訳会社の経営に専念する。馬雲が設立した「海博翻訳社」は、杭州で最初の翻訳専門会社であり、つまり馬雲はこの業界の第一人者ということになる。しかし、こうして会社を立ち上げたものの、経営を始めると困難の連続だった。開業一カ月目の収入は７００元。それなのに家賃は２０００元以上という大幅の赤字に社員は動揺した。しかし馬雲は少しも恐れなかった。彼は麻袋を背負い、雑貨の問屋街として有名な町、義烏へ行った。大量の雑貨を買い付けて売った収入で翻訳会社の経営を維持したのだ。

翻訳会社の経営は、そうした馬雲の努力によって支えられていた。雑貨の販売以外にも、薬や医療機器の販売も行い、あちこちに出かけてはセールスをするという苦労の連続だった。そして、ついに馬雲の苦労は報われた。海博翻訳社は最初の赤字から、大幅黒字に転じたのだ。

見る間に翻訳会社の経営は軌道に乗り、馬雲は会社の経営を社員に譲り渡した。海博翻訳社は、今なお存続している。当初の馬雲の希望通り、杭州最大の優秀な翻訳会社となったのだ。

「あの頃は、需要があれば必ず成功すると思っていた」。後年、馬雲は当時の起業エピソードを、こんなふうにさらりと総括した。

海博翻訳社の現在の社長である張紅は、馬雲がこの会社を作ったころのことを感慨深げにこう語った。

「誰もこんな会社を思いつきもしなければ、ここにビジネスチャンスが眠っているとも思わないころ、馬雲はそこに気づいたの。彼の考え方は本当に進んでいた。あのころ、杭州には翻訳会社はなかったから、この会社が最初の独立した翻訳会社ということになるわね。

誰もうまくいくと思っていなかった。始めてみると、まったく儲からなかった。でも、

馬雲はあきらめずにやり続けた。

私は本当に馬雲を尊敬している。彼の言葉にわれわれも頑張ろうという気になったし、希望がなさそうなものでも馬雲にかかると、希望が出てくるの。馬雲は周りの人間の生活に情熱をあたえるのよ」

こつこつ努力をしても、結局は平凡に終わるだけだ

誰もが成功を望んでいる。しかし人生は将棋のように変化がめまぐるしい。戦いの中でいつ成功にたどり着くのか、誰にも分からない。大部分の人間は「勤勉は不才を補う」と信じ、汗水を流して懸命に働けば成功すると信じて疑わない。だが、馬雲の考え方は違う。彼は言う。

「世の中には、高度な教育を受けてきた非常に聡明な人は大勢いるが、成功してはいない。なぜなら彼らは子供の頃から間違った教育を受けてきたからだ。**それは勤勉という悪習を養ってしまったということだ。**

アインシュタインのこの言葉を覚えている人は多いだろう。『天才とは99%の努力と

１％のひらめきだ』。しかしこの言葉は間違っている。皆この言葉のせいで人生を誤った方向へと導かれているのだ。こつこつ努力をしても、結局は平凡に終わるだけだ」

成功とは、どれだけやったかではなく、何をやったかである。海博翻訳社の軌跡を振り返り、馬雲は次のような結論を導き出した。

「成功者には二つの資質が備わっている。一つは、大胆で執着心が強いこと、もう一つは、市場に対し敏感な嗅覚を持っていることだ」

もし馬雲が情熱だけを頼りに盲目的に前進していたら、海博翻訳社も現在のような規模にまで成長していなかっただろう。事を為すには、目標に執着する勇気を持ち、臨機応変であることが肝心だ。時には、目標を一心不乱に追求することも大切だが、同時に臨機応変さも身につけねばならない。

世界中の真の成功者のうち、苦労に苦労を重ねて世に出た人がいったい何人いるだろうか？　彼らの多くは、毎日苦労をしたくないからこそ成功の道を編み出し、凡人とは違う道を歩んでいるのだ。

ない。

この世界は怠け者によって支えられている

ヤフーの講演で、馬雲はこんなことを語っているのだが、そこにヒントがあるかもしれない。

世界一の金持ちビル・ゲイツは、プログラマーだった。勉強が面倒で大学は中退し、複雑なDOSコマンドを覚えることが面倒で図形のインターフェイスをプログラムした。なんて言ったっけ？　忘れたよ。ああいうのを覚えるのが面倒なんだ。それで世界のパソコンが同じ顔つきになって、彼は世界一の金持ちになったんだ。

世界で一番価値あるブランド、コカ・コーラの社長はもっと怠け者だ。中国のお茶文化には悠久の歴史があり、ブラジルのコーヒーには馥郁たる香りがあるというのに、まったく意に介さない。彼は本当に怠け者さ。水に甘味料を入れ、瓶詰めにして売ったんだ。そして世界中の人間があの血みたいな液体を飲んでいる。

世界一のサッカー選手ロナウド（元ブラジル代表）は、ピッチ上を動くことさえ怠け、相手ゴールの前に立っていた。ボールが飛んできたときにひと蹴りするだけで、世界一移籍金の高い選手になった。彼のドリブルは驚くべき速度だと人は言う。ばかばかしい話だ。他の選手は一試合で90分間も走るのに、彼は15秒走るだけなんだから速いに決まっている。

世界一の飲食企業マクドナルドの社長も怠け者さ加減では負けていない。彼はフランス料理の美しさや中国料理の複雑な技巧を学ぼうともせず、2枚のパンに牛肉を挟んで売った。その結果、世界中であの「M」の看板を目にするようになったんだ。ピザハットの社長も、チーズや具を生地で包むことを怠け、生地の上に直接ふりかけて売った。結果、皆がそれを「ピザ」と呼んだ。ピザはチーズパン10個分よりも値段が高い。

もっと優秀な怠け者もいる。
階段を上がるのが面倒でエレベーターを発明した者。
歩くのが面倒で列車や飛行機を発明した者。
毎回の計算が面倒で数学の公式を発明した者。
コンサートに行くのが面倒でレコードやテープやCDを発明した者。

仕事の話に戻そう。

会社で、毎朝一番に出勤して最後に退勤し、ぜんまい仕掛けのように忙しく働いている社員は、最も給料が少ないのでは？　逆に、毎日ろくに仕事もせずぼんやりしているやつの給料が一番高いのでは？　そういうやつは、株もたくさん持っているみたいだけど！

いろいろな例を挙げてきたが、私が言いたいことはただ一つ。この世界は怠け者によって支えられているということだ。この素晴らしい世界は、怠け者から授かったものだ。今なら、自分が成功しない理由が分かるはず！

怠けるといっても、ただ怠けるのではない。仕事を減らしたければ、怠ける方法を考え出すことだ。怠けることを極めれば、怠けの境地に達する。私のように子供の頃から怠けていれば、太ることさえ面倒になる。それが境地というものだ。

第2章

継続の哲学

今日はつらい日だ。明日はもっとつらいだろう。

でも明後日はきっといい日だ。


私がこれまでの経験から学んだ最大の教訓は、決してあきらめず、勇気を持って前に進むということだ。一つの方向が見つかるまで、自分を乗り越え続けるのだ。

今日の未来に対する自信は、5年前のつらい経験から来ている。

今日はつらい日だ。明日はもっとつらいだろう。でも、明後日はきっといい日だ。

だが、ほとんどの人は明後日の太陽を目にすることなく、明日の晩に死んでしまう。

だからこそ、どんなことでもやり抜かなければならないのだ。

05 あきらめることが最大の敗北だ。

冬の時代に私たちが打ち出したのは「最後までやり抜くことこそが勝利である」というスローガンだ。生きている限り、希望はある。——馬雲

馬雲がインターネットを事業の柱にしたのは、アメリカへ行ったことがきっかけだった。1995年、杭州市政府は、杭州と安徽省の阜陽を結ぶ高速道路を建設していた。政府が企業を誘致し、資金を募っていたプロジェクトで、アメリカの投資会社が参加を表明した。双方はすぐさま合意に達し、杭州政府は道路の建設に取りかかった。ところが、一年あまりが経っても企業側は契約金を支払わなかったのだ。

杭州政府はアメリカに人を送ることを決定した。意思疎通を密にして、早期に契約金を支払ってもらえるようにするためだ。誰かから、海博翻訳社の馬雲社長に頼もうという声

が上がった。まだ創業まもない時期で、業務も広く展開していたわけではなかったが、すでに馬雲の名は政財界でもよく知られていたのだ。

このようないきさつで馬雲はアメリカへ旅立ち、折衝と通訳を行うことになった。馬雲は簡単な出張だとばかり思っていたが、実は危うく片道切符の「鉄砲玉」になりかねないようなものだった。後に馬雲はこのことを振り返り、

「ベタなハリウッド映画のようだった。特にアメリカでマフィアに追い回されたときなんかはね。私のスーツケースはまだハリウッドに置いたままだよ」

と語っている。

馬雲がロサンゼルスに到着しても、投資会社は契約に関しては何も口にせず、先方の社員は馬雲をあちこちへ遊びに連れて行こうとした。豪華な別荘があてがわれ、会社が生活の面倒を見た。だが、杭州政府の任務を背負ってやってきた馬雲は、これらの誘惑には何の興味も示さなかった。

世話係の人間は、馬雲の気が乗らない様子を見て、「スリリングな遊びをしよう」と誘った。馬雲がそれを承諾すると、ラスベガスのカジノへ連れて行かれた。カジノには一夜にして大金を手にした成金やギャンブラーたちがうごめいていた。馬雲はギャンブルがし

たかったわけではなかったが、「せっかく来たのだから」という軽い気持ちで、スロットで遊んでいた。

カジノから戻ると、馬雲はどこかおかしいことに気づき始めた。会社はわざと契約について話し合うことを避けているのではないか。馬雲がしつこく追及すると、彼らはようやく手の内を明かした。自分たちと手を組み、中国から金を騙し取ってやろうと誘ってきたのだ。

詐欺会社だったのである。すべてを悟ったときにはもう遅かった。馬雲は異国の地で軟禁され、誘いを断れば始末すると言われた。

数日間の膠着状態が続いた後、馬雲は協力するという嘘をつき、ようやく自由を取り戻した。なんとかして帰国しようと、他のプロジェクトを見てくるという口実を作ったのだ。

当時、中国にインターネットという言葉を知る者はまだ少なかったが、馬雲はアメリカ滞在中に、その言葉が何を意味するのか少しずつ理解していた。投資会社の社長に、中国でインターネットビジネスをやりたいと話し、ようやく「釈放」してもらうことができたのである。

だが、空港に着いた馬雲にはチケットを買う金がなかった。途方に暮れていると、ロビーにスロットマシンがあるのが見えた。全財産の25セントを放り込むと、最後には600ドルになった。600ドルを握りしめると、馬雲には帰国への希望が見えてきた。

しかし、チケットを買う列に並んでいると、後味の悪さがこみ上げてきた。杭州の人々の希望を背負ってアメリカにやってきたのに、何の成果も手にせず逃げ帰るというのでは、あまりにも悔しい。考えるほどに腹が立ってきた馬雲は列から離れ、計画を練り直すことにした。

ふと頭に浮かんだのは、急場しのぎに考え出した口実のことだった。インターネット。この不思議なもののことを、馬雲はほとんど何も知らない。だが中国で、ある外国人教員が、自分の娘婿がシアトルでインターネットビジネスをしていると話していたことを思い出した。

「ここまで来たからには、ただでは帰れない」

馬雲は荷物を担ぎ、シアトルに向けて出発した。インターネットがどういうものなのかはよく分からないが、馬雲は天性の嗅覚で、それが自分に変化と転機をもたらしてくれるものであることを嗅ぎとっていたのである。

挫折を恐れてあきらめる者に成功はない

成功への道は厳しいものだ。道の途中ではさまざまな挫折や不幸に見舞われることになる。あらゆる困難を排して歩き続けなければ成功のチャンスを手にすることはできない。挫折を恐れ、早々とあきらめてしまう者には決して成功の姿は見えない。ニュートンは「勝者は粘り強く耐えた最後の5分間で成功を手にする」と言った。

あきらめることは最大の敗北である。馬雲はかつて**「成功をどう定義すればいいのかは分からないが、何が敗北であるかは知っている。それは、あきらめることだ」**と語ったことがある。

馬雲がシアトルに行かずに杭州に帰っていれば、今日のアリババは存在しなかっただろう。そもそも大学受験に失敗したショックで普通の労働者になり、二度、三度と挑戦を続けなければ、今日の馬雲はなかっただろう。

人生という道の途中では涙を流してもいい、汗をかいてもいい、歩みを止めてもいい。少し後戻りしてみてもかまわない。だが、あきらめてしまえば朝焼けの光が差す瞬間を見

ることはできなくなってしまう。

才能にあふれた人間は大勢いるが、往々にして周りからの圧力に耐えきれず、成功を逃してしまう。敗北や困難を目の当たりにすると、あきらめはまるで悪魔の呪いのように、人を敗北の淵へと引きずり込もうとする。あきらめようとする気持ちに耐える自信が強くなるほど、成功する可能性は高くなる。

06

一つのことに打ち込まなければ何も成し遂げられない。

多くの若者は、夜の間にさまざまな道を考えても、朝になれば元の道を歩いている。だが、中国人の起業とは、ずば抜けた理想・夢・思考があるかではなく、あらゆる代償を払うことができるか、正しさを証明するまで全力で取り組めるかどうかにかかっているのだ。——馬雲

人生には数限りない答えがある。別の立場から見れば、命の意味も変わり、そこから悟ることもさまざまだ。それゆえに、人生とは選択なのだ。自らを高められる自立した人間になるか、己の枠からはみ出さない人間で終わるのか、他人に依存する人間になるのかは、すべて自分が初めに立てた目標によって決まる。

馬雲はインターネットを中国に持ち込み、次の事業にすると決めた。目標が定まると、他人の目や意見などにはかまわず、真剣にネットの運営に取り組み始めた。

「インターネットを始めたばかりの頃は、成功する自信もなかった。**何かをするのに、失敗か成功かは、飛び込んで試してみなければ分からない。だめだったら方向を変えればいい。**でも、何もせずに出来合いの道を進んでいては新しい成長はありえない」

馬雲はそう語った。

シアトルに着くと、馬雲は同僚の娘婿の会社を訪れた。会社はとても小さく、従業員は5人ほどしかいなかった。狭いオフィスで数人の若者がパソコンの前に座り、自分にはよく分からないことをしている。別世界に来たようだった。

同僚の娘婿はサムといい、とても親切にしてくれた。馬雲はパソコンの使い方を簡単に教わり、検索欄に検索したいキーワードを入れればその内容を見ることができることを知った。試しに「beer」と入れてみたところ、アメリカや日本、ドイツのビールに関する情報が出てきたが、中国のものだけは出てこなかった。今度は「Chinese」と入れてみたが、画面には「no data」と表示されただけだった。

中国に関する内容が見つからなかったことがきっかけとなって、馬雲は中国でインターネットを専門に取り扱う会社を設立することを考えるようになった。まず、杭州にある自分の海博翻訳社の情報を掲載し、たくさんの人に知ってもらえるようにしようと考えた。サムにこのアイデアを話すと、すぐに賛成してくれた。

サムと同僚たちは数時間かけて、馬雲の話すとおりに海博翻訳社のサイトを作り上げてくれた。今から見ればとても簡素なサイトで、会社紹介や料金、連絡先を書いただけのものだったが、馬雲は目の開かれる思いがした。

だが、サイトのアップロード完了後は、馬雲はさほど気に留めていなかった。当時はまだネットの魔力に気づいていなかったのだ。

サイトをアップロードしたのは午前9時半、サイト作りが終わると、馬雲はシアトルの街をぶらぶらと歩いて回った。夜になって帰ってくると、待っていたのは5通のメールだった。

自分とビジネスの話がしたいという内容のメールに目を通すと、馬雲の直感が、インターネットは世界を変えるに違いないと訴えてきた。頭に一つの考えが浮かんだ。**中国に帰って会社を作り、サイトを作る。そこに国内の企業情報を集めて、世界に向けて発信する。**

世界に向けてビジネスをするのだ。

帰国した日の夜、馬雲は友人24人にこのことを話した。夜間学校で教えていたときの学生で、全員が貿易専攻だった。彼らならばこのビジネスチャンスを理解してくれると踏んでいたが、馬雲の説明を聞いても、誰もやってみようとは言ってくれなかった。

一晩明け、頭が冷静になっても、インターネットで自分の夢を叶えようという馬雲の決意は変わらなかった。このとき馬雲が作ったサイトが、後の「中国黄頁」だった。

この世に行き止まりの道はない

馬雲は後に、

「自分の起業の道はまったくの手探りで、目の見えない人が目の見えないトラの背に乗って走るようなものだった。将来のことなど少しも分かっていなかった」

と語っている。だが、当時の馬雲はインターネットが人類社会に大きく貢献すると信じ続け、膨大なエネルギーを投じた。

一つのことに専念するという姿勢はとても大切だ。現実に起業や仕事に失敗する人が大勢いるのは、考えをころころと変えて、自分のやりたいことに集中しないからだ。精神を集中せず、毎日目標が変わってしまうようでは、何も手に入れることはできない。

この世に行き止まりの道はなく、あらゆる物事には解決の方法がある。それは、困難に直面したときに、あきらめずに問題の解決に集中できるかどうかにかかっている。馬雲がウェブサイトを作ろうとして大勢に反対されたとき、もしもあきらめてそれをやめてしまい、別の目標を探そうとしていれば、成功は難しかっただろう。

まさに馬雲が言うように、

「ウサギを十羽見つけたときに、一体どれを捕まえるのか？　あっちを追いかけ、こっちを追いかけしているうちに、一羽も捕まえられなくなる」のだ。

成功への道では、何よりも目標に集中することが求められる。アインシュタインが衆目を集めるような業績を収めたことを羨む者は、毎日十数時間も仕事をしていた彼の苦労に気づいていない。オリンピックの金メダリストの頭上に輝く栄冠を羨む者は、その選手が積んできたトレーニングがどれだけ苦しいものかを見ようとしていない。

エネルギーを集中的に注ぎ込まず、目標にもたいしてこだわらないのであれば、人が羨

むような舞台の上で、尊敬のまなざしを集めることはできない。

隣の人がどれだけ多くのものを手にしても、決して羨んではならない。自分が目標に向かって努力していく道の上でどれだけ多くのものを出せるかを見るのだ。一つのことに打ち込まなければ何も成し遂げることはできない。努力しなければ何も手にすることはできないのである。

07

初恋のように理想を貫く。

初恋は最も美しいものだ。誰でも最初の恋愛のことはよく覚えているだろう。誰にとっても一番素晴らしいのは創業時の理想だ。だが、歩いているうちに道がどこにあるのかを見失ってしまう。本当は、変わらず美しいのは最初の夢なのだ。

2001年にネットバブルがはじけ、30社以上が倒産した。生き残っているのは私たちの会社だけだ。私たちは初恋の人を想い続け、夢を貫いてきたからこそ、今日まで歩き続けられたのだ。――馬雲

第二次世界大戦で活躍したアメリカのパットン将軍はこう言った。

「大胆、大胆、大胆であれ。今この時から、勝利するまで、あるいは命を落とすまで、永遠に大胆であり続けよ」

理想を前に、馬雲は大胆不敵さを胸に、「中国黄頁」を起こした。当初は応援してくれ

る人もなく、あちこちから金を借り、虎の子の貯金を合わせた2万元あまりでこのサイトを作ったのだ。

サイトを開設すると、馬雲は毎日営業で外回りをし、本当に納得して情報を掲載してもらえるよう、企業に説いて回った。だが、インターネットとは一体どういうものなのか、ほとんど誰も知らなかった。そのため、馬雲がサイトを売り込むと、誰もが異質なものを見る目を向けた。馬雲がまるでおとぎ話のようなことを言うので、この小柄な男はどうも信用できない、口からでまかせを言っているのではないかと思われてしまったのだ。

当時のことを思い起こすと、馬雲はいつも感慨深く「あの頃は本当に目も当てられないくらい悲惨だった。まるで詐欺師だったね。会う人会う人に、こんなものがあって、こんなことができると説いて回っていったんだ」と語る。

馬雲は、まず友人から説得を始めた。長年の付き合いで信頼関係があるため、自分の会社の情報を黄頁に掲載してくれる友人もいた。もちろん、その間に味わった苦しみは言うまでもない。だが、いずれにしても馬雲は一歩また一歩と事業を進めていったのである。

しかも、本当に黄頁のおかげで順当に利益を上げていく提携企業も現れ、それにともなって馬雲の評判も高まった。着実に基礎が固まってくると、馬雲も背筋を伸ばすようになった。

「中国黄頁」は次第に大きくなり、業績を伸ばしていった。1995年8月、中国電信が上海での業務を開始すると、馬雲もすかさずそれに続いて業務を開始し、全国で一都市ずつ業務を開拓していった。

馬雲は「詐欺師」という名に耐えながらあちこちを駆け回り、どこでもチャットをし、商談をした。

必ずやり遂げてみせると自分に約束する

当時、馬雲は「インターネットは人類の今後30年間の暮らしに影響を与える3000メートル走だ。ウサギのように速く、そしてカメのように粘り強く走らなければならない」と考えていた。

結果として、北京国安サッカークラブなどの中国初のホームページの公開に成功すると、中国黄頁の知名度と注目度はさらに高まり、1997年末には売上が700万元に達した。馬雲のインターネットの旅はさらに順調になっていったのである。

だが、よいことは長くは続かない。環境の変化にともなってインターネットの認知度が上がってくると、馬雲から仕事を奪おうとするライバルが多数現れるようになってきた。MITの博士課程を出た張朝陽は、帰国後、恩師の金銭的支援を受けて、「愛特信」という会社を立ち上げた。その後、「中国インターネットの先駆者」と呼ばれる瀛海威が登場、それからまもなくして中国万網が公開された。

苛烈さを増す市場を目の当たりにして、馬雲はもっと大きいチャンスを探しに、北へ行くことを考えるようになった。馬雲は大胆にも、

「われわれに向こうは倒せないが、あちらもわれわれを倒すことはできない」

と豪語したのである。

ある講演で、馬雲は情熱をこめてこう語った。

「理想を持ったときに、一番大切なことは自分に約束をすることだと思う。必ずやり遂げてみせると自分に約束するのだ。あれが足りない、この条件が欠けている、その条件も揃っていないと考えている起業家は多い。ではいったいどうすればいいのだろうか。起業家

に最も大切なのは、創造的な環境だ。機が完全に熟すころには、私たちには順番は回ってこない。人々が絶好の機会だと思っても、もうチャンスは失われている。必ずできると信じ、自分に約束する。5年、10年、20年かけてでもやってのけると覚悟すれば、ずっと歩き続けていられるはずだ」

「失敗してもかまわない。だが、人間としての執念を失ってはならない」

これが、馬雲の生きる上での信念だ。どんな目標を立てようとも、目標の達成がどれだけ苦しくても、理想を追うための道を踏み出した以上は、強い意志を貫き通さなければならない。美しい初恋を貫くように、100%の愛で試練に立ち向かい、難題を乗り越えていくのだ。

自らを取り巻くプレッシャーが日増しに強くなる中で、馬雲は100%のエネルギーを黄頁の成長に注ぎ込んだ。

最初の日の理想を絶対に忘れるな

馬雲は、平凡に甘んじず、挫折を恐れず、自分の人生の価値を実現するために、あらゆる艱難辛苦を打ち破ることができた。夢が放つ光を現実のホコリにさえぎらせてはならない。夢が叶うまでの間にも、理想に向かって努力をやめないという気持ちを持ち続けるのだ。

それは自分に対する心の持ち方であり、理想のために背負った責任でもある。アリババが大きくなってから、馬雲は創業時の困難を振り返ってこう語った。

「7、8年前、アリババは誰にも知られておらず、ブランドもキャッシュもなかった。電子商取引を信じてもらえるかどうかも分からなかった。従業員を集めるのにも苦労した。それでも、5年、6年後に私たちは金を手にし、達成感を味わうことができた。なぜだろうか。自分たちが凡人であることを認め、ともに何かを成し遂げられると信じたからだろう。だから、起業家は自分に夢を与え、自分と約束を交わし、信念を持つことが何よりも大切なのだ」

「最初の日の理想を絶対に忘れるな。その夢は世界で最も偉大なものだから」

馬雲はそう自分に言い聞かせ、そのプラスのエネルギーを傍らにいる人に伝えているのだ。

08
苦しみながら貫き、楽しみながら死ぬ。

決して他人と幸運を比べてはならない。私は自分が他の人よりも幸運だと思ったことはない。

だが、もしかしたら、他の人よりも根性はあるかもしれない。最も苦しいときに、他の人が耐え切れなくなっても、私はあと一秒、二秒耐えることができる。

――馬雲

北京に到着すると、馬雲は事態が想像していたものよりもさらに厳しいことを知った。

厳しい状況に直面した馬雲はまずメディアを使った宣伝に着手した。自分の書いた文章を持って北京入りし、中国黄頁のプロモーションとして新聞に掲載し、記者会見まで行った。

だが、効果は芳しいものではなく、大きな成果は表れなかった。

1997年以降、北京ではインターネットが盛んになり始め、外資系企業が押し寄せるようになった。その結果、馬雲のように、キャリアも資金もない人間が北京で居場所を見つけることはきわめて難しくなった。何度も思案した結果、馬雲は杭州に戻り、新たな目標に向けて準備することを決めた。

だが、悪いことは続くもので、杭州に帰っても敵が待っていた。当時、杭州電信が急成長を遂げ、中国黄頁と優劣を争おうという勢いにあった。杭州電信の資本金は3億元で、馬雲の中国黄頁の資本金はわずか2万元だった。

杭州電信には潤沢な資金と、政府の後ろ盾がある。それにひきかえ、馬雲の中国黄頁は戦力も手薄で吹けば飛ぶような存在だった。杭州電信は中国黄頁のシェアを奪うべく、「chinesepage.com」という中国黄頁に似た名称のサイトを開設した。これにより馬雲はますます苦境に立たされることになった。

そこで馬雲は、中国黄頁の危機を救うため、大樹の陰に入り、中国黄頁の力を蓄えることを選んだ。

考えに考えた挙げ句、馬雲は杭州電信との提携を決めた。杭州電信が株式の70％を保有し、中国黄頁の持ち分はわずか30％となった。しかし、提携からまもなく、双方で意見の対立が起こり、馬雲と杭州電信は多くの問題でもめることになった。だが、株式の持ち分は杭州電信のほうが多かったため、馬雲には何の発言権もなくなっていた。

そのうちに、息苦しさを覚えるようになった馬雲は杭州電信との決別を余儀なくされ、辞職を願い出た。馬雲が中国黄頁を離れるという一大事に、創業をともにした従業員の多くは、ともに辞職する動きに出た。しかし、馬雲は現実的な利益を考え、従業員たちに残るように言った。再度、戦いに打って出るのは、難しかったからだ。だが、仲間のうち数人は、それでも馬雲とともに出ていくと言って聞かなかった。

中国黄頁を離れた馬雲は、政府の対外貿易経済合作部の招聘を受け再び北へと飛んだ。馬雲とともに辞職した従業員も対外貿易経済合作部に入った。

そこで馬雲は外経貿部所管の中国国際電子商務中心（ＥＤＩ）の情報部門マネジャーを任された。ＥＤＩという政府機関のサイトを開発するために北京入りしたのだったが、開発の過程で政府部門との考え方の食い違いが表面化した。

ＥＤＩが求めていたのは、ＬＡＮ（ローカル・エリア・ネットワーク）の開発だったが、馬雲はＬＡＮがすでに時代遅れになっていると考え、インターネット上にサイトを開設することを強く求めた。だが、最終的な決定権は馬雲にはない。政府の指示に従うしかない馬雲はLANを開発した。しかし、馬雲の予想した通り、LANの運営はお粗末なものに終わった。

二度目の北京での創業のとき、馬雲のチームには計12人いて、分業体制で一人が複数の分野を引き受けていた。楼文勝は文書の企画を、謝世煌は財務を、孫彤宇はサイトの開発とプロモーションを、彭蕾と張瑛は総務を担当し、技術的な分野は呉咏銘と周越紅が担当した。

当時、メンバーたちは潘家園にある対外貿易経済合作部の寮に住み、苦しい生活を送っていた。江南の暮らしに慣れた英才たちには、北京の生活はなおのことこたえた。通勤は満員のバスに揺られ、朝早くから夜遅くまで働き、陽の光も見られないような生活だった。それでも、メンバーたちはそれぞれに楽しみを見出していた。

何をするにも一緒で、まるで大家族のようだった。週末になるとよく近所の東北餃子を食べに行った。きのこと鶏の煮込みを欠かさず注文し、大いに語り、笑い合った。座が盛り上がってくると、楼文勝がギターを手に一曲演奏することもあった。

馬雲は従業員たちに高い素養を求め、よく「自分を高めなければ社会で淘汰される」と厳しく戒めていた。研修の一環として、仕事後に「英語講座」を開講し、勉強の手助けをしたりもした。

苦しくはあったが、腕一本を頼りに再び北京で大きな成果をあげたことは、馬雲と仲間たちの誇りとするべきところだろう。だが、それによる問題も起こってきた。馬雲は、杭州にいた頃のような自由を失い、存分に能力を発揮できなくなっていることに気がついた。政府の裁量の下では、アイデアの多くは実現不可能だった。

何よりも、馬雲は中国のネット情勢に変化が起こりつつあることに気づいていた。ここで時間を無駄に過ごしていては大切なチャンスを逃してしまうかもしれない。もがき、思い悩んだ末に馬雲は再び北京を離れ、杭州に戻ることを決めた。

馬雲はチームの仲間たちも誘った。自分の決心を話し、北京に残ることと去ることのメリットとデメリットを分析し、それぞれが自分で決めるよう伝えた。

「杭州に戻ろうと思う。対外貿易経済合作部に残り、北京にとどまれば悪くない収入が得られる。転職したければ新浪（ＳＩＮＡ）やヤフーといった大企業に推薦する。どちらにしても私は杭州に帰ることに決めた。一緒に戻ってともに二度目の起業をしてくれても、給料は500元しか出せない。タクシーも使わせることができない。事務所は私の自宅で、近所に家を借りてもらう。三日待つからその間に考えてくれ」

馬雲の言葉を聞いて、全員が大騒ぎした。誰も馬雲の決定を理解できない。だが、仲間たちは熟慮の結果、それでも馬雲と一緒に帰ることを選んだ。北京での起業では挫折を味わったが、馬雲は生涯の宝に値する絆を手に入れたのだった。

実は、その年の後半にさしかかったころ、馬雲は大手ウェブサイトから高給でオファーを受けていた。ヤフー中国の社長や新浪への参加といった話が相次いでいたが、馬雲はいずれもあっさりと断ってしまった。馬雲の心の中にあるもっと大きな樹が収穫を待っていたのである。

そして、馬雲は仲間たちの明日を背負って杭州へと戻ることにした。背水の陣だ。再び、夢という名のビル建設に取りかかったのである。

北京を離れる前に、馬雲は仲間たちと万里の長城に行った。長城では誰もが意気消沈していたが、中でも馬雲は特に落ち込んでいた。あれだけの努力をしたにもかかわらず、手ぶらで帰ることになってしまったのだ。だが、気力が萎えてしまったわけではない。自分が目指すネットの方向性が正しいことは確信していた。気持ちの整理をして、新たなる船出を決めたのである。

すべては人生で経験すべきこと

「たくましさとは何だろうか。苦難や無念、悔しさを経験して、初めてたくましさとは何なのかが分かる。職責とは何だろうか。他の人よりも勤勉に働き、努力し、理想を持つことだ。それこそが、職責というものなのだ」

馬雲は、北京を離れたころ、こう考えていた。誰もが成功できるわけではないが、成功する者はいる。どんな人間が成功するのだろうか。馬雲の考えでは、勤勉で、こだわりがあり、自分を高め、世の中をよくしようとする人が成功する。馬雲はこう言っている。

「私は成功学の崇拝者ではない。成功学は嫌いだ。ただ他人がどうして失敗したのかを見る。他人の失敗から、自分がすべきでないことを見い出し、他人の成功からもその理由を考え、成功の精神を学ぶのだ。だから、愚痴も出ないし、心穏やかに自分を見ることができる」

北京での起業で何度挫折を繰り返しても、馬雲は自暴自棄になることも、当初の理想と目標を捨て去ることもしなかった。反対に、ますます自分を強く持ち、理想を貫くようになったのである。

「この世に生まれてきたのは、起業するためでも、仕事をするためでもなく、生きてみるためだ」

馬雲はわが身に起きたことのいずれもが人生で経験すべきことの一部だと考えている。馬雲は自分の目標を貫くが、目標の達成を急ぐあまり自分の性格や心のあり方までを見失ってしまうことはない。

目標を定めた以上、苦労をするのは決まりきったことだ。思い通りにならないと嘆くよりも、何でもないような顔をして受け入れる。もちろん、誰にでも馬雲のような考え方ができるわけではない。

山あり谷ありの人生を行く者が高く遠くまで歩いていける

馬雲が中国黄頁を後にするときに連れて行った12人の中に、李芸という人物がいる。李芸は馬雲の初めての秘書だった。それ以前は馬雲が教えていた夜間学校の英語の学生だった。後に李芸は中国黄頁に入り、馬雲の秘書を務める傍ら、会社の人事と財務も担当した。結局、李芸は中国黄頁で2年間働いたのだから、馬雲に対してはきわめて忠実な人物だったといえるだろう。

馬雲一行が1997年11月に杭州の桐廬から北京に進出しようとしていたころ、李芸もそのうちの一人に名を連ねていた。すでに結婚していたが、馬雲への信義のために北京行きを選んだのだ。だが、ほどなくして李芸は異郷での暮らしが今後の結婚生活に悪影響をおよぼすことを感じ取った。そこで、北京で1ヶ月を過ごした後に、馬雲のチームを離れて杭州に戻って化粧品会社で働き始めた。後に馬雲が杭州で起業する際に、李芸に戻ってくるよう求めたが、さまざまな事情もあって李芸はこれを断ってしまった。

人の運命とはそれぞれの分かれ道での選択で決まり、その選択が、その後の生きる環境と生活の質を決めてしまうのだ。当時、馬雲についていった者と馬雲を見捨てた者とでは、何年も後になって運命が大きく変わった。

馬雲とともに苦しみながらやり抜き、目標を揺るがせなかった者は、考えもしなかったような成果を手にすることができた。馬雲のもとを離れた者は、安定は得られたが、それがいつまで続くかは分からない。何年も後にアリババの台頭を目にして、心中こみ上げてくるものがあったのではないだろうか。もしもあのときもう少し頑張っていたならば、状況はまったく異なっていたのに、と。

目標は人生の指針となる。初めに高い目標を立て、全力でそれを成し遂げたとき、最終的に目標に届かなかったとしても、得たものは、目先しか見ていなかった人間よりも多いだろう。

毎日真面目に働いている人はたくさんいる。だが、それはただ食っていくためだけだ。分を守ることに甘んじず、山あり谷ありの人生を行く者がいる。そんな人間は、不安定な暮らしをしているように見えるが、確固たる目標を内に秘め、最後には高く、遠いところまで歩いていくのである。

第3章

起業の哲学

持たざる者は持つ者を恐れない。

起業家になるには、まず自分が夢を持たねばならない。

夢もロマンもない人間は成功しない。起業も会社設立も簡単だ。強い欲望を持てばいい。自分は何がしたいのか、何を変えたいのか――それがはっきりすれば、後はそれを貫くこと。

起業するのに必要なのは、最もその仕事にふさわしい人であることだ。

最も成功する人である必要はない。

09 自分のしていることを信じろ。

起業では、いちばんやりやすく、いちばん好きなことをやるべきだ。
起業は、金を稼ぐ手だてではなく楽しみの一種だ。
好きなことなら文句を言う理由はないだろう。——馬雲

「俺たちが立ち上げるのは電子商取引の会社だ。目標は三つ。第一に、102年間存続する企業にする。第二に中小企業のための電子商取引企業を起こす。第三に世界最大の電子商取引企業になり、世界のトップテンに入る」

この勇ましいセリフは、馬雲が杭州に戻って、しばしの沈黙の時を過ごした後、再度起業を志した際に全スタッフを集めて決起会を開いたときに出されたものだ。1999年2月、教師時代に購入した杭州の湖畔花園のマンションで、17人の創業スタッフを集めて、

初の全社会議を開いた。彼はその会議の様子をビデオに収めていた。自分の考えをジェスチャー交じりに語る馬雲と、熱心に耳を傾ける17人の姿が写っている。

「俺たちはこれから偉大なことを成し遂げる。俺たちのB2B（企業間取引）ビジネスはインターネットサービスに革命を起こすだろう。闇の中をともに進み、叫ぼう。俺が雄叫びを上げて突進しても、君たちは慌てることはない。手に刀を持ち、まっすぐ前に進んでくれ。十数人で突撃するのだから、うろたえることはないんだ！」

髪を長く伸ばした馬雲は感情を昂ぶらせ、

「君たちは、今、就職すれば月3500元の給料がもらえるだろうが、3年経ってもまだ同じような収入を求めて働かねばならない。俺たちは、今は月給わずか500元だが、成功すれば経済的苦労からは永久に解放されるだろう！」

と話した。

馬雲が電子商取引を選んだのは決して一時の思いつきではない。当時の中国市場はまさにインターネットが花盛りで、新浪と捜狐（ソーフー）が競い合い、その他のインターネット企業も雨後の筍のごとく生まれていた。

馬雲が、この金のかかる業界を選んだのは、流行に乗ったからでも、彼らを羨んだからでもない。さまざまな交易会で、アマゾンやイーベイなどの電子商取引企業について欧米人から聞いており、アジアにも自分たちのための成熟した電子商取引モデルが必要だと考えたからだった。では、アジアの電子商取引モデルとはどのようなものだろう？　馬雲には独自の考えがあった。

やるべき事業が決まったら、それが正しいと信じる

彼がやろうとしていたのは、大企業向けではなく中小企業向けのサービスだ。馬雲の言葉を借りれば「小エビだけを捕まえる」のだ。大企業は実力があり、独自のチャネルを持っているため大規模な広告が打てる。しかし中小企業にその力はないため、大企業以上にインターネットを必要としているはずだと考えたのだ。インターネットでなら中小企業も多くの注目を集められ、費用も低く抑えられる。

馬雲がやろうとしていたのはそういったネットビジネス、電子商取引だった。

「中小企業は砂浜の砂粒のようなものだが、ネットを使えばその砂粒を一つにくっつけら

れる。コンクリートで固めた砂はとても強く、岩にだって対抗できる」

と考えていた。

インターネットというプラットフォームによって、中小企業はささやかな投資で大きなリターンを手にするチャンスを得られるのだ。おのれのやろうとする事業が決まったら、後はそれが正しいと信じることだ。


しかしその当時、馬雲らは現実的な大問題に直面していた。資金不足だ。馬雲はスタッフに、友人や親戚から金を借りるな、と言っていた。事業に失敗したとき、他人に尻拭いをさせるわけにはいかないからだ。というわけで、彼は率先して自分の金を出し、みんなもポケットマネーを差し出した。こうして集められた50万元がアリババの創業資金となった。


資金には限りがある。馬雲はオフィスビルを借りられなかったため、湖畔花園にある自分の家を事務所とした。彼は社員とともに毎日自宅にこもり、17、8時間も働いて、サイトをデザインし、アイデアを出し合い、プランを修正した。

近所の人たちは、この得体のしれない仕事で忙しそうにしている若者たちを、もの珍しそうに眺めたものだ。みんなはまだ知らなかったのだ。彼らこそが近い将来、中国インターネット界を変えることになるのだということを。

電子商取引を行うのだと強い決意を固めていた馬雲は、苦労の末についに自分の世界、進むべき理想の道を探し当てた。古今東西、おしなべて成功者は、明確な目標と明晰な方向性を心に抱いており、その努力は理性的かつクリアで、自分がしていることとその正しさを信じているものだ。それが馬雲をはじめとする多くの成功者の基盤だ。

成功は、それを信じた者に訪れる

アリババ設立からの数年間、馬雲はとるべきビジネスモデルが見つけられなかった。経営状態は悪く、収入がないばかりでなく、巨額の経営コストを抱え込んでいた。2001年、世界経済は危機に陥り、中国のインターネットバブルははじけて、数多くの企業が一夜にして倒産した。新浪や網易（NetEase）のような大企業でさえ苦しい状況にあった。

そのような状況でも、馬雲は自分の考えに自信を持っていた。持たざる者は持つ者を恐れない。世界経済がどん底だったこの時期、馬雲はその年のアリババの経営目標を「生き残る」と定め、従業員にも彼の理想を信じてともに耐え忍んでほしいと言った。そして、年末になると会社に転換期が訪れ、アリババは利益をあげるようになった。

成功とは、人より賢く人より努力したから得られるものではない。大切なのは成功できると信じることだ。

「アリババ発足以来、常に人からは疑いの目を向けられてきた。アリババを設立してから、非難が途絶えたことはない。皆、『そんなことはできるはずがない』と言ったが、私は気にしなかった。**非難など恐れないし、負けはしない。私は『人から正しいと言われ、皆が自分に同意してしまったら、自分の出番など回ってこない』という言葉を信じているからだ」**

「インターネットは中国に大きな影響を及ぼし、中国を変えるだろう。中国の電子商取引は、必ず発展する。電子商取引を伸ばすには、まず顧客を儲けさせなければならない。顧客が儲からないとしたら、アリババなんてただの幻になってしまう。アリババは中国のネットショップや中小企業の中からたくさんの億万長者を生み出さなければならないのだ」

10 情熱を持ち続けなければ、金は稼げない。

若者は情熱的だ。だが、彼らの情熱は熱しやすく冷めやすい。途切れず、長く続く情熱にこそ価値がある。

ビジネスや顧客は失ってもかまわない。しかし、人としての目標をなくしてはならない。倒れてもまた立ち上がる、それが情熱だ。

多くの企業家が最初は情熱的だ。しかし彼らの情熱は長持ちしない。3年間その情熱を保て。そして、一生、その情熱を保て。情熱は傷つくことがないからだ。

——馬雲

情熱は成功の原動力だ。成功者は常に情熱に満ちている。原動力となる情熱がなければ、事業を起こすのは難しい。「情熱なくして成し遂げられた偉業はない」とは、アメリカの作家エマーソンの言葉だ。

情熱のない人生には彩りがない。情熱のない人は、事を成す原動力を持ち得ない。情熱があってこそ、才能や潜在能力が開花し、実り多き人生を歩むことができる。

馬雲は非常に情熱的な人間だ。どこに行っても常に精力にあふれ、情熱をほとばしらせている。夢の実現に向け皆を励ましたとき、彼は、

「電子商取引は今までにない分野なので、やるべきことに情熱を持ち続けることが肝要だ。電子商取引は簡単ではないが、こんなにたくさんの人がここにいることを嬉しく思う。インターネットビジネスに従事する人間、特にこの数年を生き抜いた人間は、多くの経験をした……」

と話した。

また「短期的な情熱に価値はない。長く情熱を保ってこそ金を稼げる」とも語った。

まさにこの、理想に向かって消えることのない情熱によって、馬雲は一つ、また一つと不可能を可能にしていった。２００３年、アリババの年間利益を1億元にすると宣言したが、当時のインターネット業界でそのような大口をたたける人間はいなかった。しかし馬雲は、言い切っただけでなく、それを成し遂げた。その年の末に、到底無理だと思われたこの目標を達成したのだ。

情熱的な理想主義者であり続ける

２００４年、馬雲はさらに大きな目標を掲げた。１日当たりの利益を１００万元にすると言い、年末にはまたしてもこれを達成した。２００５年になると、１日当たりの納税額を１００万元にすると言い出した。

それぞれの目標が発表されるたび、アリババは攻撃の波にさらされた。人々は馬雲を狂人扱いし、熱狂的な夢想家だと後ろ指をさした。しかし実際の馬雲は、狂っているわけではなく、情熱的な理想主義の起業家だった。

一見不可能なこれらの目標を達成できたのは、馬雲が単に情熱的で空虚な言葉のみで動いていたからではなかった。彼には胆力があり、見識があった。最も重要なことは、自分の事業に対して先見の明があったことだ。アリババを立ち上げたころ、馬雲は企業間取引を指す「Ｂ２Ｂ」は Business to Business ではなく、Businessman to Businessman であるべきだと考えていた。

馬雲の頭には北京を発つ前に行った万里の長城の情景が浮かんでいた。馬雲はこう語る。

長城のてっぺんで面白いものを見つけたんだ。積み石のそれぞれに「張なにがしここに遊ぶ、李誰それ登頂記念」というふうに書いてあった。

あれは中国最古のBBS（電子掲示板）だよ。中国人はBBSが大好きだ。技術のない人でも、使いやすく受け入れられやすいのがBBSだ。だから自分たちはBBSから始めるべきだと思った。

初期のアリババは実質的にはBBSだったよ。それぞれが売買したいものをそこに書き込むんだ。だが、BBSにだって革新は必要だ。だから、書き込みをアップする前に、どの書き込みも調べて分類するようにと技術スタッフに話したところ、彼らはそれをインターネットの精神に反すると思ったようなんだ。

インターネットの精神とは、徹底的な自由であり、つまり、書き込みたいことを自由に書き込めるというものだ。しかし、私はそれではダメだと思った。そこには革新が必要だ。どの書き込みもアップする前に調べて、分類するべきなんだ。

これが、馬雲が考えるアジア独自の電子商取引モデルだ。アリババは中小企業のため無料で情報をアップし、しかもそれは永久に無料にするべきだと考えていた。彼のこの考えは、仲間うちでも強く反対された。しかし彼は妥協せず、すべて自分の考えに則してやるように要求し、またサイトのデザインも自身で行った。

スタッフはこんなにシンプルで、不格好なデザインはトレンドに合わないと考えたが、馬雲は自分のアイデアを捨てなかった。彼の考えでは、アリババのユーザーはインターネットに詳しくなく、中にはパソコンすらまったく知らない人もいる。それゆえウェブサイトはシンプルでなければならず、あまり複雑で凝ったものは適さないと考えたのだ。

意見の食い違いから、馬雲とスタッフは激しく言い争い、時にはテーブルをたたくほどの議論となったが、それでも彼は初志を曲げなかった。ユーザーが使いやすくなければならないという自分の考えは正しいと、最後まで信じていたからだ。

アリババ設立直前に、シンガポールで開かれたアジア電子商取引大会に出席した際、アジアには真の意味で電子商取引を行うサイトはほとんどないことがわかった。ここがチャンスだと感じた馬雲は、ただちにBBSのデザインを完成させるようにというメールを技術スタッフに送った。ところが、驚いたことに彼らは馬雲に同意しなかったのだ。

馬雲は怒りを露わにした。できることならすぐにでも飛んで帰り、彼らの頭をたたいてやりたかったが、長距離電話の受話器に向かい、怒鳴るしかなかった。

「ただちに、今すぐ、急いでやるんだ！　ただちに！　今すぐ！　急いでだ！」

馬雲の強硬な態度に負け、この件は一時的に彼の計画に従って行うことで決着がついた。最終的には、馬雲のアイデアが正しかったことが証明された。このとき、あふれんばかりの情熱がなければ、多くの反対意見の前に馬雲も萎縮してしまったことだろう。しかし、まさにこの激しい情熱に支えられて、馬雲は奇跡的なドリームメーカー、夢を叶える人となることができたのだった。

情熱は大切な精神的財産

アメリカのある閣僚がマイクロソフト社を見学した際、ビル・ゲイツにこう尋ねたことがある。

「ここの社員はみな、楽しそうに仕事に勤《いそ》しんでいるが、こうした企業文化はどうやって育てたのだね？」

これに対しゲイツはこう答えた。

「100％の情熱でソフト開発に従事できることが雇用条件の一つだから」

情熱は常に夢を伴う。強い情熱を持って夢を実現しようとする、そのエネルギーは莫大なものだ。情熱は貴重な資質であり、この資質のある人間は何をやっても優れた成果を残すだろう。

「信念があれば若く、疑いを持てば老いる。自信があれば若く、恐れを感じれば老いる。希望があれば若く、絶望すれば老いる。年月が奪うのは肌の若さだけだ。だが、熱意をなくしてしまったら魂が老いてしまう」という言葉がある。

馬雲は永遠に若々しい魂を持っているから、次々と奇跡を起こし、記録を塗り替えることができたのだ。そして成功したからといって歩みを止めることもなかった。

馬雲にしてみれば、この程度のことはたいしたことではない。彼にとって大切なのは、今ではなく未来だからだ。60歳になったとき、今と同じアリババの仲間とともに、今年もまたアリババが奇跡を起こしたとか、社員のボーナスがいくら増えたとか、株価もどんどん上がっているなどといったニュースを聞きたいと願っているのだ。

「それが本当の成功ってものだよ」と馬雲は言う。

情熱は、人の思想と行動を決定する。成功への道は、多くの痛みと挫折に満ちている。

燃え上がる情熱がなければ、理想の光は徐々に消えてしまうだろう。

残酷な現実がわれわれに襲いかかることは少なくないが、このような残酷さがあるからこそ、情熱が貴重だと言えるのだ。物質的財産はなくてもよいが、精神的な財産を失うことはできない。情熱は大切な精神的財産だ。この財産があるからこそ、人は多くの障害を乗り越えて、人生という長い道をより遠くまで、より着実に歩むことができるのだ。

11 起業家よ、軽々しく頭を下げるな。

すべての起業家は、永遠に自分に言い続けなくてはならない。起業したその日から顔をつき合わせるのは困難と失敗であって成功ではないのだと。

いちばん困難なときはまだ来ていないが、いつか必ず訪れる。困難を避けることはできず、他人に肩代わりしてもらうこともできない。

9年間の経験から、いかなる困難も自分が向き合うしかないと学んだ。起業家とは困難に立ち向かう者なのだ。——馬雲

アリババの株主である孫正義は、2003年に自分が投資する全企業の経営者を集めて会議を開いた。それぞれ5分間で自社の現状を報告した。皆の報告が終わり、最後の発表者である馬雲の番になった。

馬雲の報告が終わったとき、孫正義は感慨を込めてこう言った。

「3年前も今も、私に意見するのは君だけだよ」

ソフトバンクグループのトップである孫正義は、投資界でも大物として知られている。だが、その孫正義も馬雲には初対面のときにかなり驚かされたという。

1999年夏、北京で投資家を探していた馬雲は、モルガン・スタンレーアジアの投資アナリスト、グプタからアリババの状況を尋ねる電話を受けた。

数週間後、グプタはメールで、一緒にとあるビルに行き、ある投資家と会って話してほしいと伝えてきた。

金のために頭を下げなかったことが、成功を招いた

この謎の投資家こそ、孫正義だった。その日、孫正義は投資を望む多くの人と面会することになっており、各自20分で説明するようにとのことだった。しかし、馬雲の番になったとき、孫正義は6分間で話を打ち切った。最後まで聞くより先に、投資したいという意向を明らかにしたのだ。

孫は馬雲にいくら必要かと尋ねたが、馬雲は金には困っていないと答えた。確かにそれ

までに馬雲はゴールドマン・サックスから「エンジェルファンド」としてアリババへの500万ドルの投資を獲得していた。500万ドルといえばたいした額に思えるが、インターネットビジネスが必要とする資金は想像以上に大きい。馬雲は金に困ってはいなかったが、それでも十分とは言えなかった。

馬雲の答えを聞いて孫正義は驚いた。そして、金に困っていないのならなぜここに来たのかと尋ねた。馬雲の返答は、今思えば少々子供っぽいものだった。

「自分から来たんじゃない、呼ばれたから来たんだ」

と答えたのだ。

孫正義との最初の出会いは、このようにいささか芝居がかった一幕から始まった。しかし、ここからも、馬雲のビジネスマンとしてのにじみ出るプライドや慎重さが透けて見える。ビジネスマンの多くは投資を得るために、金さえあれば誰に対しても自尊心を曲げてでも頭を下げる傾向にあるが、馬雲にはこれができない。

投資者とは金だけではなく、一歩進んだリスクへの投資やより多くのリソースなど、資金以外の要素ももたらすべき存在だと考えているからだ。

投資家を探すのは金のためだけではなく、アリババがよりよい発展を遂げるためだ。投

資家への条件は厳しい。金を必要としてはいても、誰の金でもよいわけではない。自分にも選ぶ権利があるのだ。

金のために頭を下げない馬雲は、かえって孫正義を引き寄せた。孫は馬雲に東京で話を詰めたいと申し入れた。

20日余り後、馬雲と孫正義は東京で再会し、挨拶もそこそこに融資に関して話し合った。孫はアリババに3000万ドルを投資して、株式30％を所有したいと申し出た。馬雲は5、6分考えた後、これに同意した。わずか数分間でソフトバンクから3000万ドルを引き出したこのエピソードはその後、誰もがうらやむ神話となった。

もしも投資家から金を引き出すことだけを目的にしていたら、馬雲は今でもまだ投資家を探し回っていたかもしれない。金のために頭を下げなかったことが成功を招いたのだ。能力や創意で投資家を納得させたというより、尊大さで人を引きつけたといえるだろう。

ヒーローは失敗の中から現れる

馬雲は常に起業家たちにあることを伝えようとしてきた。起業の道は苦難に満ちているが、夢を実現するために自分を貶めるな、ということだ。

起業という道を選んだからには、その道を歩み続けるしかない。失敗や成功にとらわれすぎてはいけない。大切なのは起業する過程で得られる喜びや痛みなのだ。

「あきらめないことが最も肝要だ。挫折から立ち上がるには強い力が必要だ。ヒーローは失敗の中から現れ、真の将軍は撤退の中から現れるのだと覚えておくことだ」

と馬雲は語る。

その数年間の起業上の困難や挫折について馬雲はこう述べている。

「どの痛手も、それに耐えられさえすればより強くなれる。期待が大きければ失敗も大きい。だから私は、明日はきっとひどい日だ、なにかよくないことが起きるに違いないと考える。そうすれば本当に悪いことが起きても恐くないからね。

打ちのめされるくらいなんだというんだ？　来るなら来い、きっと切り抜けてみせる。

困難に負けない力が身につけば、真の自信も生まれるんだ」

起業に失敗すれば、その人の運命は変わるだろう、よくなるかもしれないし、悪くなるかもしれないが、それはどうでもいいことだ。ジョブズが、10年間の成果を何もかもなくしたとき、運命は彼にひどい仕打ちをした。しかし彼は顔を上げ、前へと進み続けた。再び会社を起こしたとき、運命はまた彼に最高の一面を見せてくれた。

馬雲が中国黄頁を離れたときは、身を切られるようにつらかったはずだ。しかしアリババを設立し、小さな成果があがったとき、運命は彼に温かな一面を見せてくれたのだ。

「私は今、最も大切にしている言葉が二つある。一つは第二次大戦中、チャーチルが苦境にあった英国国民に向けて言った『Never never give up!』（決して、決して、決してあきらめるな！）で、もう一つは『自信に満ちて出発するのは、目的地に着くことに勝る』だ」

これは馬雲が起業家を励まして言った言葉だが、自分に対する励ましでもある。

失敗して最初からやり直すのは、悪いこととは限らず、一時の成功が最終的な成果とも限らない。起業を志したのであれば、一生起業の道を歩むべきだ。たとえ結果がどうであれ、起業家よ、軽々しく頭を下げるな。

12 小賢しくあるより、愚かでいろ。

初めて起業したとき、何がしたかったのか？
外部の影響を受けるな。
今日はこれをする、と自分で決めるんだ。――馬雲

「起業も会社設立も簡単だと伝えたい。強い欲望を持てばいい、自分は何がしたいのか、何を変えたいのか。それがはっきりすれば、後はそれを貫くこと。人は一生ずっと起業し続けるのだと思う。以前、深圳が『二度目の起業』というスローガンを掲げていたが、これにはあまり賛成できない。同じトップが二度起業することはできないと思う。なぜなら、起業したその日から人はずっと起業し続けるものだからだ」

馬雲は、起業家たる者ひとたび起業の道を選んだら、それを貫かねばならないと考えて

いた。孫正義は馬雲のこの決意と気迫を見たからこそ投資を決めたのだ。アリババが発展を遂げた数年後も、馬雲は１９９９年アリババ創業当時の目標を変えることはなかった。

目標を立てるのはたやすいが、それを保ち続けるのは困難だ。馬雲は困難に打ち勝つことのできる数少ない人間の一人だ。彼は早くから、中国も早晩ＷＴＯに加盟すると見込んでおり、中国企業も国内業務だけに目を向けるのではなく、国際的な視野で世界に打って出るべきだと考えていた。そしてアリババが内外の企業をつなぐプラットフォームとなり、国内企業の輸出、海外企業からの輸入を手助けしたいと考えていた。

しかし中国企業の数は多い。いったいどのような企業を手助けすればよいのか？　馬雲は最初から中小企業、私営企業をこそ助けるべきだという考えで、それを実行した。インターネット業界で何年も奮闘し、数千万ドルの融資を受けた後もその目標は揺らがなかった。

アリババがここまで発展できたのは、馬雲の「死んでもあきらめない」という精神力と強く結びついているといえるだろう。

孫正義は馬雲のこのような態度を高く評価した。**ビジネスマンの多くは隙を突くような**

賭けを得意とする。一見賢く見えるこの方法だが、その影には危険が潜んでいる。それに対して馬雲のような現状維持派は、愚直に思えてもその裏には大きなエネルギーを隠しており、それが蓄積されれば決して枯渇することのない強い力となるのだ。

このため、孫正義は2004年、再びアリババに投資することを決めた。そしてこの年、馬雲はインターネット界史上最大級の巨額融資を手にした。その額なんと8200万ドルだ。

この巨額の資金の出資者はソフトバンク、フィデリティ、GGV（グラナイト・グローバル）、ベンチャーTDFの4社だ。筆頭はソフトバンクで、孫正義は当時、「今回の融資はソフトバンクが常に求める、市場トップを取れる会社に投資するという戦略と一致している」と喜びを語っている。孫正義が馬雲とアリババの将来性を高く買っていたことがうかがえる。

この数年前、馬雲は孫正義からの3000万ドルの投資を受けようとしなかった。しかし数年後のこのとき、8200万ドルを得ている。長期的に大きな成長を会社にもたらすという条件に合致したからだ。馬雲は依然、中小企業を対象とするという当初の目標を保持していた。また、中国の電子商取引はこの先数年で大きく変化し、「インターネットショップ」がその焦点となるだろうと予言している。

「インターネットは『ネットユーザー』『ネチズン』時代から『ネットショップ』時代に進みつつある。アリババの使命はインターネットをネットビジネス時代へと導くことだ」

馬雲のこの言葉はまたもや大きな波紋を呼んだ。しかし世論がどのように騒ごうと、馬雲は自分のやるべきことをやり続けるだけのことだった。

努力がついに報われるときが来た。アリババは「金食い虫」から「稼げる企業」に変身し、馬雲の奮闘は夜明けを迎えた。彼が打ち出した電子商取引モデルは正しかったのだ。アリババを模倣した各種のサイトが次々と出現したが、アリババは「コピーされ続けても、超えられない」ほど記録を伸ばし続けた。

この後、馬雲の生活は好転し、彼は静かにスポットライトの下にやってきた。しかし、この栄光に至るまでの数年間をどう戦い、どう耐えてきたのかを多くの人は知らない。その間の悲喜こもごもは、馬雲と常に彼とともにあった創業チームのメンバーだけが知っているのだ。

外からの賛辞でうぬぼれてはいけない

一時の失敗は永遠の負けではなく、一時の成功も永遠の好調とはいえない。理想を守り、目標を堅持し、揺るぎなく歩み続けてこそ、人生最大の成功を手にすることができる。馬雲は率直だ。

「私のことを『6分間で孫正義を説得した』と賞賛する人がいるが、本当は孫正義が私を説得したのだ。孫氏に会うまでに、少なくとも40回はシリコンバレーから拒絶されていたんだから」と語っている。

馬雲は常に「一事に専念する」と強調する。ではどうすれば「一事に専念」できるのか？　中国中央電視台経済チャンネルの「2005年度中国経済人物選出イノベーションフォーラム」で馬雲が行ったスピーチの中に、その答えを見出すことができるだろう。

2005年以降、アリババがどうなるのかは分からない。しかし今後3～5年間は、われわれは依然として電子商取引によって企業の発展を図るだろう。われわれが核心とする事業から離れることはないだろう。

10年の経験から分かったことは、われわれは時流に乗ることも、新しいものを追いかけることもないということだ。

われわれは新奇なもののために早くから準備して時間を無駄にすることはありえないし、グーグルや百度（バイドゥ）のような検索エンジンの株が上がったからといって焦ることもない。それは4～5年前、ＳＭＳ（ショートメッセージ）がインターネットを変えるとか、ゲームが生活を変えるとか言われているのを信じなかったのと同じことだ。

私は自分の子供にゲームをさせたくはないし、よその子供にもさせたくない。電子商取引は中国経済を変えると確信している。中国はクレジットシステムやインターネット基盤の構築が遅れているが、だからこそ飛躍的な発展が遂げられるのだ。


馬雲はまた、こうも言っている。

「あのころ、多くの人が、アリババが成功するなんて1万トンの客船をヒマラヤの頂上に持ち上げるようなものだ、と言った。だから仲間に言ったんだよ、俺たちの役目はその船を頂上からふもとまで下ろすことだとね。他の人が不可能だと言っても、自分さえわかっていればいいんだ」

馬雲の考える成功とは、やり抜いた結果の成功だ。やり続けなければ、手にしたように見えた成功も消えてしまうだろう。

アリババが大企業になってからも、馬雲はよく社員に「外からの賛辞でうぬぼれてはいけない」と諭したものだ。

「なぜなら俺たちは１０２年間、存続する会社を作らなければならないからだ。たとえ何かの雑誌の表紙を飾ることがあったとしても、芸能誌に載った程度に思い、それが成功だと思わないことだ。成功なんて一時のものだ、その影の努力こそがとても大きいのだから」

13
教えるのは魚の釣り方だ。魚を与えるのではない。

中国で電子商取引をやるなら、誰かに手を引いてもらうのではなく、自分の足で立ち上がらなければならない。誰かに頼っていたらおしまいだ。

われわれと市場とは伸ばせば手が届く関係で、われわれはユーザーをひとり立ちさせなければならない。助けを必要としている人を助けてこそ感謝される。電子商取引の最大の受益者はユーザーであるべきで、われわれが稼ぐことができるのは、ユーザーにツールを提供するからだ。

ツールの発明者が大儲けして、ツールの使用者がパッとしないというのは間違っている。——馬雲

2004年6月、馬雲はアリババ出店者大会を開催した。アリババのサイトに出店している1000社余りの業者が浙江省は西湖のほとりに集い、各自の経験を披露し、知識を共有し合ったのだ。

これは中国電子商務協会とアリババが共催した第一回中国電子商取引大会で、馬雲はこの大会開催の意義は非常に大きいと考えていた。「電子商取引を利用する企業が成功しなければ、電子商取引に春はやってこない」からだ。

この大会は、出店者の存続と発展および中国インターネット事業の方向性を指し示したのみならず、出店者に学習の場を提供することとなった。馬雲はそれが大会開催の主な目的だと考えていた。

インターネット時代は日々成熟に向かってはいたが、この電子商取引大会の成功は、多くの人が予想しえないものだった。ヤフーのジェリー・ヤン（楊致遠）もこの大会の盛況に驚き、

「初めて『インターネットショップ』という言葉を耳にした。企業がネットを使って、広告だけでなく商売も行うなんて例はアメリカにはない。中国では中小企業がインターネットをビジネスツールとしていると聞いて驚いた。考えたこともなかったから」

と述べた。

人々は、当時この大会にそれほどの衝撃を受けた。しかし馬雲は、すでに中小企業こそが電子商取引の中核であると見なしていた。今後は彼らが中国ビジネス界における重要な勢力となり、その発展が中国経済の発展に大きな影響を及ぼすことになると考えていたのである。


電子商取引により、中小企業の業績は大きく伸びていた。中小企業の売上高の多くはネット上の取引で得たものになっていたのだ。馬雲は言う。

「ネットですぐに大儲けする確率は決して高くはない。しかしネットを使えば大きくコストダウンが図れる」

コストダウンだけでなく、知名度も高くなる。出店者大会の後、海外の大企業も中国のインターネットに注目するようになった。彼らは中国の電子商取引の勃興と洋々たる前途に目をつけたのだ。これはアリババ出店者の発展とブランド確立に明るい一面をもたらした。


ウォルマート、サムスン、アジレント・テクノロジーなど世界的なバイヤーがアリババを通して中国での商品調達を加速させた。アリババ出店者の多くは、資金も資源も少ない商店や個人だったので、馬雲が最初に定めた「中小企業のための電子商取引」という目標はめでたく達成できたのである。彼らの資本は少なかったが、起業への志は高かった。アリババが彼らの起業に火を付けたのは間違いないだろう。

第一回の出店者大会で、馬雲は「２００４年中国出店者トップテン」を大々的に発表した。この10社は投票で選ばれたもので、馬雲は丁重に彼らの名前を発表した。彼らの努力をすべての人に知らしめ、また他社や今後電子商取引をやってみたいという人たちが目指す目標となるように。

魚を与えるより、漁の方法を教えよ

「『3年後をどうみる？　将来はどうなる？　電子商取引は今後どうなるだろう？』と私に尋ねる人は多いが、**未来を予測するベストな方法は未来を創造することだ。有言実行で約束を守ればいいのさ**」

と馬雲は語る。彼は、確かに自分で言った電子商取引に関するコミットメントを守った。

アリババの出店企業数は数千万社に上り、ネット上での海外貿易額は数百億元に達し、さらに増え続けている。

馬雲はアリババを常に向上させることで、これらの出店者のために優れた経営環境を作り上げてきた。古くから言われるように「魚を与えるより、漁の方法を教えよ」だ。馬雲の事業の素晴らしさはこの点にある。アリババがユーザーに提供したのは、長期的で成長が見込める支援で、一時的なものではないのだ。


2006年7月、杭州市、中国商務協会、アリババの三者は共同で、グローバル規模の第一回中国電子商取引フェアを杭州において開催すると宣言した。インターネット業界のため、世界的な展示、交流の場を設け、ネットショップの実力を明らかにし、ネットショッピングの消費者層を拡大することを目的とするものだ。

馬雲は、将来的には定期的にこの大会を開催し、世界中のネットビジネス企業が、皆、取引先やビジネスチャンスを探しに杭州に来るようになってほしいと考えていた。

真に人を助けようと思うのなら、単に食べ物を与えておしまいなのではない。彼らに食べ物を手に入れる方法を教えなければならない。貧困から抜け出し、財産を得たければ、真に有効な方法は金を得ることではなく、金を稼ぐ技能を身につけることだ。

馬雲はこの道理を深く理解していた。だからこそ、**アリババの目標を、世界のビジネスパーソンのビジネス方法を変え、世界を電子商取引時代に導くことと定めたのだ。アリババは魚を釣るためのツールになるのであって、単なる魚であってはいけない**のである。

杭州師範大学でのスピーチ

2011年9月5日・中国杭州
馬雲の母校である杭州師範大学（旧・杭州師範学院）の開校記念式典で、在校生や卒業生を前に行ったスピーチ

人生は、何を手に入れたかではなく、何を経験したかで決まる。

あなたたちの目には力がある。この大学は大変魅力的で、未来を見据えた戦略があります。それはあなたたちのような魅力的な学生がいるからですし、見る目のある若者がこの大学を選んでいるからです。私はこの大学が世界で最もいい大学だと確信しています。

私はみなさんにおもねる必要もありませんし、自分を必要以上に大きく見せようとも思いません。私は、ハーバード、ＭＩＴ、北京大学、清華大学など、多くの大学を見てきま

した。しかし、それでも、この大学を誇りに思っています。

私がずっと言っているのは一番「いい」大学だということです。いいか悪いかというのは、多くの場合、他人がどのように感じるかではなく、自分がどのように感じるかです。もし、あなたが「悪い」と思ったら、あなたにはもうチャンスがありません。反対に、あなたが「いい」と思えば、チャンスは次々とやってきます。

この杭州師範大学は、世間から見れば北京大や清華大とは全く違うでしょう。でも全く違うからこそ、チャンスがあるのです。もし、私があのとき北京大学に入っていたら、現在の「馬雲」はないでしょう。この大学にいたからこそ、私にはチャンスが巡ってきたのです。


人生はあなたが何を勉強したかではありません。また、何を手に入れたかでもありません。あなたが何を経験したかが重要なのです。だから、私自身も今、この開校記念式典で、この学校が多くの校友を輩出してきたことを祝うのではなく、さらに多くの校友を育てていくことをお願いするためにスピーチをしようと思います。卒業生もこの場に来てくれていますしね。あなたが信じればチャンスがある。もし信じなければ、チャンスはまったくありません。

幸せとは？　成功とは？

みなさんは、この大学で多くの知識を得ることができます。しかし、私は大学で得た知識は卒業後ほとんど役に立たないと考えています。

とはいえ、学校での経験はわれわれに多くのものを与えてくれます。大学の4年間はおそらく人生の中で最も美しい時期でしょう。一方で、最も苦痛な時期でもあります。毎日試験に追われているのですから。私は、数年前まで、まだ試験を受けている夢をよく見ました。目が覚めて、ああ、自分はもう学生ではないんだ、とほっとしたものです。このように、大学時代は美しいが苦しいものです。

本当の幸せとは、涙と笑顔そして汗が一緒になったものです。もし、あなたがこの大学にいる4年の間に、涙を流すこともなく、笑うこともなく、汗をかくこともなければ、あなたが成功することはないと、私は思います。

また、このようにも思います。

成功って何でしょう？　成功の「成」とは、自らを完成させること、成功の「功」とは世間に対し、功徳を積むことです。**あなたは自らを完成させ、人を助けて初めて「成功した」と感じることができるのです。**ですから、皆さん、自分のことを考えるとき、将来のことを考え、他人に何をしてあげられるかを考えてみてください。

人生で大切な3つのこと

私は自分の子供に言いたいことが3つあります。
みなさんは、大体私の子供と同じぐらいの年齢です。あるいは私の子供よりちょっと上かな？　私は子供の誕生日に、一通のメールを書きました。父親が子供にメールを送るなんてちょっと変かもしれませんが、でも、私は息子に言うべきことが3つある、と思ったのです。

第一は、世界を楽観的な目で見ろ、ということです。

この社会において、おまえは必ず何かに悩むだろう。また、苦しいこともあるだろうし、失望することもあるだろうし、何もかも気にくわないときだってあるだろう。だが、おまえがどう感じようと、人類は、数千年にもわたって、ほぼすべての人間が悩み、苦しみ、つらい思いをしながら、前の世代を超えてきた。
みなさん、あなたたちは私や学長を超えていくのです。これが私の希望です。どんなことがあっても、明日は今日よりいい日だと信じてください。この世界には、満足できないこと、いやなこと、そして変えられないことがたくさんあります。しかし自らを変えることこそが、未来を変えることなのです。

たとえば、東日本大震災や雲南地方の地震を例に取りましょう。わが社は日本にも雲南にも寄付をすることを決めました。しかし、多くの社員が、どうしてよその国である日本に寄付をするのか、と抗議してきました。私はメールを書きました。

「あなたが寄付をしてもしなくても、かまわない。どちらもいいでしょう。しかし、あなたが寄付をしないからといって、人に寄付をするなと言うのは間違っています。

今日あなたが寄付をしたからすぐに被災地に変化が起こるということはないでしょう。しかし、あなたが寄付したお金は、まさにあなたが生み出した変化なのです。この世界でも変化が起こりうるのです。あなたの外側にどれだけ多くの問題があるとしても、あなたが変われば、世界は変わるのです」

第二には、自分の頭で考えろ、ということです。

頭は自分で使うものです。人が言ったことをそのまま言ってはいけません。必ず、自分の頭で、自立して、ものを考えてください。いかなる問題も、必ず自立した眼で見てください。

すべての人が行こうとするときはちょっと立ち止まってください。実際は数秒しか変わりません。すべての人が反対するときも、ちょっと待ってください。考えても数秒にも及びません。

でも、いつでも自らの頭で考える。常に、今日と同じように、好奇心に満ちた新入生のまなざしで世界と周囲の人を見てください。そして、他人のことを素晴らしいと思ってください。自分のことを素晴らしいと思ってください。他人を素晴らしいと思える人だけが、達成感を味わうことができるのです。

私は、ずっと、他の人にこう勧めてきました。もしあなたが名門校を卒業しているのなら、他人のことを素晴らしいと思ってください。あなたが普通の学校を出ているのなら、自分のことを素晴らしいと思ってください。

こうするだけで、私たちは困難を乗り越えていけます。好奇心を忘れず、80歳、90歳になっても、女性を見て「あ、あの人は綺麗だな」と思えるなら、素晴らしいと思いませんか？

第三には、必ず本当のことを言え、ということです。

本当のことというのは、最も言いにくく、最も言いやすいものです。本当のことは、聞いても気分がいいわけではなく、やはり同時に最も気分がいいことなのです。

ですから、先輩として、この4年間を、"Enjoy your life!（人生を楽しめ！）"と言いたいのです。楽観的かつ独創的に。そして、真実を語れ、と。そうしてこそ、人生は豊かなものになるのです。


4年間を楽しんでください。そうしなければ、4年後あなたはきっと後悔する。どうして、あのとき楽しまなかったのだろうと思うでしょう。私は、さきほどバスケットボールのコートを通ったとき、「あの頃どうしてバスケットの練習をしなかったのだろう」と後悔しました。多くのことは失って初めてその大切さが分かるのです。

みなさん、在学中の4年間、最高に気分よく学び、最高に友人と仲よくして、是非すばらしい毎日を過ごしてください。

第4章

チャンスの哲学

見えないチャンスこそ真のチャンスだ。

あるプランを90%の人が「よい」と言ったら、私はそれをゴミ箱に捨てる。
なぜなら、それほど多くの人に支持されるプランなら、
すでに誰かが実行しているはずだからだ。
不運に見舞われたら外に出て客観的に眺めてみる。
放棄することイコール自滅ではないのだから、できないことは避けて通る。
放棄を学んでこそ成功できるのだ。

14 意識は態度を決め、態度は状況を決める。

私には理想がある。タオバオに関する理想だ。死ぬ前にタオバオの1年間の取引額が10兆元を突破するのが見たい。10兆元とはどういうことか。たとえば2006年の中国全体の小売総額は合計7兆6000億元だから、10兆元というのは非常に難しい金額だ。しかし、がんばれば達成できる。

——馬雲

1992年、スターバックスをナスダック市場に上場させたハワード・シュルツは「私は夢想家だ」と全世界に宣言した。そして、馬雲も同じく夢想家である。彼が夢見る舞台は非常に大きく、世界こそが彼の舞台だと思っている。馬雲の夢はいつも大きすぎて、他人にはホラ吹きだと思われがちだが。

創業してまもない頃のアリババは、１日の売上が十数万元にも満たなかったのに、馬雲はそれを百万元にまで引き上げるという壮大な目標を打ち立てた。その「野心」は外部の人間だけでなく社内の人間をも驚愕させた。２人のアリババ幹部も馬雲の目標には懐疑的で、馬雲と賭けをすることになった。彼らは馬雲が目標を達成できないほうに１万元賭けた。

そして、年末、馬雲はその賭け金を懐におさめることになった。２人の幹部も素直に負けを認めたことは言うまでもない。彼らは馬雲の気迫と成功を目の当たりにし、馬雲とともに進む未来に希望を見た。しかし、馬雲の野心はこれでは終わらない。馬雲の視線は世界をとらえているのだ。

当時の馬雲は、インターネットへの投資は全部、リーディングカンパニーや技術のある欧米に流れていくという認識を持っていた。アリババを大きく発展させるためには、外国人の心をつかむことが先決だと考えた馬雲は、アリババ世界進出の第一歩として、本社を香港という国際色豊かな都市に置くことにした。そうすれば、世界とより近くなり、同時に世界中にアリババは中国人が創業した企業だと知ってもらえると思ったのだ。

そして、アリババのさらなる発展のチャンスを求め、馬雲は世界各地を走り回るようになった。

1999〜2000年の2年間、馬雲は地球上で訪問していない所はないと言えるほど、ありとあらゆる土地を訪れ、アリババを売り込んだ。アメリカに技術基地を建設し、ロンドンに支社を開設し、ドイツで講演を行う……という具合に。訪問先では、各種のビジネスフォーラムに出席し、講演では得意の熱弁をふるい、アリババの企業文化や成長戦略を紹介した。

ほどなく馬雲の努力は報われ、馬雲とアリババは欧米各地で大きな話題となる。アジアの小柄な男が拳を振り上げ、「B2Bの電子商取引は、最終的に全世界数千万人のビジネスパーソンのビジネスモデルを変える」と情熱的に叫ぶ姿が有名になり、馬雲は世界のメジャーな雑誌や新聞からも注目されるようになった。

こうして小さな達成感を得た馬雲は、自分の経営方針にますます揺るぎない自信を持つ。そして、欧米各国の有名大学で講演を行うまでになった。馬雲は言う。

「ウォートンやハーバードのMBAで学んだ学生は、後に、大企業の幹部になる。彼らの頭の中にアリババの種をまいておけば、5年後には芽が出て大きく成長する」

馬雲の講演は、毎回大入り満員の大盛況だった。馬雲が以前、教師をしていたということもあってか、大学で講演をすると学生たちは「馬先生」の話に心服する。ハーバードで講演をしたとき、ある学生がこんなリクエストをした。

「馬先生、講演を始める前にプロフィールに書いていないエピソードがあれば教えてもらえませんか？」

馬雲はユーモアたっぷりにこう答えた。

「10年前、ハーバードに3回も願書を出したけど、断られてしまったよ。いわゆる門前払いさ」

学生たちは大いに笑った。卑屈でもなく傲慢でもなく、当意即妙で、ユーモアに富み、味がある。これが馬雲の講演の特色だ。

チャンスは努力して勝ち取るもの

馬雲はある演説の中でこんなことを言っている。

アリババは海外で大量の広告費を使っている。本気でアリババのサイトを利用している中国の輸出企業のブランドを海外に売り込まなければならないからだ。顧客が儲からないとアリババも儲けることはできないのだから。(中略)

私は一から始めて、一歩一歩練り上げてこのシステムを完成させた。これは私がやりたいことであり、われわれが誰かのために心からやってあげたいと思ったことだ。だから周囲から悪者扱いされたところで、私は気にしない。私は心の赴くままにやるだけだ。そうやってすべてうまく回っている。

今では50万人のプロのバイヤーがわれわれのサイトを認識している。というのも、私はよく飛行機に乗るが、隣の人と世間話をするときは、必ずアリババの名刺を渡すようにしているからね。

社会人になったばかりの若者の多くは、口をそろえて「大きな仕事をして、社会というこの大きな学びの場で理想的な答えを出したい」と熱く語る。しかし、誰か他の人の給料が増えたり、転職に成功したり、外国へ行ったりする姿を見るにつけ、やれ自分は恵まれた家庭に生まれなかったからだとか、運が悪いとか、名伯楽に出会っていないからと、すべて人のせいにして文句を言うようになる。

誰もがチャンスの到来を待ち望んでいる。しかし自分の思いが強くなければ、どんなに素晴らしいチャンスが来ても見過ごしてしまうだけだ。

馬雲は平凡な家庭の出身だったが、幼少期は不遇であった。青年期に起業したとはいえ、次々と挫折を味わった。もし馬雲が、そうした辛い経験によって自暴自棄に陥っていたら、今日のアリババはない。要するに、チャンスは待つものではなく、自ら取りに行くものなのだ。

自分にはチャンスがないため、偉大な事業が成し遂げられないと愚痴をこぼす人は多いが、チャンスは努力して勝ち取るものだということを分かっていない。**棚からぼたもちが落ちてくるのを待っていたところで、永遠にチャンスは巡ってこない。必死であちこち探し回れば、世界中どこにでも成功への門を開く鍵があるはずなのである。**

どういう意識で人生に向き合うかで、人生の状態が決まる。馬雲の意識は常に積極的である。それによりさらなる潜在能力が発揮されるだけではなく、より多くのプラスのエネルギーを吸収することができ、さらに高度な成果をあげることができるのだ。

15

男の才能は往々にして容姿と反比例する。

この世の中、夢を抱き、たゆまぬ努力をし、常に学んでさえいれば、たとえ容姿がどうであれ、関係ない。男の才能は往々にして容姿と反比例するものだ。

——馬雲

容姿は両親から与えられるものであり、生まれたときにはすでに決まっている。馬雲はハンサムではないが、容姿の美醜に悩まされてはいない。外見ではなく、思想を深め、知識を増やすことで一歩ずつ成功へと近づいてきたのだから。

大学受験に失敗し、生きるために仕事を探し回っていた馬雲は、ある日、従弟につきそってもらい西湖の近くのホテルのウェイター採用の面接を受けた。しかし驚いたことに、つきそいの従弟が採用されてしまった。社長に理由を聞くと、従弟は体が大きくハンサムだが、馬雲は背が低く貧相だし、頭も小さくて不細工だという。

　馬雲はまさか自分の容姿のせいで不合格になるとは思いもよらなかった。だからといって、そんなことで気落ちしてあきらめたりはしなかった。馬雲は数年の努力と奮闘の末に、中国の起業家として初めて『フォーブス』に登場したのである。『フォーブス』は彼を「頬はひどくくぼみ、髪の毛は乱れていて、いたずらっぽく歯を見せて笑う。身長5フィート、体重100ポンドの悪ガキのような容貌」と紹介した。

　一方、例のハンサムな従弟は、現在、あるホテルでクリーニング職人として働いている。

後に、馬雲はインタビューでこう語っている。

「男の才能は往々にして容姿と反比例する」

　この言葉は世間の熱い支持を受け流行語になった。特に容姿のさえない男性からは大いに喝采を浴びた。


「人は見かけによらない」という言葉があるが、確かに人の才覚と容貌には関連性がない。馬雲は絶対にあきらめない精神と努力を怠らない持続力を持ち合わせていたからこそ、人に注目されるような成功をおさめることができたのだ。

　馬雲が『フォーブス』のランキングに登場すると、中国国内でフォーブスフィーバーが捲き起こった。馬雲を崇拝する者、絶賛する者、さらには大金をはたいて買った虚名だという者までいた。誰が何と言おうと、もはや馬雲の輝きは曇らない。

このとき、『フォーブス』は馬雲を表紙に起用しただけでなかった。世界の25分野、1000以上の電子商取引サイトの中からB2B分野の優秀サイトを選出し、アリババに総合部門で第1位の称号を与えたのだ。

この奇妙な容貌を持つ男は、実力により自分の才能を証明した。馬雲が中国中央電視台の『対話』という番組に出演したとき、司会者は冗談でこんなことを言った。

「あなたが『男の才能は容貌と反比例する』と言ったとき、多くの男性が顔を伏せました。私が推測するに、彼らは『なぜ両親は僕をこんなにハンサムに生んだのか』と嘆いていたのだと思いますよ」

それに対し馬雲はまったく怖じることもなくこう答えた。

「その通り。今は自分をハンサムだと自慢する人は少なくなった。私はヨーロッパから帰国したばかりだが、ヨーロッパにも私の発言を聞いていた人がいたようで、みんな『ぼくは不細工かな？』と尋ねてきたよ」

馬雲は、以前から自分がハンサムではないという自覚はあったが、不細工だとは思っていなかったらしい。ところが、あるとき、香港の街を歩いていると、偶然ブックスタンドで自分が表紙を飾る雑誌が売られているのを見つけた。その表紙の写真を見て、突然悟ったという。やっぱり自分は不細工なのだと。

最後に、番組の司会者から自身の才能と容姿についてコメントを求められた馬雲は、真面目な面持ちでこう語った。

「いずれにせよ、私は多くの人々に自信を与えた。**容姿が醜くても関係ない。絶え間なく自分を磨き、学び続けることだ。一般的に容姿が美しいと、それだけで有利なことが多いから努力しないが、われわれのような人間は努力するより仕方がないんだ**」

まさに、馬雲の努力があったからこそ、アリババは年を追うごとに大きく発展し、『フォーブス』のB2B分野の世界最優秀サイトに7回連続で選出されるまでになったのである。

何を根拠に自分にはチャンスがないと嘆くのか

アメリカの経営戦略家ゲイリー・ハメルは著書『コア・コンピタンス経営――未来への競争戦略』の中でこう宣言している。

「今はまさにゲームのルールを変える好機だ」

だが、中国、ひいては世界のインターネット界のルールを変えるのが、この風采の上がらない馬雲だということを、誰が予測できただろう？

「外見と智恵は反比例」の言葉通り、この小柄な男は大きな智恵を手に入れて以降、その智恵は小さな体の中で濃縮され、輝きを放った。こうして、その男、馬雲は、世界の電子商取引の先駆者となったのだ。馬雲は『在路上』というテレビ番組の収録で、さまざまな事柄について独自の見解を述べた。司会者に「ご自身の外見で不満に思っているところはどこですか」と聞かれた馬雲は、「若いころは、とても不満だったが、今はとても満足しているよ」と答えた。


容姿は、すべてを決定づけるものではない。しかし、若者の多くは、就職に失敗したり事業が低迷したりすると、自分の容姿が平凡で、人ごみに放り出されたら目立たないから、という結論に行きつく。本当のところ、見た目は二の次であり、もっと言えば、たいした影響はない。人は自信に満ちあふれ、闘志がみなぎれば、おのずと他人の目線を引くようになる。

馬雲は『在路上』の中で、若者に向けて次のようなメッセージを発した。

20年後の中国では、私のような容姿が流行っているかもしれない。しかし私が言いたいことはそれとは関係ない。

大部分の人間は自分の能力を過大評価していて、いつも他人が悪い、世界が悪い、ルールが悪い、体制が悪いと文句を言うが、自分が悪いと思っている人間はいない。80後（1980年代生まれ）であれ、90後（1990年代生まれ）であれ、私の年代であれ、皆そういう傾向にある。

君たちは、自分には能力があると思っているのだろう？ だったら何を根拠に自分にはチャンスがなくて他人にはチャンスがあると嘆くのか。何を根拠に馬雲にはチャンスがあり、君たちにはチャンスがないと言うのか。その根拠とは一体なんなのか、考えてみてほしい。

そもそも世界は不公平だ。公平であるはずがない。農村に生まれた君と、ビル・ゲイツの家庭に生まれた子供を比べることができるか？ しかし、一つだけ公平なことがある。ビル・ゲイツの1日は24時間で、君の1日も24時間だということだ。

この24時間は3つの8時間から構成される。最初の8時間は、道を歩いたり混雑したバスに乗ったりしている時間で、特に目標もない。友達と一緒にいたいと思う時間だ。次の8時間は睡眠時間で、このときもまた目指すものはなく、よいベッドが欲しいと思い、よいパートナーがいればと思う。

最後の8時間だけは、自分が何をすべきか分かっている。仕事だ。もし仕事がつまらなくて、やりがいを感じられないなら、転職すればいい。くれぐれも意に染まない仕事はするな。そういう人生に意義はない。結婚して毎日妻の文句を言っているくせに離婚しない。そこに何の意義があるというのか。そうだろう?

だから私は、はっきりさせておきたい。世界は不公平なのだと。その状況を変えたいと思っても、まず不可能だ。政治家になったとしても不可能だ。ただ、人はそれぞれ違う。生まれた条件が違っても幸せになれる。幸せは自分で探しに行くものだ。

私は農民工の街に行ったことがあるが、彼らは起業家であって出稼ぎ労働者ではない。私は彼らを尊敬する。都会に出て日雇いで稼ぐことは、起業であり、ただのアルバイトとは違う。私に言わせれば起業家と農民工は何の区別もない。ただ私はこっちの道を歩き、彼らはあっちの道を歩いているだけなのだ。工事現場に行くたび、いつも彼らの笑い声を耳にする。3元の賭け金でトランプをしていたりするが、みんなとても楽しそうなんだ。

16 人との出会いこそがチャンスだ。

私に影響を与えた人物は多い。さまざまな段階でさまざまな人に影響を受けた。武侠小説家の金庸は間違いなく私に影響を与えている。『フォレスト・ガンプ』の主人公、ガンプにも影響を受けた。それから両親、教師。数日前に会った李嘉誠の一言にも非常に共感を覚えた。

だが、この世に、あなたを徹底的に変化させられる人はいない。重要なのは、すべての人との出会いからチャンスを探し出し、学び続ければ、逆に人に影響を与えられるようになるということだ。――馬雲

馬雲は、かつてこんなことを言っていた。

「アリババを設立した当初、自分たちは梁山泊の１０８人の豪傑だと得意になっていた。今、われわれがやるべきことは、梁山泊の豪傑集団をスパルタクス軍に変えること、つま

りゲリラ隊を正規軍に変化させることだ。陣形より作戦のほうが重要であると、歴史が証明している。インターネットであと3年は稼ぎ、40歳になったら引退して教職に戻る。講義の内容は『アリババの1001の誤り』だ」

インターネットが低迷していた時期、馬雲はインターネット振興への道を探ろうと、「西湖論剣（西湖フォーラム）」を開催する。インターネット界の重鎮に呼びかけ、そこで現状への対応策を話し合った。この第一回の「西湖論剣」は大成功に終わり、以後毎年、西湖のほとりで開催されるようになった。

2001年10月21日、第二回「西湖論剣」が幕を開けた。前回のメンバーに新しいメンバーが加わり、「インターネット企業は今後どうあるべきか」について討議された。馬雲も、「インターネットの最大の特徴は変化することだが、ここ数年について言えば守りに入るべきであり、守りこそが最良の変化である」との見解を発表した。

「西湖論剣」は、その後も毎年、「インターネットはいかに発展すべきか」等の新しいテーマを掲げて開催されている。参加者はますます増え、馬雲は彼らとの交流の中で、毎回、有益な情報を吸収している。それはまるで俠客らが互いに切磋琢磨する武俠小説の世界のようだと、馬雲は感じている。フォーラムでの交流を通じて互いに高め合い、自分に足りない知識を強化できるからだ。

2003年、馬雲は1億元を投資してタオバオ（淘宝網）を創設する。B2Bの雄がC2C（Consumer to Consumer：消費者間取引）の雄にも名乗りをあげたのだ。この情報が伝わると、インターネット界に激震が走った。しかし馬雲は自分のやり方を貫いた。

この数年間のリサーチや試行錯誤、同業者との交流を通じ、馬雲は当初の自分の考えが正しかったことを確信していた。アリババはビジネスパーソン向けのサービスを行う企業だが、タオバオの誕生により、個人向けの取引にも良好な環境を提供できるようになった。タオバオの設立は「タオバオという場において、誰もがビジネスの夢を実現できる」という明確なメッセージを人々に送った。こうして馬雲は、インターネットユーザーの中でも、最も発展が見込まれる分野を手に入れようとしたのだ。

2004年の「西湖論剣」では、テーマを「天下」と題し、インターネットの発展というホットな話題について討議した。小ぢんまりと開催した初回から、大規模になった現在に至るまで、馬雲がリードし続けてきた「西湖論剣」は、すでにインターネット業界では欠かすことのできない交流の場となっている。

チャンスの前ではみな平等だ。要は、誰が成功をつかみ取れるかだ。馬雲は自分を幸運だと思ったことはない。馬雲は自身の成功について次のように語っている。「成功は失敗の始まりかもしれない。逆に、失敗するたびにそこから教訓を得れば、成功へのスタートラインになるかもしれない」

チャンスを一つつかめば、半分は成功したも同然だ

「三人行けば必ずわが師あり」とは、孔子の言葉だ。誰にでも、他人が学びとるべきものが備わっている。馬雲は謙虚で学ぶことに貪欲だ。頭の回転が速く、他人の長所を吸収し自分の短所を補うことができる。愚者はチャンスを逃し、賢者はチャンスをつかむ。チャンスが向こうから転がりこんでくることはまずない。チャンスに目ざとい人間だけが、一瞬にして消えてしまうチャンスをつかまえることができる。

チャンスをものにできない人間は、幸運やチャンスが来てもあっさりと逃してしまう。

「運が悪い」ように見えるが、実はチャンスをうまく見つけられていないのだ。ロダンは言った。「暮らしに美が足りないのではない。美を発見する眼力が足りないのだ」。チャンスも同じだ。**暮らしの中はチャンスに満ちているのだから、そのチャンスを発見する眼力があるかどうかにかかっている。**

馬雲は、電子商取引のビジネスが評価されていなかった当初、こんなことを言っていた。「人に評価されないことがラッキーな場合もある。評価されていないから誰も手を出さない。そうでなければ、こんな宝物は私に回って来なかっただろう」

好機は逃したら二度とやってこない。時機をつかむことは企業にとって非常に重要な意味を持つ。市場競争が激化するにつれ、どの業界も儲けのチャンスは減るばかりだ。得がたいチャンスをつかみ、なんとか最大限の利益を得なければ、企業に生存と発展の道は開けない。

現実社会においても、危機に直面して手の施しようがなくなり、完全に追いつめられている人は多い。とはいえ、危機をチャンスに転化し、思いもよらぬ結果を得られることもありうる。チャンスをうまくつかめば、成功はこんなにも簡単なのだ。

一つのチャンスが、人生を一夜にして変えることもある。これは決して誇張ではない。

しかし、このチャンスというものは、多くの場合、思いもよらぬところにある。ゆえに賢い人間は、いつも誰かに会うとチャンスの可能性をうかがっている。

チャンスをつかみ、さらに努力を重ねれば、成功を手にすることができる。チャンスを一つつかめば、半分は成功したも同然だ。身の回りに隠れているチャンスをつかみとるのだ。

17 攻撃のタイミングを見誤るな。

攻撃において、タイミングはとても重要だ。私は太極拳を習ったことがあるが、太極拳は集中力を要求される。行ったり来たりしているように見えて、実は、ただ一点に照準を合わせ、タイミングを見極めて攻撃を仕掛けている。

そういった点からも、金庸が書いた小説の、黄薬師の登場場面が特に好きだ。黄薬師は、誰にも警戒されていない老いぼれだ。ところが突然、技を出して最強の使い手を川に放り投げてしまう。だから、いつ攻撃を仕掛けるかはとても重要なのだ。

――馬雲

攻撃のタイミングの見極めは非常に重要だ。ある者はチャンスをつかみ暗闇の中に光明を見い出し、またある者はチャンスを放り出して逃げ、苦境に陥る。チャンスは逃したら二度とやってこない。人生の中では多くのチャンスに出会うが、それぞれのチャンスは一度きりだ。つかみ取れば人生は大きく花開き、つかみ取らなければさえない人生を送るしかない。

２００５年８月11日、ジェリー・ヤンはヤフーチャイナの全社員に次のようなメールを送った。

「本日午前、われわれはアリババと戦略的パートナーになることを公表します。（中略）これはヤフーが人々の心を揺り動かす瞬間となるでしょう。どうか皆さんは、目の前にある巨大なチャンスを見据え、この成功チームの一員となってください」

こうして、高い知名度を誇るヤフーとアリババのM＆Aは、ついに現実のものとなる。アリババとヤフーは北京で合併の合意書に署名したことを発表した。アリババはヤフーチャイナの全資産を買い取り、同時にヤフーからの10億ドルの投資を得た。さらにアリババは中国におけるヤフーブランドの無期限の使用権を得た。

馬雲は記者会見でユーモアたっぷりの挨拶をした。

「アリババとヤフーは7年の恋愛期間を経て、中国の『バレンタインデー』である旧暦の七夕、8月11日に結婚しました」

アリババのヤフーチャイナ買収は、急に決まったわけではなく、長い道のりがあったのだ。アメリカで一、二を争うインターネットの巨頭であるヤフーは、中国に進出したものの、中国のやり方に合わず，状況は芳しくなかった。1999年から2005年の7年間、ヤフーはさまざまな方法を試したが、どれもたいした成果はあげていない。窮余の策として、ジェリー・ヤンはヤフーの発展のために資産をアリババに譲ることを決め、ヤフーのブランドを守ると同時に、経営をすべてアリババに任せたのだ。

ジェリー・ヤンと馬雲のこの動きは、当時、多くの人に疑念を抱かせた。馬雲はアリババがヤフーを買収したと言い、一方でジェリー・ヤンはアリババに10億ドルを投資したと言う。しかもヤフーはアリババの40％の株式と35％の議決権を獲得したのだ。そこで、いったいどちらがどちらを買い取ったのかと憶測が飛び交った。

チャンスは油断すると過ぎ去ってしまう

この買収劇の核心的人物として、馬雲は、記者会見の席上でこう宣言した。

「ヤフーはアリババの重要な戦略的投資企業の一つとなった。取締役ポストについては、ヤフーが1席、ソフトバンクが1席、アリババが2席で、この会社はアリババの傘下にあり、私が引き続きCEOを務める」

どっちがどっちを買収したのかというような疑問は重要ではない。重要なのは、馬雲が攻撃を仕掛けて、アリババをインターネット業界のトップに押し上げたという事実だ。ヤフーの10億ドルの投資により、アリババの企業価値は28億ドルに達し、上場により大きく成長したバイドゥ（百度）に迫ったのである。しかもヤフーとの合併により中国国内のインターネット業界においてアリババに並ぶ企業はいなくなった。

こうしてアリババは、世界の巨大インターネット企業と肩を並べるようになった。そればかりか、馬雲は同年10月、タオバオに10億元を投資し、向こう3年間の利用料無料化を宣言した。無料にすることで、新規顧客の獲得を図ったのだ。

アリババがインターネットビジネス界のトップに向かって邁進する勢いは、もう誰にも止められなくなった。この一度きりのチャンスを手にした馬雲は言う。

「これは本当に貴重なチャンスだった。つかみ取れなかったら一生後悔しただろう。なにしろ7年も待ったのだから」

チャンスはただ一度きり。油断すると容易に過ぎ去ってしまう。それを分かっているから、馬雲は最高の時期にチャンスをつかみ取り、アリババに巨大な経済的利益をもたらしたのである。

ロマン・ロランは言う。「チャンスをつかめなかったのだとしたら、その理由の大半はチャンスが来なかったからではない。チャンスを待っていてチャンスの到来に気づかず、しかもチャンスが来たときに、手を伸ばしてつかまなかったからである」。

絶好のタイミングを見極め攻めることが重要なのである。よくこんな言葉を耳にする。**「あのときは、ああするべきだった。なぜあのとき、こうしなかったのか」。このような後悔の念を口にしても意味がない。人生に、後悔を埋め合わせる薬などない。**

いったん失ったチャンスはもうつかめない。だから、後悔しないためにもチャンスはしっかりつかまなければならない。

18 必死に耐え抜けばチャンスは来る。

マラソン大会では、道の脇に牛乳やサイダーがたくさん並べられている。あなたは飲んでは走り、走っては飲むのか。しっかり飲んでから走るのか。それとも一口だけ飲んで、走れるだけ走り続けるのか。――馬雲

2005年6月、馬雲は中国中央電視台の経済番組『対話』に出演し、アリババの発展の歴史について語った。

司会：では、馬社長とともに、さらに時間をさかのぼって振り返りましょう。もう覚えておられないかもしれませんが、こんな発言をなさっていますね。ずいぶん前、インターネットが冬の時代（訳注：2002年から2003年の時期）に入ったときのことです。あなたは『インターネットの冬の時代は、もう1年延びたほうがいい』

とおっしゃいましたね。誰もが恐怖に震え、冬が早く終わってほしいと願っていたとき、なぜそんな発言をしたのですか？

馬雲：第一に、われわれは幸運にも、他の人より早く冬の到来を察知できていたからです。だから形勢が最もよい時期に改革を実行できたのです。

改革というのは、形勢の悪い時期に行うものではない。たとえば雨の日に屋根を修理するのは大変だから、修理は天気のいい日にしておくべきです。

われわれがひと足先に準備を整えたあと、本当にインターネットに冬の時代が来ました。投資家たちは慌てて資金を回収したが、われわれの手元には、まだ二千数百万ドルの資金が残っていました。

こういう時期に、ライバルと戦い抜き、一心に努力した者だけが、勝者になれる。どんなに苦しくても、たとえ地面にうずくまっても、その場に存在し続けなければならないんです。

そうすれば、たとえインターネット企業がすべて死に絶えても、われわれだけが生き残る。だから2002年、私は会社の全体集会でこう宣言しました。

『今年のテーマは〈生き延びる〉だ。全員で生き延びなければならない。われわれが生き延びた先にライバルがいたとしても、必死で耐え抜くことだ。そして冬が長引けば、ライバルは必ず倒れる』

司会：では、そのころ、どうやって生き延びようとなさっていたのでしょう？　こちらのボードをご覧ください。これはあなたの名言です。先ほども少し触れられましたが、『もしすべての企業が死に絶え、地面にうずくまってでも、生きていられれば、それは一つの生き残りの方法だ』ということですが、このような生き残り方は、偉大な侠客とはほど遠いイメージですね。もし偉大な侠客なら、地面にうずくまって生きるくらいなら立ったまま死ぬほうを選ぶでしょう。なぜそのような状況で、インターネットの冬が長引くことを望むのですか？　そしてなぜそこまでして冬を越そうとするのですか？

馬雲：私が言うところの『うずくまる』というのは、立っていられないということです。つまり、たとえうずくまったとしても、横になったり倒れたりしてはいけないという意味なのです。

また、**冬は長ければ長いほど、素晴らしい春を迎えられる。細菌が消滅し、周囲の雑音が収まったら、また立ち上がる。そうしたら私は、すべての投資者とすべてのインターネットユーザーに愛される人物になっているだろう**と思いました。

つまり、あのときのわれわれは、自分で自分を励ましていたんです。われわれの

２００２年のキーワードは『最後まで耐え抜くことこそが勝利』でした。

冬を越えて生き残った者には勝利のチャンスがある

チャンスというのは、絶体絶命の危機を一つずつ乗り越えた後のごほうびである。成功を追い求める道の途中で、ある者は失敗し、ある者は成功する。同様にチャンスもまた、人により異なる結果をもたらす。

フランスの著名な化学者、ルイ・パスツールは、次のような名言を残した。

「私が目標を達成できた秘訣を教えよう。あきらめない精神力、それだけだ」

成功と失敗は、最終的には意志の強さによって決まると人は言う。およそ偉業を成し遂げる人間は皆、強固な意志を持っている。

目標は目には見えないし、手で触れることもできない。手を伸ばせば届きそうなときもあれば、前途遼遠でいつまでもゴールが見えないときもある。多くの人は、困難に負けるのではなく、希望の見えない努力に負けるのだ。馬雲が成功できたのは、チャンスがあると信じていたからである。

２００８年、馬雲は、この年を「苦しい一年になるだろう」と断言した。

皆さんは、中国のオリンピックイヤーである２００８年をよい年だと思っていることだろう。しかし、世界と中国の経済状況から判断すると、アリババの２００８年、そう、ねずみ年の戦略は、『深く穴を掘り、食糧を蓄え、覇を唱えない』だ。

つまりわれわれは、２００８年は力を蓄え、守りを固めることを心がけ、横方向への拡大はしない。業務を手堅く行い、顧客サービスを充実させる土台固めの一年にしよう。アリババの発展史を見ても、奇数の年には攻め、偶数の年には守りを固めている。だから２００８年は目立つことはせず、地道に事を進めなければならない。

２００８年は越冬の準備をしっかりと整える。アメリカのサブプライムローン危機、また中国あるいは世界で起こる問題によって、インターネットはまた別の冬の時代を迎えることになるだろう。２００７年初頭の時点には、上場させるつもりはなかったB２B商取引サイト「アリババ・ドット・コム」を、急いで年内に上場させた理由は、冬が来ることを予感したからだ。

会社の戦略としては、すでに冬越しの準備は整っているが、私としては社員一人ひとりにも冬越しに対する心構えを強化し、気力と能力の向上に努めてもらいたい。脅すつもりはないが、今回の冬は長くなるだろう。だが、冬を越えて生き残った者には勝利のチャンスがある。アリババは"Last man standing"となる。それこそがわれわれの強い意志なのだ。

第5章

ビジネスの哲学

ビジネスモデルが多いということは、ビジネスモデルを持っていないということだ。

自分たちのビジネスモデルで儲けられるという点に、私は少しの疑いも抱いていない。
アリババが提供しているサービスは無料で、今後も有料化の予定はない。
今後、新たなサービスをリリースするときには有料にするかもしれない。
いやだと思うのなら払わなければいい。簡単なことだ。
だが、われわれのサービスは、無料でも決して低品質ではない。
われわれのサービスは有料サイトのものよりも優れているという自信がある。

19 有名人ブランドで人を引きつけろ。

私たちは、銅鑼《どら》を叩けばたちまちのうちに人だかりができることを知っていた。銅鑼《どら》がうまければ、芝居がつまらなくなるはずがない。銅鑼《どら》の音が華を添えてくれるからだ。——馬雲

有名人の影響力を利用したプロモーションは有効な方法だ。有名人をイメージキャラクターとする会社や、有名人が利用していることをうたっている広告も非常に多い。有名人には信用があり、無名の零細企業を盛り上げて注目を集めることができる。馬雲も有名人の力をよく理解していた。だが、馬雲が起用したのはネット業界内の有名人ではなく、ある意外な人物だった。

2000年、インターネットバブル崩壊の危機が訪れていた。馬雲は、インターネット

業界の次なる成長トレンドを見極めるべく、情勢を分析していた。すると、ふとインターネット業界のリーダー的人物を招き、ビジネスフォーラムを開催したらどうだろう、と思いついた。そのフォーラムの名は、馬雲の好きな武侠小説になぞらえて「西湖論剣」だ。「西湖論剣」は、業界の有名人を西湖の湖畔に集め、今後の長大な計画について語り合うフォーラムである。捜狐の張朝陽、新浪の王志東、網易の丁磊らの名が招待者リストに上った。だが、アリババは当時まだ無名の小さな会社で、馬雲の動員力も足りなかった。そんな中でどうやってＩＴ業界の有名人たちを集めたのだろうか。

馬雲は奇策を繰り出した。西湖論剣の司会を金庸に頼んだのである。金庸とは知らぬ人のいないといわれる武侠小説作家で、その作品には無数の熱狂的ファンがついている。馬雲も例外ではなかった。子どもの頃から金庸の大ファンで、今回の西湖論剣も金庸の武侠小説からインスピレーションを得たものだった。

だが、自分がファンだということだけで、果たして金庸がフォーラムに出てくれるだろうか。疑問の声が数多く上がった。馬雲にも確信はなかったが、試してみよう、賭けてみようと考えた。実は、以前に一度、馬雲は金庸に会っているのだ。

アリババの本社を香港に設立した際、馬雲もそこで働いていた。香港で行われた記者会見で、ある記者が「憧れの人は誰か」という質問をし、馬雲は正直に金庸だと答えた。するとその記者は、「金庸と知り合いの友人がいるので、金庸に会わせることができる」と言ってくれた。

まるで冗談のようだが、数日後、記者は本当に金庸を紹介してくれたのだ。「庸記酒家」というレストランで、馬雲は憧れの金庸との対面を果たした。

話は大いに盛り上がり、3時間も続いた。いつまでも続く馬雲のおしゃべりを、金庸も大いに楽しんでいた。アリババのマーケット部門トップのポーターは、会食後、馬雲に「あなたが金庸のファンなのではなく、金庸があなたのファンのようでしたよ」と話したほどだ。金庸は馬雲に、「神交已久、一見如故（長い間精神的なつながりがあったので、初対面でも長年の知己のようである）」という書を送った。

有名人の看板効果を狙う

この縁が、金庸に西湖論剣の司会を依頼するという壮大な計画の下地になった。そして、幸運なことに、金庸は馬雲の頼みを喜んで受け入れてくれた。金庸という看板のおかげで、四大ポータルサイトのリーダーたち、丁磊・網易ＣＥＯ、王峻涛・北京時代珠峰科技有限公司（my8848網）会長、張朝陽・捜狐董事局主席兼CEO、王志東・新浪総裁兼CEOを西湖論剣に招くことができた。

こうして、2000年9月10日、この5つのサイトのリーダーは、西湖のほとりで、「新しい千年、新しい経済、新しいネット界の先駆者」をテーマに、白熱した議論を交わした。

金庸を看板にするという馬雲の一手は見事なものだった。それ以前はアリババも馬雲も無名で、誰も見向きもしなかったのだから。

馬雲は過去を振り返ってこう語っている。

「1999年、2000年、2001年は、アリババという名前が中国市場で聞かれることはほとんどなかった。私たちはヨーロッパとアメリカに足場を置いていた。ヨーロッパ、アメリカでもたくさんスピーチをしたが、一番悲惨だったのは2000年のドイツでのスピーチだ。1500人収容の会場に3人しか来なかった。メンツは丸つぶれだったけれど、それでもスピーチはした」

だが、今回は金庸の登場により、100を超えるメディアの注目を集めることができた。金庸を追って杭州に集まったメディアによって、アリババと馬雲も大々的に取り上げられることになったのだ。金庸のおかげで、コストをかけずに大宣伝することができたというわけだ。

有名人を起用する効果とは、その人物の登場によって人々の注目を集め、影響を拡大させられることにある。有名人の呼びかけによって、多くの人がその人物と結びつけられた人や物事に目を向けることになる。こうして、それほど有名ではなかった人や物事が間接的になじみ深いものになっていく。これぞ、有名人の看板効果だ。

20 ビジネスはコネに頼らず、頭を使え。

私は信じている。ニューエコノミーであろうとオールドエコノミーであろうと、永遠に変わらないことがある。それは、顧客に真の意味でのサービスを提供することだ。価値のあるサービスがなければ、ウェブサイトの成長は続かない。――馬雲

『贏在中国（中国で勝利する）』という視聴者参加型テレビ番組でのことだ。この番組では有名企業経営者に対して、参加者が自分のビジネスの構想をプレゼンテーションする。翟羽という青年と馬雲との対話を見てみよう。

翟羽：私はP2P（端末間通信）の絶対的な支持者です。あまり知られてはいませんが、P2P業界でいろいろなことをしてきました。私はB2Bサービスプロバイダーの

発起人で、今はメディアのルールを作っています。この商品には大きなビジネスチャンスがあります。自分には調査のための資金も人手も多くありませんが、うまく市場を見つけられたと思います。

馬雲：あなたは2002年から2003年にかけて「啓明時代」という会社を経営していますが、どうしてやめたのですか。当時、どのように考えていたのですか。

翟羽：あの会社はヒューレット・パッカードをやめて最初に起業した会社でした。当時は仕事もありませんでした。パートナーがいて、彼が40万元出すと言いました。そのうち10万元は会社を作るための資金だったのですが、結局彼は金を出しませんでした。

また、108万元のプロジェクトの商談が進んでいたのですが、そのプロジェクトは前金が5000元しかもらえないとのことで、それでもやるかと聞かれたので、やると答えました。ヒューレット・パッカードの威光を利用して、自分の会社の長期指標を提示し、何とか成功させました。

その後、仕事を2つやりました。そのころになって、パートナーがやっと金を持ってきました。しかし、彼は私が仕事をしているうちに、儲けたお金で車を2台も買ってしまって、会社の経費はすっからかんになりました。経済観念と経営理念がなく、株主権も知らず、ただ金を稼いでいるだけでした。金は稼げましたが、経営に関してはまるでだめでした。その後、彼との協力関係を解消しましたが、彼は6万元持って行ったままです。私の取り分が数十万元あったはずですが、それもなくなり、私は、その後MBAを取得するため海外へ行きました。あまりにもひどい騙され方をしたので、帰国後にもう一度やれるかどうか試してみました。

馬雲：オーストラリアに2年留学して、また会社を？

翟羽：留学中はお金がなくて、一番貧乏なときはポケットに10ドルしかありませんでした。友だちに借金して、家からも仕送りをしてもらっていました。午前も午後も授業に出て、夜は妻に付き合って街をぶらぶらしたりしていました。早く卒業してそこを離れたかった。あまりにも高い費用を負担しきれなかったのです。
あと3ヶ月で卒業というときに、ビジネスチャンスを見つけました。親が子どもを外国に送り出しても、子どもが卒業できる割合が低すぎるのです。しかし、子どもたちは卒業証書を持って帰り、親に見せなければならない。そこで私は学位を得る素晴らしい方法を思いつきました。オンラインで学位取得の代行をしたのです。そうしてすぐに手持ちの金が貯まり、中国に戻り、今の会社を立ち上げることができたのです。

熊暁鴿：ニセの学位を売ったのですか。
翟羽：ニセ物ではありません。ちゃんと大学に記録が残っていますから。
馬雲：最初の会社で失敗して、ビジネスを学びにオーストラリアへ行った。その後学費が払えなくなったとのことですが、行く前は、いくらかかるか知らなかったのですか？
翟羽：金額は知っていました。はじめは払えると思っていたのですが、行ってから想像していたのとは違うことが分かりました。お金がみるみるうちになくなっていき、自分の支払い能力を超えてしまいました。
馬雲：他の審査員の方も聞いていましたが、あなたには、コネがあって、技術がある。技術は自分で？　それとも誰かが開発したのですか？
翟羽：チームです。
馬雲：技術のことは分かりますか。
翟羽：はい。
馬雲：必要なものは揃っているようだけど、何が足りないのですか。
翟羽：お金がないことには違いありません。田園先生に長い間教えて頂いていたので、応援して頂いています。最後に先生が「ビジネスの世界で人望と地位を持つ真の企業経営者の推薦がなければ、成功できないだろう」という言葉をくれました。

馬雲：翟羽さんはとても賢い方だと思います。私からひとつ助言があります。この世界で最も頼りにならないものはコネです。ですが、お金もなく、チームもないときにはコネに頼らなければなりません。みんな同じです。私にはコネもお金もなかった。一つひとつ積み上げていったのです。**コネはとりわけあてにならない。商売をするのにコネをあてにしてはなりません。浅はかな知恵に頼ってもなりません。一番大事なのは、顧客が何を欲しているかを理解し、地に足をつけて価値を生み出し、それを続けていくことです。**もう一度言います。この世でもっともあてにならないものはコネです。

大きなビジネスは徳に頼る

ビジネスでは、ハッタリや人脈といったものに頼ってはならない。それは一番空虚なものので、いつか必ず崩れ去る。実力、誠意に基づいて行うからこそ、ビジネスは大きくなっていく。馬雲はこう考えている。**本当のビジネスパーソンと優秀な企業家が事業に成功するのは、すごいコネを持っているからでも、広い人脈があるからでもなく、着実に努力を**

し、地道な経営をしているからなのだ。

同じ商売をしていても、百年続く老舗になって代々続いていくものと、すぐに消えてしまうものがある。その理由は、やはりブランドの質と経営者の人徳、行いにある。馬雲はビジネスにおいて、誠意と信望を大切にしている。小さなビジネスは智に頼り、大きなビジネスは徳に頼る。

馬雲はこう語っている。

「私たちは2年かけて基礎を作った。そのころ、どんな建物を建てるのか、設計図も見せたことはないのに、人は私たちの建物がどんなに不細工かをあれこれ評論していた。見た目がよくても基礎がしっかりしていない会社もある。それでは大きな風が吹けば倒れてしまう」

ビジネスは建築に似ている。基礎が弱ければ、どれだけ美しい高層ビルを建てても、いつか倒壊する日がやってくる。

21 使命感は成長の原動力だ。

「世界中のあらゆる商売をやりやすくする」という考えを提唱し始めてからずっと、私たちはどんなサービスを打ち出す上でも、これを唯一の基準としてきた。

わが社のエンジニアやデザイナーたちが、「無料のサービスは複雑にしておき、将来有料化したときに使いやすくすればいい」と考えていたことがあった。

そこで私は、「われわれの使命とは何か」と尋ねた。全従業員が、「世界中のあらゆる商売をやりやすくすることだ」と言った。「それでは、なぜサービスがこんなにも複雑になったのか」と私が言うと、みんなはハッとした顔をした。それ以来サービスをシンプルなものにするようになった。

ユーザーにはどんどん使いやすくなっていくことを感じてもらい、面倒は自分たちが引き受ける。これが当時の使命感の原動力だった。——馬雲

2002年、馬雲はニューヨークで行われた世界経済フォーラムに出席した。その場で、世界のトップ500のCEOたちから最も多く聞かされたのは、使命感と価値観についてだった。このような視点は、当時の中国企業ではあまり語られることはなかった。

その朝、馬雲はクリントン夫妻主催の朝食会に招かれる幸運を得て、楽しい交流の時間を持つことができた。アメリカは多くの分野でリーダーとなっている。リーダーは、時に進むべき方向が分からなくなることがある。自分たちを引っ張ってくれるもの、模倣できる手本がないからだ。馬雲はクリントン氏に、「何によって決定を下すのですか」と尋ねた。クリントン氏はこう答えた。「使命感ですよ」と。

使命感という力が、企業に明確な成長の方向をもたらす。だが、当時の中国企業で、「使命感」という三文字に込められた意味は理解されていなかった。馬雲は言った。

「使命感や価値観などを語っても、中身のない奴だと思われて相手にされなくなる。今、中国の会社にはそれが欠けているからいつまでも大きくならないのだ」

トヨタの意思決定、経営戦略の策定は常に自社の使命感に基づいて行われる。トヨタの使命感とは、最高のサービスを提供することだ。トヨタのサービスのよさは世界中で知られている。

こんなエピソードがある。シカゴで大雨が降った日のこと、ある男性が運転するトヨタ車のワイパーが壊れ、運転を続けられなくなってしまった。仕方なく車を路肩に停め、雨の上がるのを待つことにした。そのとき、後ろから老人が歩いてきて、いきなりワイパーを修理し始めるではないか。

突然のことにわけが分からない男性は、老人が何者なのか、なぜワイパーを修理してくれるのか尋ねた。老人はトヨタを退職した元作業員で、自分が勤めていた会社の車にトラブルが起きているのを見て、修理する義務があると感じたのだという。ワイパーはすぐに直り、男性はお金を支払おうとしたが、老人は首を振って、決して受け取ろうとはしなかった。

これこそが、会社の強力な使命感だ。従業員一人ひとりの心に深く入り込み、会社のことを自分のこととして考えられるようになるのだ。

使命感に基づいて決断を下す

アメリカから戻ってきて、馬雲は当時の中国のインターネット企業はヤフーやＡＯＬ、アマゾンといった海外企業の真似をしているだけだったことを悟った。アリババは、模倣ではなく自分の道を歩むべきだということに気づいたのだ。馬雲は正式に宣言した。

「アリババは使命感とともに歩む」


その後、馬雲はアリババの使命を確立するために歩み出した。

「今、一番評価の高い企業はGE（ゼネラル・エレクトリック社）だ。100年前には電球の一メーカーだったGEの『全世界を明るく照らす』という使命が、GEを世界最大の電機企業に押し上げた。もう一つはディズニーだ。ディズニーは『世界中の人を楽しませる』という使命によって、さまざまなエンターテインメント性の高い映画作品を制作した。そして、われわれアリババは、世界中のあらゆる商売をやりやすくすることを使命とする」

「世界中のあらゆる商売をやりやすくする」ことがアリババの使命となり、「顧客の声に耳を傾け、顧客の要望を満たすこと」が、アリババの存在意義かつ成長の礎となった。この使命に背くことは決して行わない。アリババがサービスをリリースするとき、最初に考えるのは、そのサービスがユーザーのビジネスの役に立つのか、会社の使命感にプラスに働くかどうかである。

だから、馬雲は「アリババは電子商取引企業である」という見方には賛同しない。「アリババはビジネスサービス企業である」というのだ。

馬雲はアリババを、アイデアのチームではなく、実践のチームと呼ぶ。馬雲はこう語っている。

「2003年、アリババはB2B商取引サイトで大きく成長することができた。これからどうやっていくか、迷いの中にある。トップにいると、進むべき方向が分からなくなることがある。二番手、三番手はトップを追いかけていればいいが、トップには手本がいない。では私は何に基づいて一連の決断を下すのか。それは使命感だ」

アリババが、人気のある他のビジネスモデルではなく電子商取引を選んだのは、アリババを起業するときに、次のように考えたからだ。

「中国は間違いなくWTO入りする。中国の急成長は中小企業の成長を足がかりとしている。われわれはITで中小企業を武装させ、成長の後押しをする。そうすれば、会社にも金が入る。電子商取引こそが中国の未来の経済を変える。情報化時代になれば、中国は政治的、軍事的、文化的に、押しも押されもせぬ世界の一流国となる」

これがアリババの使命だ。「世界中のあらゆる商売をやりやすくする」という使命感によって、アリババは多くの顧客から支持を得ている。アリババというプラットフォームができたことで、多くの中小企業に利益がもたらされた。個人事業主はネットショップを開業し、新たな活路を見い出すことができた。

人々の就業の機会を作ること、これこそが馬雲が見たかったものだ。馬雲はこう語る。

「中小企業が本当に儲かるようにしたい。中小企業に後継者が大勢現れるようにしたい。わが国には十三、四億の人口がいる。20年後にはさまざまな理由で失業者も多くなっているだろう。電子商取引で、たくさんの人の就業の後押しをしたい。就業の機会があれば、社会が安定し、家庭が安定し、ビジネスが発展する。私は、企業は社会的な責任を負い、その責任を仕事の中で貫くべきだと考えている。自分たちの責任を果たし、この社会の発展を後押ししていきたい」

企業の使命感とは、企業が背負う使命によって生まれる経営の原動力だ。末端から上層に至るまでがこの使命を強く認識すれば、精神的な力が湧いてくる。使命感によって人は行動の方向性を手にする。使命感を得た企業は、あらゆる業務において使命感を中心に据えて展開するようになる。そうなれば、企業は成功を手にする。

22 テナントは量より質。

私が、今、大根を植えているとしよう。植えたばかりだというのに、君は私に苗を抜いて、大根はできたのか、どれだけ大きくなったのか見せろと言うだろうか。

大根を植えた以上は、大きくなるに決まっているのに。——馬雲

馬雲が出演しているテレビ番組『赢在中国』に、周宇という一般人が出場していた。参加種目は、女性コミュニティチェーン店で、周宇は女性用品を細分して大規模なチェーン店を展開していた。
馬雲：周宇さん、卒業後から現在までの経歴をお聞かせください。
周宇：最初の仕事は、国有企業の作業員でした。二つ目は、米中合弁企業のマーケティング講師でした。三つ目が、現在の起業した会社で、9年になります。ブラジャーや

ショーツなどの女性用品を作っています。

周宇：なぜ女性用品を選んだのですか？　どうやって思いついたのでしょう？

馬雲：はじめは化粧品販売会社を作ったんです。これが一つ目の理由です。二つ目の理由は、女性と子どもに関するものは利益を上げやすいと聞いたことがあったからです。三つ目は、1997年の末頃はまだ、ブラジャー業界が勃興期から成長期に入りつつあるところだったからです。そこでこの業界に参入することにしました。

周宇：9年やってみて、会社の採算はどうですか。

馬雲：450万元くらいです。

周宇：去年（2005年）が450万元？　売上が450万元ですか。

馬雲：純利益です。売上は3000万元でした。

周宇：では、一昨年（2004年）は？

馬雲：一昨年は400万元くらいでした。

周宇：売上は？

馬雲：2700万元くらいです。

周宇：私からのアドバイスは、今後、店舗はあまりたくさん作らず、良い店作りをしてください、ということです。店の良し悪しは数の多さではなく、選び抜かれているかどうかで決まります。財務に通じた人など、優秀な管理者を雇ってください。私も財務のことは分かりませんが、素晴らしいCFOに手伝ってもらっています。よいチーム作りをしてください。また、運営管理について言うと、まずは少数の店をよいものにしてください。時が来れば、どんどん新しい店が出せるようになります。前回、別の選手にも、よい店を少なめに出すよう提案しましたが、それと同じアドバイスを贈ります。大きくするのを急がないこと。よい店、強い店になれば自然に大きくなっていきます。あまり早く大きくすると、落とし穴にはまってしまいます。

起業には市場を選択する力が求められる

ビジネスの世界には「市場は王である」という言葉がある。会社の生き残りと成長にとって、市場は重要な存在だ。企業は市場の中で、強さと大きさを求め、資金を集め、客を呼び込み、利益を得ようとする。

市場に身を投じて起業する者にとって、市場の選択、成長戦略の設定の当否は、会社の前途を左右する。だからこそ、起業家は綿密な市場調査を行い、製品やサービスに対する消費者のニーズを元に位置づけを行わなければならない。そうして生まれた店こそが、顧客にとって魅力的なものとなるのだ。

たとえば、どうやってよい店を経営するかは、以下に挙げる4つの特徴に合致しているかを見る必要がある。

1. 顧客を魅了する
2. 経営者のいるビジネス環境で問題なく行うことができる
3. 経営者が、財力や物資、技能といった面で時代についていくことができ、全力を尽くすことができる
4. 他人にはない特色を持ち、市場の空白を見つけることができる

この4つの条件を満たせば、起業のチャンスを備えているかどうかを判断できる。このような前提があれば、店は大きく、よいものになる潜在力があるということだ。

起業家は、大手、中堅企業との正面衝突を避け、自分の成長に適した市場を選び、その市場の隙間を埋め、全体での劣勢を局所的な優勢に変えていくのである。そうすることで、激しい市場競争の中で成長を続けることができるのである。

第6章

リーダーの哲学

トラクターに飛行機のエンジンを載せるな。

CEOのCとはCustomer、EとはEmployee、OとはOwnerを指す。

あなたがCEOでいるのは次の2つの局面でしかない。

1つは何らかの決定を下すときだ。普段のあなたはCEOではない。

2番目は、あなたが間違いを犯したとき。あなたはそれを自分の過ちだと認めなければならない。成功したときに自分の力だと言ったり、失敗したときに他の人のせいにしたりすれば、その組織は失敗となるだろう。

23 三蔵法師は素晴らしいリーダーだ。

三蔵法師は素晴らしいリーダーだ。彼は孫悟空の手綱をしっかり握っておかなければならないことが分かっていた。だから、孫悟空の頭に金の輪をはめたのだ。猪八戒は小さな過ちは多いが大きな罪は犯さないので、たまに言い聞かせておけばいいと考えた。沙悟浄のことは常に励まし続けた。彼はこのようにして、この理想のチームを作り上げたのだ。——馬雲

『西遊記』は多くの人に愛されている古典である。馬雲もまたこの本が好きだ。しかし、馬雲が見ているのは単なる小説としての面白さではなく、その中に書かれている、物事のやり方である。

馬雲は、リーダーとなるには、決して技術に優れていることであるとか、エリートであ

ることは必要ではないと考えている。

「頭のいい人は頭のよくない人をリーダーとしなさい。そのグループが科学者ばかりなら農民をリーダーにするのがいいでしょう。なぜなら、異なった考え方を持ち、異なった角度からものが見られるということが、往々にして勝利につながるからです」

馬雲は物事を考えるのは得意だが、コンピュータ技術に関する知識はゼロだ。だが、アリババというＩＴ技術を駆使したインターネット企業の社長として、プレッシャーを感じることはないという。あるメディアがこのように馬雲のことを言った。

「彼は、ＩＴのことが分からないＩＴエリートだ。彼はネットワークが分からないネットワークヒーローだ」

馬雲には技術的なことは分からない。彼のＩＴ音痴ぶりを示すエピソードをお教えしよう。

ある日、一人の記者が馬雲のオフィスに招かれた。そのときの話に関連する資料を見るために馬雲はパソコンを開いたが、見たい資料がなかなか見つけられず、結局秘書を呼ぶことになった。

記者は何か技術的なトラブルが起こったのだと思って、秘書が来るのを待っていた。しかし、秘書はやってくると10秒もしないうちにその資料を見つけ出した。記者がパソコンの画面を見てみると、馬雲が探していたのはそんなに難しいファイルではなく単なるワードの文書だった。

かの馬雲がこんな簡単なこともできないとは、とこの記者はしばし呆然としていたという。

しかしこれは事実だ。インターネット界の超エリートたる馬雲は、実はITのIの字も分からないのだという。

多くの人は、IT業界の人はすごい技術を持っていて、まだ新人であっても普通の人に解決できないような難題もすぐに解決してしまえるだろうと思っている。しかし、インターネットの申し子とも言える馬雲はインターネットに関することは2つしかできない。「できるのはサイトを見ることとメールを送ることだけだ。他は何にも分からない。パソコンでビデオを見ることもできない」

馬雲はIT技術の上達はまったく望んでおらず、その「レベル」をキープしており、

「いつまでも初心者レベルを保てればそれが一番だ」とさえ言っている。馬雲によると、子供の頃から自分のことを賢いと思ったことはなく、かつて自らをこう評した。

「私は本当に頭が悪く、脳みそがこれっぽっちしかない。問題は一つひとつ解いていくしかなく、３つ一度に言われると、もう、消化しきれないんだ」

しかし、このことは彼が率いるアリババグループの奇跡を妨げることはなかった。なぜなら、**「一人のスター指導者を作るより、スターグループを作ることのほうが大切」**だからである。大海を進む舟と同じで、一人の優れたベテラン船長よりも、優秀な船員集団のほうが大事なのだ。

エリートはいらない

馬雲には集団を率いるための秘訣がある。それは、自分が「インターネット音痴」である、ということだ。アリババで生まれた多くのサービスや技術はすべて馬雲という「ネット音痴」が試してみたものだ。

馬雲によると、

「私が使えないということは、社会の80％の人も使えないということだ」

確かに、アリババではすべての商品が、馬雲というハードルを乗り越えて初めてOKとなっているのである。

中央電視台の『対話』という番組で、WTO加入交渉時の主席代表であり、ボアオ・アジア・フォーラム秘書長である龍永図が馬雲を評してこう言った。

「門外漢が、あるグループのリーダーになることは可能だ。しかし、そのとき、リーダーは、構成員の意見を尊重しなければならない。もし自分がその道のことが分からない上に、己の無知をわきまえなければ、面倒なことになる。しかし、馬雲はそのあたりを大変適切にこなしている」

馬雲は自分をバカだと自認しているので、「エリートはいらない。普通の人こそが必要なんだ。何でもできるエリートなんて、魔法使いみたいじゃないか」と言う。そして、自分たちを「三蔵法師式グループ」と表現する。

「三蔵法師のリーダーシップのあり方はこうだ。まず、目標に対する執着がきわめて強い。孫悟空は独りよがりだが、努力家で能力も高い。猪八戒は、怠け者だが、楽観的である。沙悟浄は、理想を追い求めるより地道に仕事をするタイプ。この4人が集まって中国で最も完璧なグループを作り上げている」

馬雲の考え方は世の中一般とは少し違っているかもしれない。しかし、それゆえ彼らはインターネット冬の時代を乗り切って来ることができたのだ。突き詰めて言えば、馬雲が成功したのは、彼が「素人」でありながらも、専門家やインターネットに詳しい人たちの意見を十分に尊重してきたからなのである。

馬雲は、人材という点に関してこう考えている。

「いわゆるエリートは必ずしも企業向きであるとは限らない。一方、凡人であっても力を合わせれば非凡なことを成し遂げられる」

多くの成功した企業を研究した結果、成功している企業のリーダーが必ずしもその業界のエリートや実力者であるとは限らなかったという。

まさに馬雲の言う通りだ。

いいリーダーが必ずしも、私のように、ぺらぺらとよく話し、スピーチを得意とするわけではない。リーダーは決して揺るがない信念を持っていなければならない。

三蔵法師が天竺へ経文を取りに行ったように、リーダーたるもの大きな厄災が待っていようと、行かなければならない。周囲の者が行かなくとも、自分だけは行く。それがリーダーというものだ。

だから、私は三蔵法師のような人はどんな組織にもいると思う。彼があまり雄弁でなく、私よりスピーチが下手だったとしても、彼は私よりずっとすごい。あなたに見えないだけだ。

孫悟空は、能力は高いが、よく間違いを犯す。こんな人もどんな組織にもいるだろう。社員全員が孫悟空だったらどうしようもないが、孫悟空のような人のいない会社もどうしようもない。

猪八戒は、食い意地が張っていて怠け者だが、ユーモラスな男だ。集団にはこういう人間も必要だ。夫にするならもっといいだろう。

沙悟浄は勤勉で真面目だ。「理想なんてどうでもいいから、毎日8時間きっちり働こう」というタイプだ。このような男も必要だ。

この4人が数多くの困難を乗り越えて、天竺へ経文を取りに行く。彼らのようなチームはどこにでもある。すべての人に個性がある。重要なのはリーダーがいかにそのチームの力を発揮させるかだ。

三蔵法師は雄弁ではなく、いわゆるリーダーらしくはない。しかし、彼はいかにそのチームを導くかがよく分かっていた。リーダーとなる人物の多くはこの三蔵法師のように、目立たないが、素晴らしい習慣と資質を持っており、そのため彼らは多くの人の中からリーダーとして選ばれているのだ。

24 リーダーは「模範的労働者」になるな。

組織の幹部になる前には、必ず「幹部とは何か」について学ばなければならない。組織の幹部の多くは、自分が「模範的労働者」であった人たちで、皆真面目で勤勉だ。彼らを経営者にした場合、彼らが自分のいいと思うように経営し、自らが先頭に立って何事にも対処するだろう。しかし、それでは部下は育たない。真に優秀なリーダーは部下を「模範的労働者」にし、自らが模範的労働者になることはない。

シェークスピアの言葉に、「苦労をともにした友人たちを自分の周囲におけ」という言葉がある。馬雲はよくこのことが分かっていた。アリババがインターネットの発展に乗ってめざましい成長を遂げていたとき、人々はこのような未来を予測することができなかった。しかし、馬雲はそのことにまったく不安を感じておらず、自分たちが成功すると確信していた。

「この先2年で何が起こっても、皆この会社に残ってほしいと思うだろう。私たちはまだ若いが、時間は人を待ってはくれない。われわれは走りながら行動し、そして調整していかねばならない。将来も、会社は10％の比率で社員をリストラし続けなければならないだろう。しかし、もし彼らが会社を許せないと思わないならば、辞めた人が帰ってきてくれることを歓迎する」

企業にとって、創業期であろうが、成熟へ向かう時期であろうが、結束したチームは欠かせない存在である。また、結束したチームは行動力があり、メンバーを家族のように扱うリーダーが必要だ。馬雲はまさにカリスマ性に溢れたリーダーであり、人格的魅力もある。

「偉大な企業を作ろうとするならば、頼るべきは、一人のリーダーではなく、一人ひとりの社員だ。私はあなた方が必ず財をなし、昇進するとは言い切れない。しかし、私は断言できる。『あなた方はこの会社で多くの困難に出会い、やりきれない思いをするだろう。しかし、それらを経験した後、あなた方は成長とは何かを知り、ひいてはどうすれば偉大で頑健で勇敢な会社を作れるかを知るだろう』と」

価値観で思想を統一する

アリババ創業期から、馬雲は17人の仲間とともに夢に向かって何年も走ってきた。アリババが市場に根を下ろし、技術、サービスそして顧客が安定してくると、馬雲はあることに気づいた。

アリババの成功の鍵は、メンバーの心が安定しているかどうかにあったのだ。彼は社員にいつもこう言っていた。

「電子商取引の未来は明るい。しかし、電子商取引の発展は顧客の数、サービスの質だけによるものではない。むしろ、技術のほうが重要になるだろう。あなたたちが私と同じように大きな夢を持ち続けてくれ、一致団結して前に進んでさえくれれば、われわれは必ず勝てる」

馬雲は常に夢を信じてきた。

「私の夢はまったく変わっていない。あなたたちの夢も変わっていないことを願っている。将来、われわれは必ず急成長を遂げる。一年以内に中国のインターネット界では大きな変化が起こる。この変化はわれわれアリババが起こすものだ」

いかに社員に力を発揮させるかについて語ったとき、馬雲はこう言った。

「理解は論理に、行動は感情によるものだ。困難から逃げず、直接社員に語りかけ、社員の積極的な参加を引き出し、ともに解決していくのだ」

馬雲は常に社内でも自分の価値観を貫いている。

「価値観で思想を統一し、統一された思想が一人ひとりの行動に影響を及ぼす。それが大きな力を生む」

人は最も個性的な生き物だ。大企業では、さまざまな性格の人を一つにまとめようとするが、それは簡単なことではない。もし、一人のリーダーが馬雲のように自らの胸の内を社員に話さなければ、団結しようとしても、口先だけになってしまうだろう。

25 誰も私のチームを引っかき回せはしない。

あなたの奥さんをパートナーにしなさい。彼女を奥さんだと思ってはいけない。

——馬雲

ある企業のリーダーのレベルを見るときには、彼が率いているチームを見なければならない。馬雲は素晴らしいチームを率いている。彼のチームには強固な団結力と実行力がある。馬雲が起業したころ、チームの中心的人物は常に彼の側におり、決して離れなかった。アリババが大きくなってからは、このチームが新しい人を吸収し、発展を続け、日に日に成熟してきたのだ。

『対話』というテレビ番組でインタビューを受けたとき、馬雲は自分のチームを絶賛してやまなかった。

馬雲：私のチームは素晴らしい。誰にもつぶすことはできないと思います。あなたが、私や誰かをつぶすことは可能です。しかし、チームをつぶし、理想をつぶすということは実に難しいと思います。

司会：確かに。あなたの周囲には志を同じくする方たちが集まっておられますね。1997年に、あなたが杭州から北京に出て来られたとき、一緒に来られたのは7人。1999年に北京から杭州に帰られるときも、この7人は一人も欠けず、それどころか17人に増えていた。なぜ、皆さんがあなたのもとに残り、それどころかさらに多くの人があなたのもとに集まってきたのでしょう？

馬雲：この7人は現在も一緒にいて、7〜8年も一緒に仕事をしています。われわれは、互いに信用し合っていて、性格的にも技術的にも補い合える存在です。この7人はほとんどメディアに出ません。孫彤宇はべつですが……。孫彤宇はタオバオの社長で、大変控え目な性格です。私はしゃべりすぎますが、彼は仕事を人一倍します。彼とは長年一緒にやってきました。

司会：あなたのところはお給料が高いから、みんな、あなたのもとに留まるのだと言う人もいますが？

馬雲：給料が高いとは言えませんね。どうやったら高く出せるんでしょう？　当時、私が感動したのは、北京を離れると決めてから、万里の長城に行ったときのことです。今でも、このときの場面は夢に見ますね。長城に上ると、とても寒かった。すると、ひとりがそこで大泣きし始めたのです。「俺たちは、どうして、杭州で成功したのに、わざわざ北京へ来たんだ？　北京でも失敗したわけではないのにどうしてこの街を捨てるんだ？」と。すると、われわれ8人は、口々に誓いました。われわれは故郷へ帰るが、自分たちが偉大な企業を作ることができないとは思わない。だから、長城の上で、中国人による世界一の企業を作ると宣言する、と。最も苦しい時期、われわれはこのことを思い出しました。毎年、私はこの17人と食事をします。全員がそろわなかった年もありますが。われわれは何度も喧嘩してきました。喧嘩も多く、犯した間違いも多い。しかし、われわれは互いを信頼し合っています。

もちろん、いかにいいチームであっても、永遠には続かない。終わりのないパーティーがないのと同じだ。新しく入る人がいれば、去る人がいる。企業が革新的に発展していけば、新陳代謝が起こるのは当然である。

チームからの離脱ということについて馬雲はこう考えている。

司会：このチームには決して離れないという気持ちがあるでしょう。でも、当時はそうでも、今はいかがですか？　このボードを見てください。創業時の社員のうち40％が今は退社しているというものです。

馬雲：ありえますね。事実、そうでしょう。決して離れない、というのはおかしなことです。私は、苦しい時期に大きな間違いを犯したことがあると言ったことがあります。わが社も、資金ができると、ご多分に漏れず、高給のマネジャーや外国人を外から招聘しました。世界でトップ500に入る副社長に来てもらったこともあります。われわれはアナリストを含め、多くの人を招聘しました。みんな、話は素晴らしかったのですが、実際に仕事をさせてみるとまったくだめでした。誰が悪いのか分かりませんが、どちらにせよ、われわれが間違えていたのです。いつも最も肝心なときは、私が決定を下しました。そうでなければ彼らは離れていってしまうのです。彼らは社内でもベスト100には入る人ばかりです。それが辛いところです。今考えると、ボーイング747のエンジンをトラクターに搭載するようなものでした。そんなことをすれば、トラクターは、空を飛ぶのではなく、吹っ飛んでしまいます。だが、もしあのような手術をしなければ、今のわれわれはないでしょう。社内のベスト100に入る人は、ほとんどすべてこのようにして来てもらったものです。そしてその後ろの30~40%の社員もこのようにして社外から招聘した人たちです。

最も苦しかったとき、つまり、2002、2003年に、マーケティングチームをつくりました。われわれのマーケティングチームの影響力は大変強くなっています。

司会：退社の主な原因はなんでしょう?

馬雲：二つの大きな原因があります。一つはわれわれ独自のカルチャーが強すぎたこと。もう一つは、わが社が外から見ているほどよくなかった、ということでしょう。わが社はたった5年の歴史しかない若い会社です。特に2004年以後は、私は次第に心配になってきました。若い人がたくさんわが社に入社し、社内が理想主義に溢れていました。話すことが素晴らしいのはいいことです。しかし、物事を実行するときは堅実に一歩ずつ進めなければなりません。

また、マネジメントサイドやリーダーシップにも大きな問題がありました。彼らと私がもっとコミュニケーションを取ればよかったかもしれません。第一線のマネージャーや責任者とのコミュニケーションに問題がありました。これらの問題は若い企業だから起こったことです。

全速力で走っていると、その間に、脱落する人が必ず出る。もし、だれかに「あなた方は仕事を始めて5年以内に、社員数が2000人となり平均年齢は26歳となりました。インターネットブームやその逆の冬の時代を経て、また、世界の200の地域で発展を遂げ、700万のインターネットショップがあなたのサイトにいて、だれも脱落していない」と言われたとしても、私は自分たちのことだとは思えません。そのぐらい夢中で脇目も振らずに走ってきました。

また、**2：7：1戦術というのがわが社のやりかたです。優秀な社員が2割、普通の社員が7割、毎年辞めていく社員が1割、**というものです。

司会：このような話をなさると、社員からは賞賛の声と批判の声のどちらが多くなりますか。

馬雲：私は社員にほめてもらおうとは思っていません。私は社員に愛してもらいたいのではなく、尊重してほしいのです。言い方を変えましょう。**彼らのCEOは私だ。彼らが私のことを愛していようがいまいが、それは問題ではない、**ということです。

いいリーダーは羊の群れをライオンにすることができる

馬雲にはいいチームがある。彼のチームのメンバーは彼と一緒にリスクを背負い、万難を排して、苦労してきた。そのため、簡単には他に引き抜かれたりしない。実際、その地位にふさわしいいいリーダーには、素晴らしいチームが必要だ。「マネジメントの成功の15%は技術が決め、85%は個々人との人間関係と問題処理能力が決める」という言葉もある。

ある人がチームを抜けた場合、能力が高くても、その人の発揮できる力は限定的だ。しかし、チームになれば、メンバーが平凡な人ばかりであったとしても、集まれば無限の能力を出すことができる。いいリーダーは羊の群れの力を最大限に発揮させ、ライオン並みの戦闘能力を与えることができる。

いいチームを作るためには以下のことに気をつけなければならない。

1．明確な共通の目標があること。

これが馬雲のチームの成功の鍵だ。結束が固いのは彼らが明確でしっかりした不変の目標を持っているためだ。この目標はそのチームの存在の基礎であり、団結力の源である。**チームのメンバーが、上から下まで全員この目標を受け入れ、目標に向かって邁進するチームは必ず遠くまで行ける。**

2. 前向きな雰囲気。

チームのリーダーは前向きな雰囲気を作り上げなければならない。チームの一人ひとりが仕事の喜びを感じ、任務を完遂するというプレッシャーから解放されるようにするのだ。**適切に権限を委譲し、情報を共有すれば、メンバーに自分がその集団の主人公だと感じさせ、その情熱を高めることができる。**

3. 適切なルールを作ること。

ルールがなければ何事も完成しない。いい制度はそれぞれの枠からはみ出た行動を規制し、しかるべきスタイルを確立させる。制度と規範はその集団の行動基準を作り、その行動基準がメンバーの習慣を形作る。**分かりやすい制度は仕事の内容を分かりやすくし、全体の利益のために、メンバーが協力しやすくさせる。**

26 若者にチャンスを!

私は学生時代、一度もベスト3に入ったことはないし、ビリから15人に入ったこともない。

このことからも分かるように、中の上ぐらいの学生が一番伸びる可能性が高い。一般的な学生は、グーグルやマイクロソフトが持って行ってしまう。私たちが選ぶのは、普通じゃない学生だ。——馬雲

中国では多くの企業が、新卒者にあまり関心を持たない。なぜなら、一般的な感覚では、新卒者は就業経験や社会経験もなく、要求ばかり高くてあまり役に立たず、信用もできないので何かを任せることができないからだ。しかし、馬雲は採用の仕方が他とは違う。彼は、応募者の中からまずエリートを選び、多くの新卒者を採用リストに入れていく。

実際、最初は馬雲も他の企業のように、新卒者を避けていた。かつて彼は新卒者についてこのように語っている。

「彼らは辛い思いをしたことがなく、うわついていて、意見がころころ変わり仕事もころころ変える」

このような考え方をもとに、馬雲も、一時期、「若者に与える最高のチャンスは、彼らにチャンスを与えないということだ」と考えていた。それゆえ、アリババは創業後かなり長い間、新卒者を採用しなかった。採用時期になると、同業者は大学で大規模説明会をするのに、馬雲はそれを一顧だにしていなかった。

「怖いもの知らず」は貴重だ

しかし、変わらないものはない。馬雲の新卒者に対する見方も例外ではなかった。時間の変化と共に、馬雲も新卒者の真の価値について気づき始めた。彼は自分が起業したときのことを思い出した。自分も若さゆえに性急で才能をひけらかして周囲から誤解を受けたり非難されたりしたことはなかったか。新卒者には欠点も多いだろうが、その分新しいものを受け入れやすいのではないか。また、アリババの価値観に賛同してくれやすいのではないか。また、若さゆえの「怖いもの知らず」なところが、貴重なのではないか、と考えるようになった。

馬雲の考え方が変わるに従い、アリババも大学での大規模な求人を行うようになった。

2005年11月、ヤフーチャイナが北京で「キャンパス求人説明会」を開いた。その後2ヶ月のうちに、馬雲と当時のヤフーチャイナのCTO呉炯がともにチームを携えて、北京、上海、ハルビンなどの7つの都市でキャンパス説明会を開いた。彼らの目標は50人の検索関連のエンジニアを採用することだった。

より多くの人を引きつけるために、馬雲たちは苦心してさまざまな方法を考えた。かつては大学生が引く手あまたで、仕事のほうから彼らを求めてきたが、現在では企業側の態度も変わり、大学生のほうが仕事を求めるようになった。これらの大学生に昔の厚遇を思い出させて心理的なギャップを埋めるために、ヤフーチャイナのスタッフはまるで市場のように、大学内で「皆さん、この会社が伸びそうかどうか、見てみてくださいよ！」などと叫んで人を呼んだ。これらの「学生目線」のやり方は、彼らに親近感を抱かせ、多くの学生が応募してきた。

また、馬雲は応募してきた大学生と学内で気軽に話をした。このことも他の企業のお高くとまった態度と異なり、応募時のプレッシャーを弱め、馬雲のイメージを親しみやすいものにした。

学生の便宜を図るために、アリババは学生のための送迎車を用意した。また、会社説明と2回目の筆記試験を同時に行い、ごはんを食べずに来た学生のために無料でケンタッキーフライドチキンを提供した。会社説明が終り、筆記試験が始まる前にも、もう一度フライドチキンを配り、学生が空腹のまま試験に臨むことがないようにした。

アリババの応募学生に対する手厚い配慮はまだある。筆記試験で成績1位の学生には奨励金2万元を出し、採用した学生にはアリババ株のストックオプションを与えた。また、新入社員に対しては1対1で一人ひとりに合わせた研修プログラムを用意した。

そのときから、アリババは毎年必ず一定数の新卒者を採用している。人材に関しては、彼はいわゆる「来るものは拒まず」という主義で、1回のキャンパス説明会で50人の社員を募集した。馬雲は記者に対しこのように言った。

「50人という人数はわれわれの人事部門が決めたのですが、私はこれでは少なすぎると思っています。人材はいくらでもほしい。200人でもほしいくらいです」

現在、アリババには多くの卒業後2年目の社員がいるが、その中にもすでに中心メンバーとなり、100人以上の部下を持つ者が出てきている。このような新卒者に対する対応について馬雲はこう言っている。

「若者が3年前に語った希望を今も同じように語り、そのための努力を続けていたら、あなただってその人にチャンスをあげたくなるでしょう」

27
信じて任せることこそが部下に対する最大の激励だ。

起業する際の最大の関門は人を使うことだ。
そして人を使う上で最大の関門は人を信じて任せることだ。——馬雲

「為人君者、駆駕英才、推心待士」という唐の太宗の名言がある。「君主として、もしも英才を使いこなしたいならば、部下に対して心を開き、彼らに対して不要な警戒心を持たないことだ」という意味である。

ここからも分かるように、封建時代における、名君と愚君の最も大きな違いは、「名君は人を使うときに、相手を疑わず、大臣に全幅の信頼を置いた。信頼されれば大臣

は忠誠を尽くす」という言葉で表される。現代社会でも、大胆に人を使い部下を疑わない、というのはリーダーが物事を成功させるための大変重要な前提となる。

リーダーは集団の知恵の体現者

タオバオを知らない人は少ないだろうが、孫彤宇を知っている人は少ないだろう。彼はタオバオの父と言える存在で、タオバオを作り上げたＩＴ界に名だたる「福の神」である。１９９６年に「中国黄頁」に参加したことから始まり、孫彤宇は常に馬雲とともに歩んできた。杭州から北京へ、北京から再び杭州へと、馬雲から離れることはなかった。彼と同様に馬雲にずっと寄り添ってきた16人の仲間がおり、馬雲と孫彤宇を合わせて、社内では「18羅漢」と呼ばれている。

１９９９年、アリババができたばかりのころ、馬雲は自分を除く「17羅漢」にこう明言していた。

「みんなには、連隊長、班長レベルにしかなってもらえない。あるレベル以上の幹部は外から有能な人を迎え入れる」

当時、孫彤宇はアリババの投資部門の責任者をしていた。しかし、2003年のある日、馬雲が孫彤宇にタオバオを立ち上げる計画を打ち明け、彼に「もし君がタオバオの責任者になったら、何年で易趣（1999年に設立された電子商取引サイト）に勝てると思う？」と聞いた。

すると、孫彤宇は3年間で勝つことを誓った。当時、留学経験者が数多くいたアリババで、馬雲は大胆にもこの地味な人材をこの大プロジェクトに起用した。馬雲は孫彤宇が、そのとき「連隊長」クラスでしかなかったが、それ以上の力を秘めていることに気づいていたからだ。

2003年4月14日、孫彤宇は十数人の社員を連れ、秘密裏にタオバオを立ち上げた。彼の肩書きはこのプロジェクトの責任者であった。タオバオの開発を始めたとき、孫彤宇はこのチームを率いて、何週間も家に帰れない日が続いた。眠いときは、顔を洗い、事務室で仮眠をとり……という生活だったという。

馬雲は人を見誤ることがない。孫彤宇も期待に背くことなく、このミッションを完遂した。ライバルとの争いにおいては、孫彤宇は自らチームを率いて敵陣を攻め、数年後にはタオバオは中国最大の消費者向け電子商取引サイトとなった。

2005年にはタオバオの市場シェアは80％に達し、完全に易趣を打ち負かし、国際的大企業であるイーベイ（易趣と提携していた）が中国の個人向け電子商取引市場を独占しようとしたのを阻止し、中国のインターネット史上に「タオバオの奇跡」という金字塔を打ち立てた。

馬雲にしてみれば、自分の部下を大胆に起用し、信頼して業務を任せることは、人を使う上で第一段階であり、同時に、成功への第一歩でもあった。馬雲はかつてこのように言っている。

部下を信頼し、部下に気を配れ。あなたの部下、あなたのチームはすべてを変える力を持った唯一の存在だ。部下はあなたが夢を叶えるための基盤だ。

大企業には、革新的なことをする際に必ず突き当たる問題がある。彼らはどのようにして目標を達成すればいいのか分からないと言うが、その原因は彼らが社員の言葉に耳を傾けないからだ。彼らは多大な労力を株主のために使っている。株主会から多くの意見が出されるが、実行に移すのは彼らではない。株主の意見はころころ変わる。

しかし、社員は常に会社と共にあり、社長を支えてくれるのだ。2001年の最も辛かった時期に、私と共に戦ってくれたのは他でもない私の仕事仲間だ。彼らは、「馬雲、この先2年間は私たちに給料を払わなくてもいいよ。最後までこの会社から離れない。あなたは私たちを大事にしてくれる。そして、お客様は私たちを必要としてくれているんだから」と言ってくれた。

この信頼関係があったからこそ、馬雲は成功に向かい、この壮大なインターネット帝国を築き上げることができたのだ。

企業の発展は絶対に一人の力でやり遂げることができない。企業の発展に必要なのは、集団の知恵だ。企業のリーダーはすなわち集団の知恵の体現者である。才能ある人一人ひとりの価値を最大限に高めるのである。人材を大胆に起用し、十分信頼し仕事を任せる。これこそが、マネジメントの根本だ。

部下を疑ってはならない

人材活用において、馬雲は常に「使った人は疑わない。疑うならばその人は使わない」

という姿勢を貫いている。馬雲にとって、その人を選んだということはその人を信用しているということだ。

その人に権限を与えて才能を伸ばす。反対に、起用しながらその人を疑うというのは間違っている。人をうまく使うリーダーは、軽々しく人を疑わない。そして絶妙のやり方で、部下を信用していることをアピールし、人の心をつかむのだ。

部下をやる気にさせるのに、多くの企業のリーダーは、物で功労に報いようとする。優れた業績を残せば、相応の報酬を出すというやり方だ。しかし、**物質的な報奨は社員にとって、一番重要な条件ではない。一番重要なのは尊重されること、信じて任されることである。**これが、社員のやる気を引き出し、創造性を発揮させる最大の条件なのである。

28 だめな部下はいない。だめなリーダーがいるだけだ。

人の才能を伸ばす、ということは車を引くようなものだ。それぞれの方向に向けてみんなが勝手に引っ張っていたのでは、混乱してしまう。会社の役割は、セメントのようなもので、多くの優秀な人材を集めて、その力の方向を統一することだ。――馬雲

インターネット業界の争いは熾烈だが、アリババは他に抜きん出た存在であることや成長を続けていることから、勝ち筋をおさえやすい。強いものはより強く、という論理だ。しかし、確実に言えるのは、アリババの強さの原因の一つはすべての人材が適切な場所に配置されていることだと言えよう。

李世民（唐代の皇帝）いわく、「天下を取るためには人の和を考えて人を使え。天下を治めるには無能な人間を使わず、才能のあるものだけを使え」

リーダーたるもの、寛容で、人を見る目を持たなければならない。あなたに対して失礼だとか、あなたに好意を持っていないからといって、その人を使わないというのはよくない。その人に合った役割を与えるべきである。

馬雲は、このように人材を見出し、その能力だけを見て登用するリーダーだ。彼のリーダー論にはこのような考え方がある。

「**役不足であっても、身に余る仕事を与えても、成功へは近づかない。**リーダーは長所を生かして人を使わなければならない。人をマネジメントするときは適材適所であればそれでいいんだ」

「私は会社の経営者陣に対して、こう言っている。**問題が発生する前にその問題を取り除け。3〜6ヶ月後に会社に起こるすべての出来事は、今、君が下す決定と関係している。君の代わりになる人がいなければ、君も永遠に昇進しない。**君の部下が君を超えたときに、初めて君はリーダーたりえるのだ」

部下に上司を超えさせる。馬雲はインターネットの技術のことは何も分からないが、アリババという一大グループを率いている。これは、馬雲が人材を適切に使えば、発展しないはずはないということがよく分かっているからである。

人を選ぶ基準はいろいろあるが、馬雲がアリババに入れた人間はいわゆる普通の「人材」ではない。馬雲はこう考えている。

「６ヶ月探してもあなたに代わる人が見つけられないのなら、あなたの求人方法が間違っている。６ヶ月探しても見つけられないということは、あなたには人は使えないということだ。

リーダーは人の一番いいところを引き出せなければならない。あなたは相手が自分でも気づいていないようないいところを見つけ出さなければ。もし虎が後ろから追いかけてきたら、自分でも思ってもみなかったスピードで走れるだろう。すべての人に潜在能力が眠っている。リーダーがそれを引き出せるかどうかだ」

人材が最大の財産

アリババにいる人材を分析してみると、能力もあり、業績もよく、会社の価値観とも合致しており、一体感も強い。まさに企業が求める人材そのものだ。会社が急激に大きくなっているため、馬雲がすべての社員の特徴を把握することは難しくなっている。しかし、この人材選別の基準は着実にアリババに大量の優秀な人材をもたらしている。

実際、創業初期には馬雲も人材が企業の発展に及ぼす力について意識していた。しかし、最初に彼についてきて天下を取った仲間は、皆が優秀な人材だったのだろうか。彼らは勇敢で、自分の判断基準を持ち、会社を愛し、個人の損得を考えずに、同じ方向に向かって突き進んだ。このようなわが身を賭してがんばってきた社員を冷遇するはずもない。真の人材というのは、会社を世界レベルの会社に押し上げる原動力となる人のことだ。

「アリババに関して言えば、**株式や金などというのは、人材に比べれば対した財産ではない。社員が一番の財産だ。同じ価値観と企業文化を持った社員が最大の財産なのだ。**今日、銀行の利息も、数%だ。もし社員に投資して彼らのレベルが上がれば、その社員が生み出してくれる利益は、そんなものではない」

これは馬雲がある求人説明会で話した内容で、彼の心からの言葉だ。人材がいなければ、今日のアリババもないのだから。


有名企業の幹部として、いかに戦力を整えるか、いかに社内の人材に高い利益をもたらすか、そして、いかに彼らが安心して働けるようにするか、いかに会社に高い貢献をするかについて考えなければならない。競争に負ける原因は、資金不足ではない。

大きな原因の一つに、会社のリーダーが正しいマネジメントと人材活用のやり方を知らなかったということが挙げられる。その点、馬雲はよく分かっている。

「だめな社員はいない。だめなリーダーがいるだけだ。価値は人が生み出す。企業で最も大切な財産は人材だ」

欠点のない人材は存在しないからこそチームをつくる

優秀なリーダーは物事をうまくコントロールするだけではなく、優秀な後継者を育てることも必要だ。馬雲は2012年に『時尚先生（今注目の人物）』というテレビ番組のインタビューを受けたとき、このように話している。

司会：次世代のリーダーをどうやって育てておられますか。

馬雲：いい若者が見つかったら、トレーニングします。まず、その人が責任を負う覚悟を持つだけの素質を持っているかどうかを見ます。持っていたら大丈夫です。完璧な人などいません。必ずどこかに欠点があります。欠点があるからこそ、助けてやらなければならないのです。

また、馬雲はこのときこうも言っている。

まず、私は完璧な人を求めていません。私は道徳的に素晴らしい人も求めていません。私が探すのは、何かを引き受けるだけの力を持った人で、独自の考え方を持った人です。独自の考えを持った人に実行力があるとは限りません。実行力のある人に独自の考えがあるとも限りません。それで、チームを作ることが必要となるのです。

一人の人間が、欠点がなく、正しい考え方をしていて、実行力がある人でもあるなどということはめったにありません。ですから、私は三流の考えなら一流の実行力、一流の考えなら……というふうに話しています。

　この二つのスキルが両立するのは珍しいことです。こんな人がほしいと思ったら、探すのに10年かかるでしょう。だから、私はいろんな人を探します。この人はアイデアがいい、この人は実行力がある……というように。それらの人たちを一つに集めるんです。後継者を探すのではなく、一つのチーム、集団を探せばいいのです。完璧な人なんていません。人と人とを組み合わせればパーフェクトになるのです。

　どうやって人を育てるかだって？　人を見つけ、人を訓練し、チャンスを与えることです。画期的な業界では、新人は新しいことをする。画期的でない業界では新人は古いことをし、老人が新しいことをするんです。

BBS大会でのスピーチ

2005年12月24日
アリババグループが運営する各サイトのBBS管理者やBBSを利用しているバイヤーなど300人を集めた講演でのスピーチ

私は理想を捨てません。正しいことをしているのだから。

コミュニティのみなさん、こんにちは。私はよくこのコミュニティに書き込みをしています。馬という名ではログインしていませんが。

この数日、私は休暇を取っていました。自分に一週間の休みをプレゼントしたのです。しかし、実際は、どこにも行かず、本を読み、無駄話をし、休んでいました。

先日、私は「アリババは大変な危機にある」と宣言しました。わが社はまだ若い会社ですが、ここ数年のうちに見る間に注目を集めるようになりました。しかし、それは若い社員にとっては、いいことではありません。
私自身にとっても、スポットライトを当てられるようなもので、辛いものがあります。わが社の行くべき道は長く、102年も走り続けなければなりませんので、あと96年もあります。われわれはスポットライトを浴びるのが早すぎた。身に余る光栄は、われわれとしてみれば危険なことなのです。

2005年はわが社にとって大変な注目を浴びた一年でした。アリババはなぜこんなに注目されるようになったのでしょう。われわれはヤフーチャイナを買収し、タオバオもアリペイも順調です。サイトの訪問者数も悪くありません。2004年と比べると急発展したと言ってもいいでしょう。

私はもともと、アリババを2009年に世界のトップ30に入るサイトにするつもりでした。ところが、思いがけず、最近すでに世界の19位に位置してしまい、電子商取引サイトでは世界一になっています。

アリババの夢

われわれはアリババを立ち上げたときに、世界中のサイトのトップ10に入ることを夢に見ていました。この目標を掲げたときは、まだ実態とかけ離れており、「どう考えたら世界のトップ10になれるんだ？」と思っていました。

現在、世界のトップ10は、ほとんどヤフー、MSN、イーベイなどのポータルサイトです。われわれは自らをショッピングサイトと位置づけ、それで世界のトップ10に入ろうと思いました。元々の計画では30年以内に1つ入ればいいと思っていたのですが、現在では、10年以内に3つ入る可能性があると考えています。1つはヤフーチャイナ、1つがタオバオ、1つがアリババです。

われわれの中国の現状への理解はさらに深まりつつあります。それにともない、自らの判断に対する自信もさらに深まっています。中国経済のめざましい発展およびアジアへの関心の高まり、そして、アジア太平洋地区におけるインターネット業界への貢献に鑑み、今後5年で、われわれのインターネットへ及ぼす影響は格段に大きくなると考えています。

3〜5年以内に「世界10大雇用主」に選ばれることも夢の1つでした。私は昨年、「2004年中国経済10大人物」に選ばれましたが、今年はわが社が「中国10大雇用主」の候補に挙がっているようです。

このことは、実は会社と私個人にとってはいいことではないと思っています。あまり期待はしていません。われわれは3〜5年で、若い人に最も「入りたい」と思ってもらえる企業になりたいと思います。しかし、今年、このような賞をいただけば、われわれが2年前にこの目標を掲げたとき、まだ先だと考えていた目標にあまりにも早く届いてしまいます。

目標を設定し、努力を惜しまなければ、機会はあるものです。

今日は、ＢＢＳ管理者やそれぞれのＢＢＳで人気のバイヤーさんが全国各地から来てくださいました。私はみなさんがうらやましい。みなさんのお書きになる文章はどれもハイレベルなものばかりです。私なんか、数十字の文章を書くのにも大変時間がかかるというのに。

ＢＢＳ管理者として、多くの人に何かを分け与えて、心に期するものがある。インターネット上のコミュニティというのは現実の社会と同じです。いや、現実の社会より複雑かもしれない。

タオバオ内でもいろいろな問題が発生します。私はタオバオのＢＢＳ管理者にこのように言います。

「ＢＢＳというのは1つの社会なのだから、君はそれを受け入れなければ。この世界では必ず異なる意見を持つ人がいるし、不満の表現方法もそれぞれだ。しかし、それを面倒だと思ってはいけない。そうでないと、もめごとは次第に大きくなり、状況はさらに複雑になってしまう」

BBSに参加してくれる人はみな何か期するものや、ここに賭けるものがあります。そしてその中で自らも成長を遂げていくのです。

今、「管理するBBSは一人1つがいいか、2つがいいか」と聞いてきた人がいましたが、私は一人1つにするのがいいと思います。2つも管理するのは荷が重すぎる。

私は、ヤフーを買収したとき、いくつかの行動に出ました。まずは、組織のダイエットです。ヤフー全体では600名の社員がおり、サービスは200種類近くあった。1つの部門に60人の人がいて100回線も使って仕事をしていました。

私は、「今日の最重要かつ緊急の課題はなんだ?」と問いかけました。すると、皆「BBS管理です」と言う。そう決めたら、他のことは後回しでいいのです。

われわれは、ヤフーのトップページを徹底的に変えた。600人が600の異なる場所で戦っても勝つ確率は低い。しかし、600人が力を結集すれば、勝てる可能性は高まる。

BBS管理者が何を考えているかは、サイトを見れば分かります。話していれば相手の考えが分かるように。

夢を持ち続けたから、今日まで走って来られた

今日に至ってもわれわれは創業時の夢を抱き続けています。過去との唯一の違いはわれわれが前に進めば進むほど夢に近づくということです。最初、起業するときは、皆、素晴らしい理想を持っています。しかし、走っているうちにその道がどこに行くか分からなくなってしまうのです。最初の夢はとても美しいものだったのに。

われわれが起業したとき、30数社のライバルがいました。しかし、今はわが社しか残っていない。われわれは夢を持ち続けたから、今日まで走って来られたのです。われわれが、会社を始めたあの日の夢を忘れなければ、われわれはまだ進んでいける。そして、あと96年進むのです。アリババを始めた日からわれわれは「102年もつ企業にしよう」と言い続けて来て、今もその気持ちに変わりはありません。今日では、われわれはアリババを102年発展させ続け、世界最大のインターネットショッピングサイトにしようと考えています。

最初の5年でわれわれは1つ目の目標、すなわち「Meet at alibaba（アリババで会おう)」を達成しました。

電子商取引というのがどんなものなのか誰も明確に言えないのに、その専門家は多いのです。われわれは最近、教育部(日本の文部科学省に当たる国の機関)の電子商取引教科書研究会に参加しました。全国の278の大学に電子商取引の専攻というのがあるそうです。

電子商取引専攻の学生の卒業後については大変悩ましいものがあります。こういう専門家たちは何も分かっていませんからね。私は、電子商取引については、あなたがたのようなBBS管理者が講義するのが一番だと考えています。

電子商取引の一番の専門家は、初期からのBBS管理者であり、アリババやタオバオのサービス部門の社員です。決して技術者たちではありません。技術者がどんな理論を述べ立てても、われわれはネットショッピングをしてみようとは思いませんから。もしも、アリババでインターネットに関する知識の競争をしたら、きっと技術者たちはあなたがたに負けてしまうでしょう。

電子商取引の教科書はあなたがたが書くべきです。実際、教科書ではどのようにビジネスをするか、どのように人と交流するかを教えるべきなのです。

皆が同じ業界にいて、このようにうまくコミュニケーションをとれているのは、インターネットがあるからです。インターネットがなければこうはうまくいかなかった。しかし、われわれには、今、それができている。インターネットは、皆さんに精神的物質的な財産をもたらしました。しかし、それはまだ始まったばかりです。

20年前、コンピュータは3つの部門に分けられました。メインボード、ＩＣ、そしてＯＳです。これらは、かつてみなＩＢＭが握っていたが、結局はＩＣはインテルが、ＯＳはマイクロソフトが中心になりました。ＩＢＭはメインボードが最も大事な要素だと思っていたのですが、結果的にはそれは誤りでした。

マイクロソフトはＯＳを握ったことで、今日の地位を築いたのです。ＩＣのインテルもまた大きな利益を得ました。ＩＢＭが他に分け与えた部分のほうが重要だったのです。

われわれは今まで、このような企業を数多く見てきました。6～7年間で急成長を遂げた企業が自分たちは一番で最強だと思い、他を攻撃してきたが、結局、他の企業によってつぶされてしまうという例です。

わが社は創業してやっと6年、まだまだ足りない部分は多い。だが、われわれは明確に、自分たちが今日行うことはどれも大きな影響力を持つということを意識しています。

われわれが中国の電子商取引を担っているとまでは言えませんが、使命感は持っています。わが社がどこへ向かっていくかは、電子商取引の方向性に影響を与えるでしょう。

われわれは電子商取引の世界では、世界で大きく先んじています。数年前、われわれのことを強気すぎると言っていた人もいましたが、2005年には、多くの権威あるメディアや機関がアリババをB2B界の大物だと認めてくれました。

2005年、タオバオはイーベイ易趣（当時のイーベイの中国版サイト。現在ではイーベイと易趣は提携を解消している）を打ち負かし、イーベイの不敗神話を破りました。中国でイーベイ易趣がサイトを開設したのはタオバオより早く、実力もあちらのほうが上でした。

当時、タオバオはまったくのゼロスタートで、イーベイにはすでに多くの会員がいました。しかし、世の中に動かないものはありません。われわれは大変な努力を重ね、今年になってからは、大きく彼らを引き離し、市場を奪い取りました。

サイト上の取引高と会員、活用度において、タオバオは今やアジア最大のC2Cサイトとなりました。われわれは信念を持つということを重要視しています。今後5年で、タオバオをアジアでナンバーワンというだけでなく、世界でもナンバーワンにしていきたいと思っています。

私は、先ほど北京から戻ってきたのですが、北京で工商銀行、招商銀行の頭取と会ってきました。ここ数年間、中国のオンライン決済数ではわれわれが第1位です。2位から8位までの決済高を合計してもわれわれに及びません。つまり、アリペイの市場シェアがすこぶる高いということです。

電子商取引に大切な5つの要素

われわれは電子商取引には次の5つのことが必要だと考えています。

1つ目の要素は、信用保証システム。

信用を保証する体制が整っていなければ、中国企業の経営コストは、下がるどころか上がり続けるでしょう。

たとえば、突然ある情報があなたにもたらされる。あなたが2元で売ろうとしている商品が、他の人のところでは7元で売れているという。あなたはどうしたらいいのでしょうか。

選択肢がない場合は、素早く決断するしかない。あなたはどちらにせよ1つしか選べないのですから。しかし、突然選択肢が7つ、8つになったときが一番苦しいのです。あなたは多くの情報を得たら、どうしたらいいか分からなくなるでしょう。決断する際に、信用というのは大変重要な要素です。実社会で信用保証システムを確立するのは大変難しい。

中国は世界有数の豊かな国になるために、30年を費やしてきました。しかし中国は、まだ豊かさというもの、富の共有という概念を理解していません。このような文化的な体系が確立されるためには50年かかります。この20年のタイムラグが、最も危険な時期なのです。この間を埋めるのは教育しかありません。

私は社内でこの話をすると、心配になります。なぜ今の教育はこんなふうになっているのでしょう？　私たちが今まで教えられてきた価値観、道教的思想、儒家思想などは、文化大革命時代に全部うち捨てられてしまいました。アリババが今日このように成功しているのは、私たちが確固とした使命感と価値観を持ち続けているからです。

中国が世界の中でしっかりと立ち上がり中国文化や伝統を広く発展させていくためには、信用、誠実さというのは大変重要なものとなります。

私は、アリババがネット上に信用保証システムを確立することができると思います。アリババには「誠実であれ」という理念があります。アリババは最も早く「ネット上に信用保証システムを確立することができる」と言い出した企業です。

アリババにはすでにネット上の信用保証サービスがありますし、まだ完全ではありませんが、少しずつ信用保証システムの確立を推し進めているのです。「誠信通」の会員は現在12万人弱です。考え方やサービスはありますが、まだ体系的とは言えません。そこで、来年、わが社は全力で信用保証体制の確立に取り組むことにしました。私はそのために、社内である人物を指名しました。その人は、BBS管理者の皆さんもよくご存知の蕭天です。来年、蕭天は信用保証体制の確立に専念します。

2つ目の要素は、インターネットマーケット。私はB2B、C2Cのシステムを作り上げてきました。

3つ目は検索エンジン。これは非常に重要なツールです。

4つ目は決済システム。われわれはアリペイを推し進めていきます。

5つ目はソフトウエア。中国の電子商取引が次の段階へ進むために欠かせないのは、ソフトウエアだと考えています。ですから、アリババは速やかにソフトウエアを世に出したいと思います。

今日は24日ですね。われわれは今日の午後、アリババ初のソフトウエアを売り出すことを決めました。当初は「アリソフト」という名称にするつもりでしたが、後に「客戸通」と改称しました。クリスマスに売り出すというのはとてもいい。長く続きそうな感じがしますからね。

このソフトはなかなかよくできています。顧客管理をすることができる。中国企業ではERP(Enterprise Resource Planning:業務横断型ソフトウエアパッケージ)を利用できるようになるのに大変な時間がかかります。用友や金碟といったソフトウエアメーカーが慌ただしく参入してこなければ、必ずや順調に成長するでしょう。

舟に乗るとき、足を出すのが早すぎても遅すぎても水の中に落ちてしまいます。足を出すタイミングが重要なのです。

アリババは中小企業の発展に関わっていく必要があります。アリババは中小企業の市場の需要を考えるときには、彼らより半テンポだけ早く物事を考えます。2テンポ早く考えたら早すぎです。半テンポというのが重要なのです。

アリババの今後の人事管理ソフトや財務管理ソフトはどれもゆっくりと出されるでしょう。するとあなたは無料で試すことができます。使ってもらえば、これらのソフトは「使える」「効果あり」と判断されるでしょうから、われわれはその後からお金を取るのです。あなたがたは私たちのサービスが役に立ったと思えばお金を払ってくれるでしょうし、そうでなければお金を払う必要はありません。

われわれの5本の指はそれぞれ、信用、インターネットショップ、検索エンジン、決済、ソフトウエアに当てはめることができます。1つ欠けてもだめなのです。

人を敵だと思わない者は、天下無敵である

私は、ネットワークの魅力の中でもコミュニティというのは大変大きなものだと思います。中国のインターネットでのコミュニティにおいて、私は最近やっとweb2・0という言葉の意味を知りました。いいインターネットは相互作用的です。web2・0の核心は相互作用です。

どのウェブサイトも必ず相互作用的です。互いに影響し合うコミュニティは最高の表現形式だと言えるでしょう。

中国には3つの相互作用的なコミュニティがあります。1つはQQ、1つはアリババ、もう1つは網易です。これ以外のものは相互作用が十分ではなく、多くのサイトではデマのような書き込みが見受けられます。

アリババは「以商会友」というBBSサイトを作る過程で、次のことを肝に銘じていました。これはビジネスのBBSだということ。だから、決してデマを許さないし、政治的

な話題もここで語らせまいということです。多くのサイトの書き込みへのコメントは悪口ばかりで、現在のＢＢＳには心理的な問題のある人が多いんじゃないか、と言う人もいます。

新浪、捜狐など、どのサイトにも悪意のコメントがあります。私はその点、アリババのやり方はよかったと思っています。

私は当時、政治を語りたいならアリババ、タオバオから離れろと言っていました。私はアリババやタオバオを、純粋で、志を同じくする人たちのものにしておくために大変な努力を払ってきました。

反日感情が激しかった頃、ある人がソフトバンクとわれわれの関係について尋ねてきました。私は関係ないと思っていました。孫正義がもしわれわれをコントロールしようとすれば、もうそれは私が馬雲じゃなくなったということです。

実は孫氏の株の持ち分は多くありません。そのことはわれわれにとっては明白なことです。私は以前もこのことを話しました。**アリババの家長は私です。出資者は伯父であって、お金を貸してくれている人にすぎません。アリババが手術台の上にいるとしたら、私が執刀医で、出資者はすべて看護師にすぎません。私が「メス」と言えばメスを渡すだけです。**

すべては私が決めることで、他の人はすべて助手なのです。

アリババが下す、いかなる決定も他の誰かの影響を受けることはありません。もし、孫氏がわれわれをコントロールしようと思うなら、行きたいところに行けばいい。彼が株を辞めたいのなら、どこへ行ってもかまわない。また他の投資会社がやってくるだけです。執刀医として、CEOとして、私は自分の使命と職責は何かということを明確に分かっておく必要があります。

現在までに、コミュニティに対して感じていることを申し上げると、その内側にさまざまな矛盾をはらんでいたとしても、矛盾のない場所なんてどこにもないということです。私がご臨席のBBS管理者の皆さんに申し上げたいのは、私はいつの間にかインターネット界に君臨する巨大なライバルだと目されるようになりましたが、それは私の望んだことではないということです。

「人を敵だと思わない者は、天下無敵である」と友人は言いますが、私も他の人を敵だと思いたくありません。そうでなければ相手から学べないし、相手を超えられませんから。

中国人は他人から学んで、努力し、奮闘するのです。

2005年、多くの企業が私をライバル視するようになりました。ということは、今後数年間のうちに必ずアリババはメディアの攻撃に遭うということです。

すでに多くのメディアがアリババについて報道していることは知っています。ライバルはわれわれのことを中傷し始めています。数年のうちに、目にする文章の9割がわれわれを批判するものになる可能性があります。しかし、私は理想を捨てません。私は正しいことをしているのですから。

私たちはこの5年間、確固たる信念を持ち、価値を創造し、お客様の成功を手助けしてきました。今後5年から10年間の間に今まで以上に進歩したいなら、めいっぱいしゃがみ込まなければなりません。人はしゃがみきってこそ、再び高く飛べるのですから。

われわれは、今後も今までと同じように理想をしっかり持ち、やるべきことをやっていきます。4年前も同じような話をしたことがあります。今日も私は同じように話していきます。メディアや評論家、アナリストなどいかなる専門家の意見によっても、自分たちを曲げるようなことはしません。唯一、われわれはお客様の声によってのみ変わるのです。

話を戻しますが、昨夜、ある若者が私にこう言いました。

「私が働いているところは、社長がアメリカ人で、管理が細かく、何事も突き詰めて考えなくてはなりません」

ほとんどの中国人は社長のことを「細かい」と思っています。しかし、本当は自分自身があまりに大雑把なだけなのです。あなたが何もかも適当にしていたら、どうなるでしょう？　必ず、細かく管理されるようになります。

だから、口を出されることが多くなるのです。CEOがするべきことは悪いところを見つけること、問題を小さいうちに消してしまうことなのですから。

第7章

マネジメントの哲学

責任感の大きさが舞台の大きさを決める。

一人の人に対して責任を持とうという人は、きっといい人に違いない。
5人に対して責任を持とうという人は部長クラスであり、
200人、300人に対して責任を持とうという人は社長クラス。
13億人に対して責任を持とうという人は総書記である。能力と責任は
同じものではない。何人の人に対して責任を持つつもりか、
また責任を持つことができるか、これは能力の問題ではなく責任感の問題である。

29 社員を笑顔で働かせる。

成功する企業家は環境がよくなるのを待って仕事を始めたりはしない。企業家は現在の環境の改善に全力を尽くすものだ。

苦情や恨み事を言ったりしても何にもならない。たとえ他の人も失敗していたとしても、今日失敗したのは自身のせいだし、もし誰かが成功しているのに自分は失敗したのなら、それも自分のせいだ。つまり、たとえ運が悪かったとしても自分が悪いのだ。――馬雲

2003年のSARS（重症急性呼吸器症候群）の流行は、今でも人々の記憶に新しい。馬雲は、SARSのことは一生忘れられないだろう。当時、広州交易会に参加したアリババの社員が不幸にも感染してしまったが、気づかないまま会社に戻り仕事をしてから帰宅したのだ。

数日後、この社員のＳＡＲＳ感染が確定した。彼女は会社で多数の社員と接触していたため、会社はすぐさま国の重点警備対象とされ、全面的に封鎖されてしまった。社員たちはみんな家に隔離され、外出も許されなかった。

当時、馬雲が外を歩いていると、人々が指をさして「見て、見て、ほらＳＡＲＳが来たよ」と言ったという。もちろん出社はできないのだが、業務を止めるわけにもいかず、馬雲は社員たちとそれぞれの家で仕事をした。この初めての事態への対応を、馬雲は模索しながら進めるしかなかった。

このとき、社員の家族も馬雲に対して不信感を持っていた。どうしてこんな危険なときに社員を広州交易会に行かせたのか。実際、広州はＳＡＲＳの流行地帯ではあったが、アリババは、それまで「お客様との約束はなんとしてでも守る」というのを信条としており、その上、広州交易会は正常に開かれていたので、会社も深く考えることなく社員を参加させたのだった。

思いがけない社員の感染に馬雲はひどく心を痛めていた。馬雲は夜中にアリババの全社員とその家族に宛てて一通のメールを書いた。

尊敬するアリババの友たちへ

ここ数日、私の気持ちは深く沈んでいます。午前中に感染の確定を知ってから、ずっとすべての方々に心よりお詫びをしたいと思っていました。不幸にもSARSにかかってしまった社員の健康を取り戻すためなら、社員とその家族の皆さまの健康を確保できるなら、私はなんでもするつもりです。

ここでどんなに言い訳しても何の意味もありません。事態はすでに起こってしまったのです。社員のためにとっていた対策を私は残念に思います。なぜなら私たちのとった対策は杭州においては万全のものだったかもしれませんが、結局SARSに襲われてしまい、緊急措置を実行しなければならなくなったのですから。

確かにアリババには多くの足りない部分や抜け落ちている部分があります。このような災難に見舞われ、多くの問題について私たちは深く反省しました。会社の責任者として私はすべての責任を負うつもりです。

しかし理性は私にこう言います、今はまだ非難や恨み事を言うときではないと。今必要なのは皆さんと一緒にこの難局を切り抜け、挑戦していくことなのだと。若い社員の多い創業まもないこの会社は、この災難を経験して成熟していくと信じています。

またここ数日で私が感動したのは、大きな課題を前にアリババ社員が楽観的かつ粘り強い態度で、お互いを気にかけ、支え合っていることです。SARSという課題に挑戦する一方で、アリババ社員としての使命と職責を忘れていないことです。災難はやがて去っていきますが、生活は続きます。災難と戦いながらも私たちは自分たちの大切な事業のためにがんばっていかなければなりません。

私はこのような若い社員を誇りに思います。私はこのような会社で働けることを自慢に思います。どうかご家族の方たちもこの若い社員、進んで課題に挑戦しようとする若者たちに拍手を送ってください。あなたたちはパニックも退却も悲観も選ばなかった！　今までのアリババの価値観が効果を発揮したのです。アリババ社員には分かるのです！

ここで私は皆さまに一つお知らせしなければなりません。今晩から杭州の社員は全員隔離されます。私たちのため、家族や友人のため、杭州の人々のため、そしてアリババの明日のために、何日かの隔離生活を送らなければなりません。

皆さんのお気持ちは大変よく分かります。本当に申し訳ありません。生活や仕事に影響

することですが、健康が第一なのです。どうか関係部門と協力して仕事に当たってくださ
い。各アリババ社員はこの手紙を大切な家族の皆さんやお友だち、私たちのせいで損失を
被るすべての方々に見せ、そして深くお詫びをしてください。

感染してしまった同僚のために一緒に祈りましょう。一日でも早く回復しますように。

これからも皆さまとはインターネットを通して連絡を取り、今までと同じように私の知っ
ているすべてのことを、客観的に透明性を持ってお伝えしたいと思います。

あらためて皆さまにお詫び申し上げます。

謹んで皆さまの健康を心よりお祈りいたします。

アリババ
馬雲

アリババの全社員がこのメールに感動し、彼らは馬雲と手を携えて、この辛い時期を乗り越えた。社員たちは自宅にパソコン、ブロードバンド、通信設備を備え、社員の家族も電話応対やコピーなどアリババの日常業務を手伝った。

「素晴らしいことだった。SARSがみんなの心を一つにしてくれた瞬間だった」

馬雲はこのことを思い出し、感動して語った。この時期、アリババの業務量はなんと6〜7倍にも増え、馬雲は危機の最中にも人心をつかみ、その力を結集させたのだった。

細部にはこだわっても、全体では譲るべきだ

「あのとき、電子商取引の便利さと重要性が認識された。そして私たち自身のインターネット運用能力も過去最高に引き上げられた。隔離されている独身社員たちのストレスを解消するため、何度かネットを使った会社内カラオケ大会まで開いたことがある。これは平常時なら理解しにくいことだ。だが、メールやチャットを使うことで、社員たちはより率直になり、仕事の効率も上がった」

馬雲はそのとき、彼自身も会社のこの新しい交流に参加したし、みんながインターネットを利用し、コミュニケーションを図った。マネジメントとはただ単に社員の作業時間を増やしたり、効率を高めることではない。マネジメントとは一つの技術である。経営者は社員が企業にとけこみ、企業と一緒に成長できるようにしなくてはならないのだ。

馬雲は企業の経営者にこうアドバイスする。

「企業というものは細部にはこだわり、全体では譲らなければならない。全体とは人格であり、度量である。細部にこだわる人は全体としてはあまり有能ではなく、全体がいい人は逆に細部に気が回らないものだが、どちらもよくできていてこそ、やっと素晴らしいと言える。

アフリカのサバンナを支配しているのはライオンではなく土の中の微生物だ。**つまり会社が成功するかどうかを決めるのはボスの英知ではなく、社員一人ひとりのレベルなのである。**絶対に負けないすごいボスがいたとしても、社員こそが勝敗を決めるのである」

30 スピーチ力で目標を達成する。

愚かな人は口で話す。利口な人は頭で話す。思慮深い人は心で話す。――馬雲

言葉には魔力がある。なんということのない話の中にちょっとした言葉の技巧を忍び込ませることで、普通の話も趣にあふれたものとなる。

成功者の中には、その人自身の技能とレベルの高さだけでなく、弁舌の才によるところが大きい人もいる。多くの成功したビジネスパーソンはみな弁舌の才に長けている。アリババの馬雲もその一人だ。

馬雲の弁舌の素晴らしさは彼を人気英語教師にした。また、彼が講演を行えば世界中のどこでも空席が出ることはない。孫正義に会った際には、わずか6分で孫正義の心をつかみ、アリババへの投資を決めさせた。

上質な弁舌は成功の助けとなる

馬雲の言葉は魅力にあふれている。事業を成功させるためには、話す技術を習得しなければならない。もしその技が身についていなければ、望んだ効果は得られないだろう。たくさんしゃべればいいということではない。それは時間の無駄であるばかりか、チャンスを逸することにもなる。言葉を選んで簡潔に、またその意味をよく吟味して、わずかな言葉で相手を納得させることが最も重要なのだ。企業のトップとして、よく練られた質の高い重みのある話ができれば、社員に対する大いなる助けとなり激励となるだろう。

馬雲はこの点において大変優れている。彼の話はユーモアにも英知にも富んでいる。アリババの創業当時、インターネットはまだあまり人々に理解されていなかったし、まったく分からないという人たちもいた。そのためアリババの社員募集はうまくいかず、応募してくる人もほとんどいなかった。こんな状況について馬雲は冗談でこう言った。

「あのころは、道行く人を誰でも招き入れたものだ」

それからアリババは最初のネットバブルの危機に直面する。馬雲は熟慮の末、杭州の会社だけを守ることにしたが、周りには会社を離れて自分で起業する人もいた。もちろん成功した人はほとんどいなかった。馬雲とともに会社に残った社員たちは、会社が大きく発展するのにともなって、どんどん大きな成功を収めていった。馬雲はこのときも冗談を言った。

「実は、残った社員全員に見る目があったわけではなかったんだ。アリババを離れたら他の仕事が見つかるかどうか分からないので残った連中もいるんだよ」

馬雲のこの無頓着な冗談の中に、彼の英知とユーモアを見てとることができる。馬雲は事実を述べるのと同時に、自分のチームの人々が見捨てることなく仲間でいてくれたことに対する感謝も表現している。またチームの人々も馬雲の生き生きとした言葉によって気持ちが温かくなったのだ。

馬雲から次々と紡ぎ出される巧みな言葉に人々は拍手を送り感心する。馬雲の成功はこの巧みな言葉と切り離すことはできない。このような英知と現実を結びつけた話から、超然として世俗から離れているが、人々が深く考え味わうのに値する富と人生に対する馬雲の考え方が見てとれる。

上質な弁舌は成功の助けとなる。少ない努力で最大の成果をあげようとするとき、話下手なのは成功への妨げとなる。演台に立って堂々と演説している人や、会社の集会で喜びに顔を輝かせて仕事について話している人をうらやましく感じたこともあるだろう。

日常生活においても、事業を行う上でも、本当の強者になりたいと思ったら、話し方のテクニックはどうしてもマスターしなければいけない。自分の話の目的を達成し、かつ相手との円満な関係を築かなければいけない。まさに馬雲はこう言っている。

「言い間違えてもいいし、言わないことがあってもいい。しかし、言ったことは必ず真実でなければいけない」

31 社員には本当のことを言う。

目先の利益で人材を集めるのではなく、企業文化で人材を留めたい。──馬雲

「士は知己のために死ぬ（男なら友のために死んでもかまわない）」という言葉があるが、一つの企業の中で、社員に会社のことを自分のことのようにやってもらいたいと思ったら、リーダーの果たす役割はとても重要だ。社員一人ひとりをいかにうまく扱うかは、結局は社員一人ひとりとどれだけ誠実に向き合うかである。

馬雲が中国黄頁を始めた当初、あと何日かで給料を出さなければいけないというときに資金が足りなくなってしまった。帳簿上の数字は社員に給料を出せるような額ではなかった。

このとき、馬雲はなにも言い訳せず、率直に誠意を持って会社の苦境をすべての社員に

話した。すると馬雲の誠実さを目の当たりにした全社員が理解を示し、たとえ何ヶ月か給料が出ないとしても、会社を離れたりはしないと言ってくれた。最終的には期限通りに給料を出すことができたが、このときのような社員に対する率直さと誠意を馬雲はずっと持ち続けている。

2005年にアリババがヤフーチャイナと合併し、馬雲が初めてヤフーチャイナのオフィスに足を踏み入れたとき、彼は数百人の社員たちの眼差しにいくつもの感情を読み取った。困惑、落胆、怒り……。

ヤフーチャイナの社員たちのさまざまな表情を前に、馬雲が率直に誠意を持って発した最初の言葉はこうだった。

「まず皆さんに謝ります。制度上の問題で、前もって皆さんと意思の疎通ができなかったのです。次に、どうか皆さん、私にチャンスをください。そして時間をください。1年間は見守ってほしいのです。最後に約束します。皆さんが会社らしい整った環境で気持ちよく仕事ができるよう全力を尽くすことを」

合併を決めてから1ヶ月後、ヤフーチャイナの社員との距離を縮めるために、馬雲はヤフーチャイナの数百人の社員を特別列車で杭州に招いた。

彼らが杭州に来ると、馬雲は誠意と熱意を持って彼らをもてなした。馬雲が用意した2個の温かい肉まんと牛乳、さらにガムと紙ナプキンの入った袋を受け取ると、彼らは駅に待っていた数十台の観光バスに乗り込んだ。バスの通る道の両側には「ヤフーの皆様、おかえりなさい」と書かれた横断幕が掲げられていた。

しかし、表面は和やかでも両社の社風の違いによる衝突が解消されたわけではなかった。これは双方の感情的な対立も引き起こした。

合併当初、ヤフーの社員たちは馬雲の表現方法になじめなかったし、馬雲もこういった社員たちを好きになれず、こう考えていた。

「彼らは自分たちだけでかたまって、コミュニケーションを取りたがらず、まるでわれわれと付き合うことはできないと言っているようだ。しかし、アリババは言ったことは必ずやり遂げなくてはいけない。彼らは自分たちの技術が私たちよりすごいと思っているから、私たちのことが気に入らないのだろう」

当時、競争相手も引き抜きの手を伸ばしてきていたし、馬雲は合併を宣言してから最も難しい時期が来たと感じていた。そこで、彼はヤフーの全社員を集めると、かなり条件のいい離職手当を出すことを発表した。離職する社員は「N＋1」ヶ月分の給料を補償金として受け取ることができるというものだ。Nはその社員がヤフーチャイナで働いた年数だ。しかし、離職を選んだ社員はわずか4％だった。多くの社員が馬雲とアリババの誠意に心を打たれて残ることにしたのだ。

社員との間に家族のような感情を育む

馬雲は社員に対して常に誠意を持って接する。オフィスの共用スペースで、馬雲はよく満面の笑顔で社員のそばに行き、親しく言葉を交わし、社員の肩をたたき、仕事上の難題について耳を傾け、社員とコミュニケーションを図っている。また全社員が彼の名前を直接呼んでいる。

このような一見無作法なやり方について、馬雲はこのように説明した。

「私は社員たちとの間に本当の親しみを育みたいと思っている。それは家族のような感情であって、単なる社長と社員といった関係ではない。私を名前で呼ぶのは普通じゃないって？　名前は呼ぶために付けられたんだよ！」

マネジメントの大家ジョン・コッターによれば「リーダーには、たいそうな理論は必ずしも必要ではない。リーダーが個人の感情の細かい部分に気をつけていれば、きっとめざましい効果があるだろう」という。

アリババのリーダーとして、馬雲は誠実に社員と交流している。彼は以前講演でこう言った。**「何も言わなくてもかまわない。しかし言うなら本当のことを言わなくてはいけない」**

このようなやり方によって彼には独特の親和力が生まれ、社員は馬雲をまるで友人や家族のように思うのだ。あるアリババの社員はこのように馬雲を評する。

「彼は本質的にすごく善良だと思うんです。周りの人をよく気にかけてくれるけど、それは表面的なものやお付き合いとかではなく、心からの気遣いなんです。彼は私たちに本当の友だちのように接してくれるし、何かしてくれても見返りを求められたことなんかないし、平等に接してくれるし、とても公正です。私たちが無理だと思うようなことでも、彼はこう言うんです。まだこんなに希望があるじゃないかと。彼と一緒に仕事ができて本当にうれしい」

馬雲はその独特の魅力のために、誰からも尊敬されている。もしリーダーが率直に誠意を持って社員に対応しなかったら、社員に100%力を出してもらい、信用してもらうことは難しい。

すべての成功者の陰には無数の人たちの苦労が隠れているのだとすれば、一つの成功した企業の裏には必ず多くの力のある社員たちの支えがあるものだ。そしてその前提となるのはリーダーと部下の心の結びつきである。それがあるからこそ調和を取り、お互いの気持ちを察し合うことが可能だし、仕事もリラックスして楽しいものになり、少ない労力で大きな成果をあげられるのである。

32 企業マネジメントとは人のマネジメントである。

他人を縛りつけておこうと思っても、縛りつけておけるものではない。人を縛りつけても、その心は縛ることはできない。大切なのはその人が自らの意志で留まることである。無理矢理にもぎ取られた瓜は甘くないのだ。——馬雲

リーダーは、どうすれば社員に最後まで自分に従い、事業に打ち込んでもらうことができるだろう？　頼りになるのは待遇のよさでも、株の配当でもなく、社員の心をつかめるかどうかだ。人心をつかんだものが天下を取ることができる。社員の心からの支持を得てこそ大きな事業を成し遂げることができるのだ。

アリババでは以前こんなことがあった。

ある若くて有望な部門リーダーは悩んでいた。なぜなら他社から今より高い給料で彼を引き抜きたいという申し出を受けていたからだ。

このリーダーは、アリババでは年収が15万元ほどだった。卒業してからずっとアリババで働いていて、人となりは誠実で、仕事は真面目で責任感があったので、あっという間に出世した。会社での人間関係も良好だった。業務の関係で、多くの業界のエリートたちと知り合いだったが、彼を知る人はみんな彼の業績の素晴らしさを賞賛した。

彼が転職のことで悩んでいるころ、中秋節がやってきた。彼は家族から、月餅を受け取ったという知らせを聞いた。それは馬雲が送ったものだった。しかも家族に対するねぎらいの手紙も添えられていた。リーダーの家族は、馬雲が自ら書いた手紙を見ると、わざわざその地域の学校の生徒を呼んで朗読してもらい、それを聞いた人たちはとても感動したという。

もともとアリババでは全社員の家族にねぎらいの月餅を送っていて、そのときに馬雲の書いた手紙も添えていた。このリーダーの故郷は山奥の小さな村で、この中秋の贈り物を受け取った彼の両親は感動して涙を流さんばかりだったという。両親は月餅を小さく切り分けると訪ねてきた村人みんなにこれを配って、みんなでこの喜びを分かち合った。
リーダーはこのことを知り、一人で長い時間考えた。卒業してから今までのさまざまな仕事の経験も思い出した。一晩中考えて、彼は自分が仕事をする上で一番大切なのは、絶え間なく自分を向上させることであり、自分の一番優れている部分は真心と仕事に対する熱意だと気がついた。

中秋節に月餅を送るということはアリババが社員への感謝を忘れない企業であることの証明だ。そして馬雲こそ感謝を知っている心ある企業経営者だということだ。このリーダーは、「自分が必要としているのはこのような企業と社長ではなかったか？　それなら何を悩む必要がある？」と思った。次の日、高給で彼を迎え入れたいという会社の誘いを断り、その後も気持ちよくアリババで働くことになった。

感恩文化が企業を発展に導く

実際、アリババが社員の家族に月餅とねぎらいの手紙を送るこの行為こそ、中国の典型的な企業の「感恩文化」の表れなのである。

感恩文化とはお返しという形で企業と社員、顧客、提携相手、そして社会との間により深い関係を築いて互いに交流し、一歩進んで企業はより大きな発展の可能性とより多くの利益を得るというものだ。感恩文化の最も重要な部分は社員に対する感謝である。このように社員への感謝を表すことで、社員は企業に対する愛着を深め、企業に対する信頼を強め、その企業への忠誠心を高める。

恩と礼を忘れなかった馬雲は、企業の感恩文化が企業を長く安定的に発展させるために大切だということや、企業の中に感恩文化を育てる方法を知っていた。馬雲は真心で社員の心を打つ以外には方法がないということが分かっている。

たとえば、もし最初に彼と一緒に起業に奮闘してくれた「戦友」がいなかったとしたら？　もしアリババが成功したときに馬雲が実際の行動で彼らにお返しをしなかったとしたら？　そうしたら今、世界に名立たるアリババは存在していただろうか。

一枚の小さなバースデーカード、簡単な時候のあいさつ、心からの気遣い……こういった「人情」が社員を集めるいい空気となっている。**企業は、優秀な人材を集め、人材の流出を防ぎたいと思ったら、こういった感謝の気持ちを表す行動をとり続けていくべきだ。**

アリババの感恩文化は、社員と企業が成果を分かち合うという部分に表れているだけでなく、企業の社員に対する細やかな対応に表れている。社員が自分は大切にされていると感じ、それによって企業に対する感謝も増す。心をつかまなければ人を留めておくことはできない。アリババには感恩文化が根付いているから，多くの優秀な社員が辞めずに働き続けているのだ。

多くの企業の経営者は人心をつかむことの重要性を理解していない。彼らは高給を出し、社員のために仕事環境を整えれば、社員が自分のために仕事をしてくれると思っている。だが実はこのような考え方は間違っている。高給や仕事環境は一時的には社員を留めておけるかもしれないが、それは決して長期的なものではない。

なぜなら人間は感情の動物だからである。本当に社員を留めておきたいと思ったら、社員との距離を縮め、彼らの心をつかまなくてはならないのだ。経営者が社員の心をつかんでいれば、他からどんなに高い給料やいいポストで誘われても社員は簡単には転職しないだろう。逆に経営者がみんなの心をつかんでいなければ、たとえヘッドハンティングされなかったとしても、社員は離れていく。

会社は人情を重視し、家庭的な気遣いをする

馬雲はこう言う。

「社員が100人になったとき、私は社員たちの一番前に立ち、将軍として自ら兵士の先頭で命令を下さなければならなかった。社員が1000人に増えたときは、私は社員たちの真ん中に立ち、社員と心を通わせ社の発展のために力を尽くすよう頼まなければならなかった。社員が1万人に達した今、私は社員たちの後ろに立って、感謝の心を持ってさえいればいい。もし社員が5万人から10万人に増えたら、感謝の心だけでは足りず、両手を合わせて、仏を拝むような心で彼らを率いなくてはならないだろう」

企業が大きくなればなるほど、経営者は「温かみ」の法則をより実行していかなければいけない。これは大多数の企業経営者みんなが認める経験則である。もちろん社員への思いやりには誠意が必要だ。それでこそ社員の心を本当に企業に向けることができるのである。

人を以て基本とすること。企業の運営は経営者次第なのである。社員の心をうまく管理

できれば、自然と企業をうまく管理できる。「心」の作用は仕事に影響する根本であり、経営者は社員の心をうまく経営管理してこそ、社員は心を完全に企業に向け、企業と心を合わせて、企業と命運をともにすることができるのだ。

33

社員の忠誠が最も大切である。

道徳はアリババの根本であり、永久に犯すことはできない。——馬雲

人の英知や勤勉さを黄金にたとえるとすれば、忠誠度はダイアモンドにたとえることができる。職場で自分の会社や仕事に忠誠心を持つことは、ある意味では、事業に忠誠心を持つことであり、さまざまな方法で事業に貢献することである。馬雲はこのことを大変よく分かっている。

大多数の企業は、社員の評価を行う際にその社員の業績だけに注目する。そういう企業のリーダーたちは、自分の企業に直接的な価値をもたらしてくれる社員だけが大切なのだ。しかし、馬雲はこういったリーダーとは違う。彼が人材を選ぶとき、より重視するのはその人の品格であり、価値観である。アリババでは社員を業績と価値観で50％ずつ評価し、社員を以下の三種類に分けている。

第一の種類は、業績はあげているが人徳の低い社員で、「野良犬」と呼ばれている。

この種の社員は、その価値観を変えることができなければ、どんなに業績がよくてもアリババからは排除される。


第二の種類は、業績はよくないが、人徳の高い社員で、「白ウサギ」と呼ばれている。

この種の社員に対しては、アリババは丁寧に教育し、彼らが早く成長するように努力する。しかし、もし彼らがずっと進歩しなければ、淘汰されてしまうだろう。


第三の種類は、業績も人徳も高い社員で、「猟犬」と呼ばれている。

彼らこそアリババが必要とする社員で、そのため会社では重用され、最高の社員教育を受けることもできる。


この審査システムにおいては、「六脈神剣」（金庸の武侠小説に出てくる技）の価値観がアリババの金科玉条となっていて、これは誰も犯すことはできない。

「六脈神剣」とはお客様を第一とし、変化を受け入れ、一致団結し、情熱を持ち、誠実で、職務へ打ち込むことの六つを指す。これは価値観を主要な指標とする審査システムである。業績がよくなかったとしてもかまわない。会社がその社員の成長を助ける。しかし、会社の価値観に背いて、会社のイメージを傷つけるようなことをした社員は、業績がよく、能力が高かろうとも、会社を去ることになる。

アリババ創業当時、馬雲は「会社はこれからずっと誰に対してもリベートは渡さない。もし社員がリベートを渡したら、即刻退職」という制度を定めた。アリババには袖の下は必要ないし、袖の下を渡すような社員も必要ないと馬雲は考えている。

誠実さが最も重要な資質

アリババではかつてこんなことがあった。

あるとき、ある社員が取引先にリベートを渡す約束をしたという報告があった。調査の結果、長らく優秀な業績をあげていたタオバオの社員が、その四半期の自分の業績を伸ばすためにしたことであった。

この社員は普段からとても優秀で、その直前にも表彰されたばかりであったため、彼の上司は彼を手放したくないと思った。たった一度の過ちで彼を追い出すのは忍びなかったのだ。

しかし馬雲はこのことを知ると、その日のうちにこの社員の退職手続を済ませた。馬雲によればこうだった。

「彼を辞めさせるのは辛いが、やはり辞めさせなければならない。こういう人材は必要ないのだ。彼が他の社員たちに及ぼす害はとても大きい」

アリババの求人に応募すると必ず「誠実さ」を問われる。アリババに入るためには、誠実さは絶対必要条件なのだ。誠実さは人として最も重要な資質であり、誠実でない人を馬雲は決して採用しない。

ある講演で馬雲はこう言った。

「能力はあなたの位置を決める。品格はあなたがその位置にどれくらいいられるかを決める」

第8章

イノベーションの哲学

情熱を持ち続けることが利益を呼ぶ。

企業家は社会のために環境を作り、
イノベーションの精神を持っていなければならない。
われわれはひらめきを自分から求めることはできない。
ひらめきは思わぬときにやってくる。
それは六脈神剣と同じだ。アリババの「六脈神剣」は、アリババの価値観、
すなわち「誠実、職務への専心、情熱、変化、一致団結、お客様第一」である。

34
成功と勉強量は関係ない。

3年前、ある社員をMBAの取得に行かせたとき、私は彼にこう言った。

「卒業した後、学んだことを忘れたら、それはすでに卒業したということだ。もし学んだことをまだ毎日考えるようだったら、それはまだ卒業していないということだ。MBAの知識を学び、MBAの限界を超えてほしい」――馬雲

馬雲はある場所でこのようなスピーチをした。


私は起業するとき、常に自分が一番楽しいことを選び、一番簡単なことを選び、みんなが一番喜ぶことを選んでやり、最も重要なことと最も難しいことは他人に残しておこう、と考えた。

私は本当にあまり勉強しなかった。金融博物館書院の読書会に呼ばれたときも私は本当

にあまり勉強しなかったと話した。成功するかしないかはどれくらい勉強をしたかとは関係がない。しかし、成功した後に勉強することはとても大切だ。

多くの人にとって成功と勉強は関係ないが、成功者が勉強しないと必ず悲惨な転落を遂げると思う。私たちはあまりにもたくさんの事例を知っている。

私は勉強とは「読めること」だと思う。私は読める人間ではないが、読める人になれるように努力してきた。時々、会社でIQは高いがEQ（Emotional Intelligence Quotient：心の知能指数）はきわめて低い、とても勉強ができる人に出会うことがある。成功するかどうかはEQと関係がある。

私は人を本のように読む。誰と会っても、その人がどんな人であっても、私はその人を十分楽しむ。なんて面白い奴なんだ、こんな考え方をするなんて、といつも思う。

それにほとんどの本は、何ページか読めばその後の話が分かってしまうので、私はほとんどの本は少し見たら投げ出してしまう。金庸の本（武侠小説）は絶対に続きが分からないから、面白いのだ。

人は1冊の読みごたえのある本だ。私にとって2万4000人の社員は2万4000冊の本である。

一人ひとりの多種多様な人生経験、彼らに起こった出来事や問題をどんなふうに解決したか、これらはすべて私の想像を超える。ここにいるすべての若者にとって、読書はもちろんとても大切なことだが、人を観察したり、人と交流したりすることはもっと大切なことだ。

淘宝網とイーベイが競争していたころ、何人かの友人が私に1冊の本をくれて、こう言った。「馬雲、この本を読むべきだ。この本を読まないとイーベイに勝つことはできないよ」。

それはイーベイの出していた"The Perfect Store"という本で、イーベイがどうやってヤフーに勝ったかが書かれた本だった。私はその本をゴミ箱に捨てると、「いつかイーベイに、『アリババはどうやってイーベイを打ち負かしたか』という本を読んでほしいよ」と言った。

読めばその路線に沿ってやってしまうだろう。どんなふうに打ち負かしたかをよく理解してしまったら、最終的にはやればやるほど危なくなる。

読書は楽しみの一つだ。読んで愉快になって大笑いしたり、声を出して泣いたりする。しかし、その一部を暗唱して話してくれと言われたら、私にはできない。私の脳みそは小さいし、その小さな脳みその活用法を私は知っている。それはすぐに忘れるということだ。

私の脳はパソコンと同じだ。パソコンはプログラムやソフトが多ければ多いほど賢いというわけではない。プログラムが多ければ、パソコンのスピードは遅くなる。私の脳みそは小さいので、銀泰グループ取締役の沈国軍の脳が1回転する間に、私の脳はすでに4回転半もしているというように、競えるのは速さだけだ。

また、読書は何かを補うためにするものだ。ある人が、私の読書リストが欲しい、私が読んでいる本を自分も読みたいと言った。

私はほとんど本を読まないし、私が好きな本を相手も好きだとは限らないし、私が好きなのは子供向けの本だ。

またある人が、どうして金庸の小説が好きなのかと聞いてきた。私は金庸の小説が本当に好きだ。好きに正しいも正しくないもないから、自分の好きな本を読むべきだ。

自分が興味を持った本を選ぶしかない。私は起業するとき、自分が一番楽しいことを選び、一番簡単なことを選び、みんなが一番やりたいことを選んでやり、最も重要なことと最も難しいことは他人に残しておいた。

これは本当のことだし、これが起業の秘訣だ。人生はとても疲れるものだ。ボスが一人いればそれだけでも十分疲れる。もしボスがいなくても、自分が楽しいと思うことをしたいと思いながら、他の人が読んでいるから読まなくては、と思って読書をするようだと、もっと疲れるだろう。

人生は短く辛い。読書は喜びをもたらすものであって、ストレスを与えるものではないし、まして他人とどちらが多いかを比べるものでもない。わが社の社員でも、他の多くの若者でも、広く大量の本を読んでいることに私は感服する。まるで歩く辞書だ。王安石の変法は何年かと聞けば、すぐに1069年と答える。しかし、掛け算なんかは計算機が一台あればいいのだ。

私はもうすっかり大人で、こんな年だし、本もあまり読まなかった。だから皆さんへのアドバイスは、本を読まないのもいいものだ、ということだ。そして読書好きなのもまたいいことだ。

読書量が足りないとか、それで辛いとか恥ずかしいとか決して思ってはいけない。何も恥ずかしいことなんてない。本をあまり読まないで、他の多くのことをするというのもいい。やることがたくさんあれば、時間は当然限られる。

イノベーションは、私たちが豊富な知識を得るまで待ってくれない

馬雲は本を読めば読むほど成功する、とは考えていない。この二つの間には何も必然的な関係はない。ある人が読書ばかりしていて、社会の洗礼を受けなければ、成功に出会うことさえないだろう。

多くの人が、詳しくて深い専門的な知識がなければ、起業できないと思っている。**実は、世界のイノベーションの歴史においては、何か事業で成功した人はみんな知識が十分でないときに目標を定めていて、事業を起こす過程で必要に応じて知識を補充しているのだ。**反対に子供のころからずっと勉強ばかりしていた人で発明や創造ができた人は多くはない。

イノベーションは待ってくれない。自分が豊富な知識を得てからイノベーションをしようと思ってはいけない。そんなふうに考える頭脳は往々にして知識にがんじがらめになって、ひらめきを生むことはできないのだ。

35 社会という本をたくさん読もう。

スタートのピストルが鳴ったら、ライバルがどんなふうに走っているか見る暇はない。

——馬雲

以下は、起業を志す一般参加者がビジネスプランを競い合うテレビ番組『贏在中国』での、参加者と馬雲のやりとりである。

馬雲：盛大グループ（中国の大手オンラインゲーム企業）でどれくらい働きましたか？

張奕多：半年です。

馬雲：どうして盛大グループに入ろうと思ったんですか？

張奕多：帰国したときMBAを修了していました。2003年のことです。もう28歳でした。私は、自分は経験不足だと感じていて、大企業で鍛える必要があると思っていました。当時、盛大の陳天橋CEOの話を聞きました。そのときは、陳天橋はまだ特別有名ではありませんでしたが、ゲーム界での活躍は素晴らしく、この人は尊敬に値する人だと思いました。そこで盛大に連絡を取って、帰国して就職しました。

ここで何かを学びたいと思ったのです。

馬雲：では、なぜ半年で盛大を辞めようと思ったのですか？

張奕多：辞めた理由は簡単です。私が学んだのはMBAなので、ゲーム会社を合併買収したりするのは問題なかったんですが、あるネットゲームの人気が出るかどうか、消費者はこのネットゲームをどのように思っているかということを研究するのは無理です。ネットゲームという分野に関しては、80年代生まれの人にはかないません。人は社会において自分が最も得意とすることをすべきです。ネットゲームでは80年代生まれの人にかなわないなら、私が最も得意なことをすべきで、だから盛大を辞めてビジネスシミュレーションゲームをすることにしました。

馬雲：盛大を辞めて1ヶ月後、この会社を作ったんですね。

張奕多：はい。

馬雲：あなたの会社は政府との関係がとても緊密なようですが、これは会社の発展となにか必然的な関係がありますか？

張奕多：企業のリーダーは、各方面との関係をうまく処理し、各方面の人たちと付き合わなければいけないと思っています。CEOとして、労力の70％は人付き合いに使っています。

馬雲：どうして特に政府との関係を強調するんですか？

張奕多：わが社は政府の北京天使投資から投資を受けています。これはわれわれの製品を普及させる上で大きな助けとなっています。

馬雲：そのことは、私に容易にある連想をさせます。あなたは6つの大賞を受けていますよね。あなたと政府の関係は深い。どうやってこの賞を取ったんでしょうか。邪推してしまいますね。

張奕多：これには何の関係もありません。当初、私がこのプロジェクトを始めたとき、それは教育プロジェクトだったんですが、政府が教育による国の振興やイノベーションと起業を提唱していたので、このプロジェクトを支持してくれたにすぎません。

馬雲：あなたの計画はどれも素晴らしいし、成功もしていると思います。あなたはしっかりしているし理性的です。

しかし、この計画は競争が熾烈で、やり遂げるのは大変難しいと思います。もう1つアドバイスをすれば、起業家は多くの場合、開拓者です。あなたがMBAで多くの知識を学んだことが必ずしも起業につながったわけではないと思います。

起業家の最も大きな楽しみは起業の過程で勉強し、成長することです。多くの場合、起業家は自分でもはっきり分からないうちに起業します。はっきり分かったら起業しないかもしれません。だから起業家が勉強をあまりしていなくても会社の成功とはあまり関係がありません。社会で学べているかどうかを心配すべきです。

学び続けなければ、社会の変化についていけない

能力の有無と勉強量には直接の関係はない。多くの場合、人の能力は社会で実践経験を積んで鍛えられるものだ。人の能力は天性のものではない。

ＩＱがどんなに高くても、鍛えなければ使い物にはならない。同じように賢い人でも、事業で成功を収め、家庭も幸福な人もいれば、何も手に入らず、不満ばかり抱いている人もいる。この違いは能力の違いからくる。**能力というのは学校の勉強で高めることができるものではなく、社会で試練を経験することで高められるものなのだ。**

だから、馬雲はこの起業家に、勉強が足りないのはかまわないが、社会という本を注意深く読まなければ、自分の位置を確立することはできないと教えているのである。

多くの人は、本から学んだ知識がたくさんあれば社会で活躍できると思っているが、実は学校で学ぶような知識は社会に出てからは通用しない。社会に出てからも絶えず勉強することが必要なのだ。仕事や生活で必要な知識や技能は、学校では学びきれないので、学び続けなければ社会の日進月歩の急激な変化についていくことはできない。

社会という本は一年や二年で読み終わるものではない。その中に浸って、長い時間をかけて読み込まなければいけない。もちろん、社会でがんばって仕事をしていくときも、本から学ぶことを完全にやめてはいけない。理論と実践が結びつかなければ、よりよく生き残り成長していくのに有利な条件を備えることはできないのだ。

36 逆立ち思考：すべては可能だ。

もし反対から世界を見たら、全く違うものになるだろう。——馬雲

逆立ちはアリババ社員の必修科目だ。2005年、『フォーブス』誌にアリババ社員が逆立ちしている写真が載り、これはアリババ社員のトレードマークだと説明された。

確かに、アリババ社員は全員、入社3ヶ月以内に逆立ちをマスターしなければならない。男性社員は30秒間、女性社員は10秒間逆立ちができれば合格だ。これができなければ、他の面でどんなに優秀でも最終的には荷物をまとめて会社を去るしかない。

馬雲自身も逆立ちの名手である。彼は片手だけで逆立ちができるし、何分逆立ちしても顔色一つ変えない。しかし、どうして社員に逆立ちを練習させるのか。

これについての馬雲の考えはこうだ。

「第一に、逆立ちは身体を鍛えることができる。何の道具も必要とせず、いつでもどこでもできるので、大変便利だ。第二に、逆立ちの練習を通して、社員に物事をいろんな方向から考えること、別の見方で見ることを促せる。このようにしてイノベーション思考を養うのだ」

海で戦ったら負けるだろうが、川で戦ったらきっと勝つ

アリババがタオバオに1億元の投資を決めたとき、多くの人が懐疑的だった。当時中国のインターネット界は冬の時代だったし、さらに、同じようなネットショッピングサービスを提供する易趣がすでに中国市場の80%以上を占めていて、アメリカのイーベイが2002年に3000万ドルでその易趣の3分の1の株を買い、2003年には1・5億ドルで残りの株も買ったのだ。中国市場への資金投入を強化し、中国市場で優位な立場に立つのが目的だった。

こういった強敵がすでに立ちはだかり、当時多くの人が電子商取引という分野から手を引く中、何の競争力もないのに、馬雲はわざわざその強敵と戦おうとした。そのため、馬雲のやり方は「頭がおかしい」「大ばくち」と評された。

だが、馬雲は、イーベイは確かに大手だが完全でない部分も多く、たくさんの弱点があることに気づいていて、この弱点を突けば、この戦いは十分勝算があると考えていた。

馬雲はよく「イーベイは海にいるサメだが、私は揚子江のワニだ。もし海で戦ったら負けるだろう。しかし、もし川で戦ったら、私がきっと勝つ」と言っていた。そこでイーベイとは違う路線を取り、中国に合った経営と販売方法を用いたことが、タオバオが勝利を制する決定打となった。

タオバオはイーベイとは違う決済方法を貫いたのだ。儲けやコスト回収を急がず、市場を育てることを主な目的として、消費者の満足度を一番に考えたのである。

当初、イーベイのホイットマンCEOはタオバオを歯牙にもかけていないことを隠そうともしなかった。彼女は、タオバオは18ヶ月以内に倒産するだろうと予言した。しかし18ヶ月後、タオバオは倒産していないばかりか、その勢いをますます増していた。イーベイ易趣の最高執行責任者（COO）の鄭錫貴はこの危機に気づき、「私たちは中国で『長期戦』を戦っている。これは100年計画だ」と言った。

世俗から抜け出し、自分自身を生かす

馬雲は、普通でないやり方でまた勝利した。タオバオは今では中国で知らない人はいないほど有名なネットショッピングサイトに成長した。2012年11月11日、タオバオの「独身の日」の売上は、人々の予想を超える191億元にまで達した。もし馬雲が常識的なやり方で企業運営をしていたら、タオバオはもう存在しなかっただろう。

アリババのやり方はあそこが悪い、ここが悪いと言われ続けてきたので、そのストレスに耐え、誘惑を退けてイノベーションした。私たちは、当初、頭がおかしいと言われていたのだが、今では狂人と言われている。

私たちはどんなふうに見られているかなんて気にしない。私たちが気にするのは自分がこの世界をどのように見るか、どうやって私たちの定めた夢に向かって一歩一歩進んでいくかということだ。

これは企業であれ何であれ必ず歩まなければいけない道だ。

馬雲はこうまとめた。常識にとらわれず、世俗から抜け出し、自分自身を生かしていかなくてはいけないのである。

中国宋代の陸游の詩に「山重水複、路無きかと疑う、柳暗花明、又一村」という一文がある。時には、逆から考えてみると、思ってもみなかった転機があるかもしれない。角度を変えれば、違う空が見えるし、視野も全く違うものになる。しかし同時に大きな勇気と全く新しい試練を受け入れる覚悟が必要だ。

同じ問題や市場競争に行き当たっても、別の角度から見たり、立場を変えて考えてみると、全く違う結果になる。馬雲が社員に逆立ちさせるのは、次のような気持ちからだ。

「人生はたった1本の道しかないわけではない。時には袋小路に見えても、角度を変えてみれば、大通りにつながる道を見つけるかもしれない」と覚えておいてほしいからだ。

37 変化が起こる前に変わろう。

インターネットは至るところに危機が潜む、高速で発展する分野だ。ヤフーは日の出の勢いだったが、今ではマイクロソフトに買収されている。誰がMy Space、Facebook、YouTubeを想像しただろう。誰がグーグルはこんなにすごくなると想像しただろう。

インターネット界の変化は非常に速い。私たちは、自分が向き合っているのは何かということをはっきりさせる必要がある。そうしなければ、生き残り、成長し、発展することはできない。――馬雲

インターネット業界は目まぐるしく変化する予測不能な分野である。今日は業界で他を牽引していた会社が、明日には淘汰されてしまうかもしれない。古いB2Cモデル（Business to Consumer：企業の消費者向け販売）が行き詰まり、これ以上の発展は難しい

というときに、馬雲は、伝統を覆し新たな未来を創造できる方法を考え始めた。

従来のB2Cモデルでは巨額の資金を投じて、商品保管のための倉庫や配送センターを作らなければならず、中間コストが膨大にかかり、利益はわずか5％ほどだった。馬雲はB2Cについてこう語った。

「アメリカでは配送と物流があんなにスムーズなのに、アマゾンの利益はたった5％だ。中国ではB2Cモデルはすでに成熟しているが、卓越（中国大手ショッピングサイト。一時期アマゾンと提携し卓越アマゾンという名称だった）も当当網（中国大手ショッピングサイト）もあんなに苦労している。ということはこのやり方には問題があるということだ」

馬雲は中国の国情に合った新しい電子商取引モデルを誕生させなければならないと考えた。2004年、アリババ創立5周年に、馬雲はアリババの人事調整と会社の戦略を「meet at alibaba」から全面的に「work at alibaba」にすると発表した。馬雲はこう説明する。

「『meet』は客を集めることで、それはダムを築くようなものだ。もしそこで魚を飼うなら何の意味もない。旅行で留守にしても光熱費がかかる。だから『meet』で得られる利益は小さい。『work』とはダムにパイプをつなげて、各家庭に水を引いて水道水にするようなことだ。この水道事業の儲けはダムより大きくなる」

馬雲は将来の電子商取引はすべての中小企業にとって水道水のように便利なものになるだろうと予想している。彼は言う。

「将来、それぞれの電子商取引の形態は融合し、一つの大きなプラットフォームで運営されるだろう。B2BとB2Cのプラットフォームがつながり、全く新しいB2Cモデルが誕生するだろう」

馬雲の構想に基づき、試しにタオバオの売り手にアリババで商品を仕入れて、その商品を消費者に卸すように促した。こうしてB2BとB2Cの垣根を越えさせたのだ。アリババの行ったこのようなモデルは電子商取引モデルを直接企業同士の取引のプロセスに介入させ、電子商取引という道具を真にユーザーに渡し、彼らが各ポイントで儲けられるようにした。

馬雲のこの改革は、B2BとB2Cモデルを完全に融合しただけでなく、その後の電子商取引全体の方向を決めた。この新しいモデルが世に出て広まると、国内外の有名なメーカーがこぞって押し寄せ、タオバオに専用店舗を開設した。

この新しいモデルは受け入れられ、従来の商業モデルは完全に覆された。馬雲はこの先制攻撃で完全に勝利を収めたのだ。イノベーションは常に時代の先端を行かなければいけない。馬雲はこう言う。

「私たちは去年、今年、来年は電子商取引の蓄積期であり、2008年、2009年になれば必ず爆発が起こると考えています。そのためにわれわれは、**問題が出てからその解決方法を考えるのではなく、変化の前に自ら変化しなければなりません。これこそアリババが変革能力を持ち続けられる理由なのです**」

変わることを求めてこそ生き残れる

新しい考え方や創意工夫がなければ、簡単に淘汰されてしまう。鋭い臭覚と「変わる」という観念を持たなければ、ずっと進み続け、勝ち続けることはできないだろう。

馬雲はアリババが常に変化の先端にいるようにするため、次々と話題の分野を切り開いた。2004年9月、馬雲はインテルと提携し、中国で初めての無線電子商取引のプラットフォームを立ち上げた。その後、無線LANによる電子商取引のチャンスをとらえ、マイクロソフトと提携した。

「情報化時代には新しい市場の発見が新技術をマスターするより重要だ。技術は永久に人を支配できないが、人は技術を支配できる」

と馬雲は言う。これも彼が新しい電子商取引モデルを選ぶ理由の一つだ。しかし、馬雲は決して目の前のわずかなリードで満足しているわけではない。

「すべては2009年になってから結論を出す。今アリババが稼いでいるのは小遣い銭にすぎない。本当のアリババは5年後だ。私たちが今やっていることのすべてはその日のためだ。正直に言えば、そのときのアリババの姿は、今は私にも分からない。しかし一つだけはっきりしているのは、この世界ではゲームのルールを作った者が、恐れられる存在となるということだ。私はまさにそうなるために努力している。アリババがやらなければ、他の誰かがしてしまうだろう」

つまり、変わることを求めてこそ生き残れるのだ。時代の変化に合わせて自分を発展させ、自分の行動を調節してこそ、変化に適応していけるのだ。

「ここはハイスピードで変化する世界である。私たちの産業は変化している。私たちの環

境は変化している。私たち自身も変化している。私たちのライバルも変化している……私たちの周りのすべてが変化の中にあるのだ」

馬雲の話はとても説得力がある。この大変化の時代には、変化する前に変わらなければ、淘汰されてしまうだろう。

38 クジラは他人に追わせよう。

クジラは他の人たちに追いかけさせよう。私たちは小エビを捕まえればいい。私たちはすぐに50万人の貿易商を集められるだろう。彼らから一円も手に入れられないわけがない。――馬雲

馬雲はネットの普及は大企業寄りのビジネスモデルを終わらせるだろうと予測する。今までは企業が世界に進出するには、十分な資本と海外支社や海外事務所を開設するというやり方をとらなければならなかった。しかしインターネット時代には、海外の市場に進出するのに膨大な資金は必要ない。インターネットは、もともとは国際的な大企業しか手に入れることのできなかったビジネスチャンスを中小企業でも手に入れられるようにしたと馬雲は考えている。

1992年、シンガポールでアジア電子商取引会議に参加したとき、馬雲は中国そしてアジアに合った電子商取引モデルを作ろうと決めた。この考えは次第に成熟し、後に馬雲は中小企業をターゲットとした電子商取引モデルを作った。

世界のビジネスシーンにおいて、中小企業はずっと弱者であった。こういった状況は輸出指向型経済が中心のアジアにおいては特に顕著である。アジアは世界最大の輸出拠点で、中小の供給業者が多く集まっているが、これらの中小企業は自分から投資して市場を広げることはできなかった。馬雲は「中小企業」という豊富な資源に目をつけた。

貧乏人を率いて革命を起こす

馬雲は大企業をクジラに、中小企業を小エビにたとえた。アリババはこの小エビのために働いている。

「国外のB2Bはすべて大企業が主だが、私は中小企業を主としている。クジラには利益も資金も人手も技術ももう十分にある。しかし、中国にはクジラは何頭もいない。数が少ない上に、不健康なものもいて、貿易プロセスが標準化されていないし、情報化も進んでいない」

馬雲は創業当初から自社の成長する方向を明確に決めていた。それは15％の大企業のためでなく、85％の中小企業のために商売するということだ。この常識からはみ出した企業モデルについて、馬雲はこう言う。

「もし企業を金持ちと貧乏人に分けるとしたら、インターネットは貧乏人の世界だ。大企業には自分専用の情報網があり、巨額の広告費があるが、小さな企業にはそんなものはない。だから中小企業にこそインターネットが必要なのだ。そして私はまさに貧乏人を率いて革命を起こしているのだ」

こうして馬雲は中小企業のための事業をするという独自のやり方を確立した。彼は大企業をまねしたくはないし、そういうやり方は成熟しないと思っている。多くの起業家が創業初期は知らず知らずのうちに大企業のやり方をもとに自分の会社を作ろうとしてしまう。もちろん大企業のやり方は長年の経験に裏打ちされており、有益なものもあるのだが、大企業は安定を優先するため、変化が遅いし、変化しないために資金を投入できる。だが、小さな会社にはそんなことは無理だ。だから馬雲は、中小企業には大企業のまねではない独自のモデルがなければいけないと考えている。

「電子商取引というのは商取引が本質で、電子はただの手段にすぎない」

馬雲は自分がしていることに対して常に冷静である。

「商業サービスが主であるなら、中国市場、中国文化の独特なニーズに寄り添わなければならない」

と馬雲は言う。

この中小企業のために開設した商業プラットフォームは、瞬く間に中小企業の間で広まり、その独自の経営モデルは多くの投資家たちを引きつけた。世界的に有名なベンチャーキャピタル会社 Investor AB のアジア代表だった蔡崇信は、もともとは馬雲と投資の商談をしていたが、アリババの前途に魅力を感じ、Investor AB を辞めてアリババの創業メンバーとなった。

ウォール街のベンチャーキャピタリストたちもアリババのサイトを知るようになると、出資したがった。たとえば、ゴールドマン・サックスは500万ドルの投資を決めた。ヤフーの投資に成功したソフトバンク社長孫正義は、馬雲とわずか6分間話しただけで、2000万ドルの投資を決めた。

まさに中小企業の力強い生命力と巨大な潜在能力に気がついたことが、馬雲に最初から正しい方向と成功するモデルを選ばせたのだ。馬雲の夢はこういった巨額の資金の助けを借りて、急速に成長し、商業プラットフォームをますます大きくするのと同時に、登録会員数をさらに増やして、クリック数を飛躍的に上げることである。

馬雲のこの「クジラは他人に追いかけさせろ」という考え方は、現在のアリババを何千何万という供給業者のひしめく、有名なゴールドマン・サックスやソフトバンクにも投資する価値があると思わせる企業にしたのである。

同じように仕事をしていても、ある人はただ真面目に決まりを守って、自分で何かを創造しようとは思いもせず、ただ他人をまねて他人に従い、人と同じことをしている。これでは一生大きな成功を収めることはできない。

しかし、**ある人は創造的な思考を持ち、奇抜で進歩的な方法で、最適の道を探し出し、決められた条件の中で知恵を働かせ、仕事を完璧にこなし、成功への道を切り開く。**

同様に、変化と新しさを求めることも企業が長く発展するための方法だ。馬雲は、まさにそういった変化と新しさを求めることでアリババの伝説を作ってきた。

「企業家は社会のために環境を創造するイノベーション精神を持っていなければならない」と馬雲は考えている。

第9章

競争の哲学

マーケットは戦場に似ているが、戦場ではない。

競争とは、ビジネスにおいては一種のゲームであり、さらに言えば一種の芸術だ。
第一に、ライバルから学ばねばならない。
第二に、もし競争の途中で疲れがたまってくるようなら、
それはあなた自身に問題があるということだ。ライバルを疲れさせて、
あなたはもっと元気になるべきなのだ。
このような競争こそが、私の提唱する競争なのだ。

39

ライバルにたたきのめされた経験が、人を成長させる。

ライバルはあなたを磨く砥石だ。磨かれれば磨かれるほど、あなたは切れ味を増し、輝きを増す。

優れた企業を作るには、ライバルを負かす必要はなく、他の追随を許さない独自の競争力を養い、自分たちのグループ、システム、文化を作ることが必要だ。

私はおそらく今後5年、10年と事業を続けるだろうが、最終的には必ずここを離れるつもりだ。去るまでに、アリババ、タオバオの独自の優位性、企業成長のメカニズムを確立するつもりだ。そうなれば、もう馬雲がいようがいまいがそんなことは重要ではなくなる。——馬雲以下は2006年に、馬雲が『財富人生』という番組で司会者の質問に答えたものだ。

葉蓉：もともと、性格的に、強敵に立ち向かうことがお好きなのではありませんか。2年前、中国にはすでにイーベイ易趣というサイトがありましたが、それを意に介せず、あなたはタオバオを作ろうとなさいました。タオバオの誕生前後にとても不思議な話がいくつかあると聞いたのですが、お話しいただけませんか。

馬雲：当時、孫正義と私は、B2BとC2Cの区別が今後なくなっていくと見ていました。アリババとイーベイは驚くほど似ていますが、私たちは中小企業に着目し、イーベイは個人の電子商取引に着目していたという点が異なります。
私たちは詳細な検討の後、数人の若い社員を選び、彼らにあるテストをしました。私とCFO、COO、数人の副社長がオフィスに座り、彼らを一人ずつ室内へ呼び入れました。
若者たちは、取締役が何人もそろっているのを見て、大変驚きました。私は一人ひとりに、「今から君に杭州を離れ、会社を離れてやってもらいたいことがある。何をしに行くのかは友だちにもご両親にも話してはならず、君はこの会社を離れなければならないのだが、この任務をする気はあるか？」と言いました。

社員は私の顔を見て「します」と答えました。私は「やりたくないなら、すぐこの部屋を出ていっていいんだよ。君に何をしてもらうか、今は話せない。これは契約書だ。全部英語で書かれている。もしサインしたら、10ヶ月間、外に何も漏らしてはいけない。この契約は決していいものではなく、君が今サインすれば、それはこの会社を去ることを意味する。新しい会社に入らなければならないが、どんな会社なのか今知ることはできず、誰にも話してはならない。それでもサインするかい？」若者たちは契約書を見た後でみんなサインしました。

葉蓉：なぜそんなにも秘密主義を貫かれたんでしょう。

馬雲：事柄によっては後先を考えず挑戦してもいいのですが、それではだめな場合もあります。実力をつけてからすべきこともあります。イーベイに挑戦する場合は先に実力をつけておく必要がありました。この7、8人の若い社員はほかの場所に移って仕事をし、私は毎晩そちらに出向いて彼らと過ごしました。そしてタオバオができたばかりのころは、私たち数人で商品をかき集め、各自が家から4つ以上の物をさがし出してくることにしていました。家中ひっかき回し、全部で30のアイテムを集めました。そして、ネット上で互いの物に入札し合って盛り上げました。

今、タオバオ上には１３００万個の商品がありますが、１日目にはたった30個しかなかったのです。しかも、その30個は私たち社員が自分の家から持ってきたものでした。私は腕時計を全部出しました。

しばらくしてアリババのホームページに、ある社員が文章を載せました。

「経営陣の皆様、お気をつけください。ある会社がわが社の競争相手になりそうです。タオバオという名の小さな会社には注意が必要です。小さな会社ですが、大変勢いがあり、発想がユニークで、コンセプトがわが社と酷似しています」と。

すると、多くの同僚が、自分もすでにこの会社に注目していると書き込みを始めました。その後ある者が「ＩＰで住所を突き止めた。この会社は杭州のわが社の近くにある」と言い出しました。私たちはやむなく、ついにタオバオがわが社のものであることを明かしました。公表したその日、社内全体が歓喜で包まれました。

厳しい競争に挑み、サナギから蝶になる

浮き沈みの激しい市場競争の中で、戦いに参加しないわけにはいかず、また競争の中で

自らを強く大きくし続けなければならない。これが会社を大きく強くするための必須事項だ。譲歩してばかりだと企業は坂を転げ落ち、ついには失敗に終わる。

馬雲はまぎれもなく厳しい競争に立ち向かうことのできる企業経営者であり、アリババは彼のリーダーシップの下、競争の荒波の中でもまれ続けて力を増し、ついにサナギから蝶へと孵化した。もちろん、競争とはひたすら財力をつけ、実力をつけることではなく、ときには胆力、知力が必要となる。激しいせめぎ合いの中で、傷つき挫折することもある。しかし、こうした苦難こそが人の成長を促し、そういった経験があってこそ、人はよりたくましく成長することができるのだ。

馬雲は「武侠小説に描かれているように、才能のある者は何度も闘いを重ねる中で超人的な悟りに達し、そこから力を倍増することができる」と述べている。**競争に立ち向かう勇気は事業において必要不可欠である。ライバルに打ち負かされようともまた戦いを挑み、競争の中で自分自身をより強くしていかなければならない。競争における喜びとは、苦しみの後に生じる自己の昇華にあるのだ。**

40 先んずれば人を制す。

早起きした鳥が虫を食べなかったら、その虫は他の鳥に食べられてしまう。

――馬雲

実業界で成功しようとする者にとって、「先んずれば人を制す」という意識はとても重要だ。

そういった意識がなければ、ライバルが目の前まで来てから反撃を開始することになり、遅きに失することになる。銃撃戦のない実業界では、先にチャンスをつかんだ者が市場を奪い取ることができるのだ。

この点においては、馬雲は企業家たちのよいお手本だと言えよう。インターネットがまだ大衆になじみのなかったころに、馬雲はこの分野に進出した。そして、電子商取引の発展に天井が見え始めると、馬雲はタオバオを作り、新しいモデルを打ち出したのだ。さらには、グーグルの世界制覇を阻止するため、ヤフーとの同盟を選択した。

攻撃は最大の防御である。馬雲の言葉を借りると、「攻め続ける者には永遠にチャンスが巡ってくる」のだ。実業界においては、一人の敵の攻撃をかわすことはできても、すべての敵の攻撃をかわすのは不可能だ。ゆえに、あちこち逃げ回るくらいなら、こちらから攻撃を仕掛けるべきなのだ。

「ライバルを消し去ることはできないが、彼らはきっと自ら倒れていく。環境が彼らを消し、産業の変化が彼らを消し去るだろう。自負や自己否定が彼らをダメにする。また、それ以上に一歩道を踏み間違えることで彼らは完全に消えてしまう。だから、**私は最大の敵は自分自身だと考えるのだ。敵を自分で片づけようとあせる必要はない。敵は自ら淘汰されていくものだから**」

馬雲は競争相手や挑戦者を恐れたりせず、競争の中で人より先んずることで他を制し、チャンスをつかみとってきた。

速度が第一で、完璧さは第二

中国のインターネットオークション市場の形成期には、イーベイ易趣、タオバオ、一拍網の三社が市場を独占していた。これら三大サイトがインターネットオークション市場を三分し、それぞれがかなりのシェアを持っていた。タオバオはスタートが遅かったにもかかわらず、馬雲のリーダーシップの下、市場第二位を占めていた。

しかし三社とも、中国インターネットオークション市場の独占を目指していたため、激しい戦いが始まった。それぞれがひたすら勢力拡大を図ったが、そんな中でタオバオのやり方は周囲からは理解しがたいところがあった。2005年、アリババは新浪と一拍網関連株の契約に達し、新浪が所有する一拍網の株式33%がすべてアリババに譲渡された。

アリババがヤフーと合併した際も、一拍網の株式がアリババに譲渡された。一拍網はヤフーと新浪が中国に作った合資会社で、こうしてアリババは一拍網株式の100%を所有するようになったのだ。

だが、アリババが一拍網を改革するだろうと皆が思っていたとき、予想に反し馬雲は一拍網を閉鎖してしまった。馬雲は一拍網のタオバオへの加入は単に錦に花を添える程度の効果しかなく、根本的な変化はもたらさないが、一拍網の社員には大きな価値があると考えていたのだった。

馬雲は一拍網を閉め、イーベイ易趣に手を打つ隙を与えず、三分されていた市場は一挙に二社対決の様相を見せ始めた。その後の競争の中で、タオバオの優勢が進み、イーベイ易趣は、タオバオが自分たちの市場を侵食しシェアを拡大していくのを、指をくわえてただ見ているしかなくなった。

このインターネットオークション市場戦争で馬雲がとった手法は闇討ちだと言う者がいる。馬雲はこれを否定しない。

「タオバオがイーベイに勝ったのは真珠湾攻撃のようなもので、イーベイは防御が間に合わず負けて当然だったと言う人がいる。その通りだ。闇討ちは24時間または48時間以内に収束させねばならず、長期戦にすべきではないのだ」

競争の激しい市場環境では、積極的に攻撃を仕掛けた者が市場を占有し、出遅れた者は力不足を嘆くしかないのだ。

速度が第一で、完璧さは第二だ。激しい販売競争においては、スピードが企業の行動力、実行力の強さを決定する。情報化時代においては、スピードの速さによって有利な位置を占め、絶対的な勝利を手に入れることができるのだ。

41

ライバルの不在は一種の危機である。

望遠鏡でさがしてもライバルは見つけられない。
最大のライバルは自分自身であり、ライバルは心の中にいる。
ライバルをさがしに行っても意味がないのだ。――馬雲

『対話』というテレビ番組で次のようなやりとりがあった。

司会：望遠鏡でさがしてもライバルは見つけられない、この言葉が生まれたのにはどんな背景があるのでしょうか。
馬雲：特に何もありません。実際この通りでしょう。
司会：この通り、どうしても見つけられないと？
馬雲：私たちのやり方がよかったのではなく、運がよかっただけだと言う人は、私たちを

しっかり見ていないのです。もし興味がおありならいくつか資料を調べてみれば分かります。

1999年、2000年にアリババのサイトを立ち上げたころ、多くの人が私たちは金儲けというものが分かっていないと批判しました。無料というシステムは絶対に無理だと。

当時、多くの人たちが私たちをたたきのめそうとしました。2000年にハーバード大学が私たちについて初めてケーススタディを行い、その後また次のケーススタディが行われました。私は二つのケーススタディに関する清華大学とハーバード大学のシンポジウムに参加しました。どのシンポジウムでも、ある別の会社とアリババを比較し、最終的にもう一つの会社が勝利し、アリババは死に絶える、と結論づけられました。

しかし4年経って、私たちと比較されていたその会社はなくなり、私たちは生き残っています。

司会：二回とも、わざわざそんなことを言われに行ったのですか。

馬雲：必ず行きました。そして一番後ろに座っていました。なぜなら彼らは私が後ろで聞いているのを知らずに、あれこれと分析し、最後にアリババはだめだと言うからです。もちろん私は腹が立ちますし、結果はひどいものですが、仕方ありません。

司会：あなたは今、自分を倒す者をさがしているような気持ちなのでしょうか。

馬雲：いいえ、実は最大のライバルは望遠鏡でさがしても見つからないのです。自分自身を見れば、そこにライバルがいることに気づくでしょう。**自分自身の傲慢さ、自分に対する他人の冷たい評価……ここ数年ずっとうまくいっていると自分で思っているときに、往々にしてこの敵がどんどん手強くなってくるのです。外を見ても敵は見つからない、敵は心の中にいるのです。**

だから私のこの言葉は間違ってはいない。ライバルをさがしても見つかりはしないのです。対外貿易において誰が私のライバルなのか、本当に私には分かりません。中国国内事業においてもたいしたライバルはいないと思っています。ライバルは自分の心の中にいるのです。

司会：このライバルのいない状態というのは、あなたにとって一種の危機ですか。それとも喜ぶべきことなのですか。

馬雲：大きな危機です。ライバルがいないのは自分を磨く砥石がないのと一緒ですから。**ライバルがいないのは恐ろしいことです。一度好敵手に出会うと、あらゆる精力、能力がすべて引き出されるのです。**私にとって2004年の一年は特に楽しい年でした。なぜなら私はタオバオの素晴らしいライバルを見つけたからです。戦えば戦うほど楽しくなります。5年もライバルがいないのは寂しいことでした。

ライバルと競い合ってこそ、最後に笑うことができる

競争相手がいないと、危機感がなくなる。今のこの競争の激しい社会では、「遠い将来のことを慮らなければ、近いうちにかならず心配事が生じる」と言われる。心の中の危機感が私たちを鞭打って成長させる。危機感を失ったとき、事業と生活に対する探求心を失い、進取の精神をなくし、進歩が止まる。

ビル・ゲイツはマイクロソフトという大きな会社をつくったが、「マイクロソフトの命は残り18ヶ月しかない」と、今も毎日自分に言い聞かせている。レノボの柳伝志は、「君がちょっと居眠りすれば、ライバルにチャンスが来る」と言っている。バイドゥの李彦宏も常に自分の従業員に「今、バイドゥがトップだと思うな、もしわれわれが30日仕事を休めばバイドゥは終わる」と繰り返し言っている。

こうした業界トップの百戦錬磨の企業家たちは、危機感をなくした場合の恐ろしい結末

をよく知っている。だからこそ、警戒心を高め、闘志を充満させようと自分を鞭打ち続けるのだ。

特に事業においては、**強力なライバルがいてこそ、ともに進歩し、あるいはウィンウィンの局面が生まれる。もしあなたの周囲の人がみな進歩しないようなら、あなたも大物になることはできない。**真のライバルがいないのは大きな問題なのである。

42 小さなことに我慢できないことが大きな問題につながる。

よい物というのは、はっきりと説明できないもので、はっきりと説明できるものは、よい物でないことが多い。——馬雲

アリババという名前は馬雲が考えたものだ。会社にこの名をつけたのは、『千夜一夜物語』に出てくる、「開け、ゴマ」と言って山中の宝の洞窟を開くアリババの物語を思い出したからだ。アリババは世界中の人がよく知っている物語だから、会社にこの名をつければみんなにすぐ覚えてもらえるだろうと思ったのだ。

しかし、数年後に思いもよらず、この会社の名前のために他人と裁判で争うことになっ

た。

インターネットで www.alibaba.com をクリックすると、出てくるのはアリババ（中国）のホームページだ。www.2688.com をクリックすると、ネット上に出てくるのは北京正普科技発展有限公司のホームページだ。この二つのホームページのドメイン名は、一方はアルファベットで、一方は数字だが、声に出して読むと大変似ている（2688 を中国語読みすると「アルリュバーバー」となり「アリババ」と発音が似ている）。その後、音が同じだということで、北京正普科技発展有限公司が２００１年にアリババを告訴した。

北京正普科技発展有限公司は大規模なソフトウエアの卸売業者で、社長の姚増起は会社の業務をインターネット上で展開していく必要があると考え、国際ドメイン名 2688.com を登録した。その後、自分のホームページを「アリババ」と名付けようと考えたが、登録の際に「アリババ」の中国語のドメイン名は届出されていると知らされた。この名を届け出ていたのはもちろんアリババだった。

姚増起はこのドメイン名を奪い返そうと決心し、アリババを法廷に引っ張り出したのだ。

一審は、北京正普科技発展有限公司の訴えを棄却し、「アリババ」の中国語ドメイン名はやはりアリババ（中国）インターネット技術有限公司の登録であるという判決を下した。

この判決結果に対し、姚増起はとても困惑し、「一審の判決はおかしなもので、前後に矛盾がある。法律とはいったい何を保護するものなのか」と述べ、再度裁判所に控訴した。

アリババの金建杭副社長の態度は断固としたもので、「私たちは積極的に控訴を受けて立ち、必ずやわが社の多くのユーザーの利益を守り、『アリババ』ブランドにマイナスの影響を与えさせはしない」と述べた。

姚増起は、自分の会社が「アリババ」の商標登録をしようとしたとき、アリババ公司はまだ設立されておらず、自分たちに理があると考えていた。

しかし、金建杭は、馬雲は1998年末に「アリババ」と「Alibaba」と名付けた中国語と英語のホームページを立ち上げ、国際的にインターネット上で試行を開始し、1999年3月には正式に運用を開始していると主張した。それに北京正普科技発展有限公司は1999年4月29日に初めて「2688.com」のドメイン名を登録し、運用しているホームページを「アリババ」と呼んでいるが、そのころ馬雲の「アリババ」はすでに大きな社会的影響力を持っており、国内外のメディアの注目を集めていたのである。

ドメイン名争奪の大きな戦いは、それぞれに言い分があり、どちらも譲ろうとしなかったが、最終的にはやはり「事実を根拠とし、法に準ずる」という法的原則の下、馬雲がアリババのドメイン名を保持することが認められ、このドメイン名争奪戦に勝利を収めた。

忍耐とは、弱さでも譲歩でもなく、静かに耐え忍んで力を蓄え、最後に人々を驚かせる爆発的なパワーを出すことだ。実業界の競争においては、多くの場合、一時的な我慢が必要で、傷を治した後に、窮地から反撃すればいいのだ。事を成し遂げた者はみな忍耐力があり、忍耐の最中に受けたあらゆる嘲笑、攻撃を爆発的なパワーへと変えている。

悪意ある競争を行う企業は長続きしない

競争の中では、多くの試練に出会う。そこには良質な競争もあれば、悪質な競争もある。あなたの力がまだ十分ではないとき、ライバルはあなたの成長を阻もうと手段を講じてくる。あなたが大きく成長すると、ライバルはおこぼれにあずかろうと手立てを考えてくる。激しい競争の中で、われわれは忍耐力であらゆることに対応していかなければならないのだ。

2005年7月、多くのアリババのユーザーの輸出企業がほとんど同時に匿名のあるいは番号の不明なファックスを受け取った。ファックスには「アリババは偽造品産業を全面的に支援している」と書かれていた。このファックスの内容はまことしやかなもので、アメリカの「国際反偽造連盟」発表の白書がアリババを「特別ブラックリスト３０１」に加えるよう勧めており、アリババを厳しく罰することが求められていると書かれていた。

このファックスは大きな波紋となり、あっというまにさまざまな意見が飛び交った。このような誹謗と悪意ある中傷に対し、アリババは証拠を提出し、アリババが「国際反偽造連盟」の「特別ブラックリスト３０１」には入っていないことを証明し、「これはライバル企業が裏から手をまわして行っている妨害行為で、アリババはその法的責任を追及する可能性を排除しない」との声明を出した。

このとき、馬雲はすぐにライバルに一撃を与えようとはせず、怒りを抑え、アリババの信頼性と業務水準を引き上げることに努力した。本当は、アリババはこれまで一度も偽造産業にサービスを提供したことなどなく、ずっと正当な商売を行い、正当な手段で多くのユーザーにサービスしてきた、と大声で言いたかったのだが。

アリババの努力により、関係機関が証拠を提供し、潔白が証明されて、人々のアリババへの信頼は回復し、デマに取り合おうとはしなくなった。

馬雲は、いかなる企業も競争において基本的な商業のルールを遵守しなければならないと考えており、悪意ある競争を行う企業は長続きしないと考えている。悪意ある競争で傷つけられた企業も怒る必要はない。悪意は発したところへ戻るものだ。潔白な者は自然の摂理に従って、いつの日か潔白を証明することができる。しかしながら傷つけられた仕返しをしようとすると、悪意ある競争の渦の中に巻き込まれ、取り返しのつかないことになる。

忍耐とは、決してライバルに対し怖気づいているのではなく、時間、空間を蓄え、パワーをためてライバルに最も強い一撃を与えるためのものなのだ。

目先の利益を追い求めるのは現代人の多くに共通する病で、小さな利益のために浮き足立ち、最終的に何もかもなくしてしまう。逆に自分を高めることに専念し、理想の実現に苦労をいとわない者こそが、最後に大事を成し遂げることができるのだ。

43 三流のアイデアに一流の実行力を加える。

計画書が分厚ければ分厚いほど、完璧であればあるほど、その会社の終焉は近い。

――馬雲

中国のメディア関連企業であるフォーカスメディアの江南春はかつて次のように話した。「アイデアのある者はたくさんいる。だが、そのアイデアを実行できる者は少ない」。

馬雲も同じように考えている。馬雲と日本のソフトバンクグループの孫正義はかつてある問題について議論した。一流のアイデアに三流の実行力をプラスするのと、三流のアイデアに一流の実行力をプラスするのでは、どちらがより効果的か、と。その結果二人が出した答えは同じだった。三流のアイデアに一流の実行力をプラスするほうがいいと言うのだ。

馬雲のアリババ社員の実行力に対する要求は厳しい。アリババができたばかりのころは、強い実行力を持つことを社員に繰り返し要求した。その理由は「工業時代の発展は人為的なものだった。しかしながらインターネット経済の時代においてはすべてが情報化されており、予測が難しい。だから、アリババの事業は計画して作ったものではなく、『今、ただちに、すぐ』にできるものでなければならない」というものだった。

アリババの創業初期には、「今、ただちに、すぐ」が馬雲の口癖だった。馬雲は効率よく実行できなければ企業の成功はおぼつかないということをよく理解していた。さまざまなケースにおいて、**「時には間違った決定を実行することのほうが、優柔不断や何も決められないよりずっといい。なぜなら、実行の過程に、間違いを見つけ、訂正する多くの時間とチャンスがあるからだ」**と繰り返し強調した。

アリババができたばかりのころ、馬雲は電子商取引モデルにこだわり、周囲の反対にあった。しかし、馬雲の執着心によってアリババの発展の方向性が最終的に確定され、効果的に実行された。

後に馬雲は、「私が自分の意見に固執することは少なく、1000件に1件あるかないかだ。しかし、自分の脳味噌をたたいてみて間違っていないと思えることについては、必ず最後まで固執する」と話す。馬雲がこのように実行力を重視するがゆえに、アリババはインターネットバブルの時期にも持ちこたえ、利益を生み出したのだ。

2005年、馬雲がインタビューを受けたとき、ある記者が尋ねた。

「なぜあなたには今日の成功があり、同じように聡明な中国電子商取引の先駆者、王峻涛は今も起業に向けて努力を続けなければならないのでしょうか」

馬雲はこう答えた。

「私は皆さんの前で話し、演説し、宣伝し、プロモーションを行っているが、私の後ろではわがチームの多くの人間が地道に働いているのです。懸命に力をふりしぼって働いています。しかしながら、王峻涛の後ろには『18羅漢』がいないのです。私が言えば、誰かが行う。しかし、彼は話してもそれで終わりで、口先だけになってしまうのです」

企業の勝敗のカギは実行力

企業が発展するかどうかの第一条件は、強い実行力だ。馬雲は、企業が急速に発展し、同業者のトップを走るには、優れた戦略決定チーム、優れた発展戦略、優れた管理体制以上に、強い実行力を持つ強力なグループの存在が重要だと考えている。

もし一つの集団の一人ひとりがすべて精鋭であっても、実行力がなければ、優れたアイデアも、素晴らしいチャンスも、その会社を発展させることはできない。だが、もし一つのチームの一人ひとりが凡人であったとしても、彼らに強い実行力があれば、強いパワーを生み出すことができる。

企業が競争力を高め、戦略を厳格に実施に移したいと考えるなら、何としても優れた実行チームが必要だ。こういった観点からみると、実行力こそが企業成功のカギだと言える。アリババでは毎年信じられないような高い目標が設定されるのだが、社員たちの一流の実行力によって、最終的にはすべて見事に達成する。これが、馬雲チームが誇るスーパー実行力なのだ。

ある小さな出来事がアリババグループの実行力の強さを証明した。2006年、アリババのサービス機関がすべて市街地に大移動した。一般的には引っ越しの途中で物をなくしたり壊したりすることは避けられないことだろうが、アリババの引っ越しでは、従業員の効率のよさと協調性、全集団の非常に強い責任感と実行力が発揮され、何の問題も起こらなかった。

馬雲が、自分の頭の中にあるものを次々に形にし実行に移していくので、アリババグループ全体が牽引され、人並みはずれた実行力が培われている。インターネット産業において平均的な資質と経験しか持たない人並みの集団が、実行力を培う中で、徐々にインターネット産業のトップへと上り詰めたのである。

スタンフォード大学でのスピーチ

2011年9月30日・米国カリフォルニア州
アリババによるヤフー買収が噂される最中に馬雲が訪米し、注目を集めたスタンフォード大学でのスピーチ

3年後、われわれの方法で、われわれ自身を救う。これが、私の渡米の目的だ。

みなさん、こんにちは。本日、こちらで皆さんとお会いできて大変光栄に思っています。数ヶ月前にスタンフォード大学から講演依頼をいただきましたが、これは思ってもみないことでした。「ヤフー、アリババ関連の諸々の状況やさまざまなニュースから考えると、この時期にここへ来て講演するというのは大変微妙だ」と多くの人から言われました。しかし、一度お受けしたからには、来なければなりません。どんなご質問にもお答えしますよ。

今日でアメリカに来て15日目です。実は、私はこちらに1年滞在するつもりです。この計画は誰も知りません。うちの会社の社員もです。誰もが私に「訪米はヤフー買収の準備のためか」と聞きますが、違います。皆さんは敏感すぎる。私がこちらへ来たのは単に疲れたからです。16年分の疲れです。

私は1994年に事業を始めました。その当時は、目隠しして目の見えない虎の背中に乗っているような気持ちでした。そのあとも苦労しながら、なんとか生きています。大学を辞めて政府の機関で16ヶ月働いてから、1999年にアリババを設立しました。

われわれは幸運にもタオバオ、アリペイ、アリクラウドなどの会社を持つことができました。ですから、アリババを作って12年経った今、しばらく休もうと決めたのです。

特に、今年は厳しい問題が多かった。これも予想外のことでした。中国では12年ごとに自分の年が来る、と言います。アリババはちょうどその12年ですし、いろいろと厄介な問題があります。

たとえば、年の初めにはサプライヤーの詐欺事件でＣＥＯが辞任することになりました。ＶＩＥ（変動持分事業体）の問題もあります。と言っても、私にはＶＩＥがどういうものかまだ分かっていないのですが。また、タオバオを4つに分社する計画もあります。

これらに振り回されているうちに私は疲れてしまいました。「1年休んで何か困ることがあるか？」と自問してみました。来年は私が年男《としおとこ》です。来年は今年より大変な1年になるでしょう。少し時間をかけて準備してから、来年を迎えたいと思いました。

ここ3〜4年は、何か起こると、タオバオ、アリババ、アリクラウドのCEOを非難すればよかった。しかし、3〜4年後に、何か起こったら、それは私の責任です。それで、私は、アメリカで少しゆっくり物事を考えてリラックスしたいと考えました。最初の2日は、ゴルフの練習を再開し、のんびりしました。このように、アメリカに来た目的は皆さんが考えるような複雑なものではないのです。

わが社は大変ラッキーな会社です。何の後ろ盾もなく、裕福な父親も、権力のある伯父もいません。成功できる可能性はゼロのように思えました。

1999年にシリコンバレーから資金を調達するために、多くのベンチャーキャピタルや資本家と交渉し、メンローパーク（シリコンバレーに位置する富裕層の多く住む住宅地）にまで行きました。しかし、誰もアリババに投資しようとせず、そのたびごとに拒絶されました。中国に戻ったときも、資金はまったく持って帰れなかった。

しかし、私には信念がありました。私はアメリカンドリームをこの目で見たのです。シリコンバレーの発展を見たのです。毎日、夜も昼も、ウイークデーも週末も駐車場は車でいっぱいでした。中国でも同じことが起こると確信していました。それで、すぐさまアリババを立ち上げたのです。

12年が過ぎ、このような大きな成果を得ることができました。しかし、その前は、誰も中国でB2Bの電子商取引が盛んになるとは信じませんでした。当時、アメリカで有名だった、アリババ、ブロードビジョン、コマースワンなどを含む有名なB2B電子商取引企業の主な顧客は大企業でした。

中国で短期間にそのような大企業が生まれるとは誰も思っていませんでしたし、大企業があっても電子商取引の需要があるとは考えませんでした。中国ではすべての大企業が政府に帰属しているからです。彼らは政府の方針に則って経営していればそれでいいのです。しかし、私の信念は、**「対象を小さい企業に特化すべきだ。なぜなら未来は私企業の時代だから。われわれは小企業に重点を置くべきだ」**というものでした。

イーベイが大海を泳ぐサメならば、アリババは長江のワニ

アメリカの大企業のB2B商取引サイトは購入客側に大変配慮したもので、営業コストの削減と時間の節約に関する多くのアドバイスとサポートが求められていました。しかし、中小企業はそういった支援は必要としていません。中小企業はわれわれよりもよく分かっています。われわれは中小企業が金を稼ぐことをサポートすることに集中するべきです。それはつまり、商品を売る手助けです。

当時は、難題が次々出てきました。しかし、12年経ってみると、全世界で58万社の小企業がアリババで商売してくれています。**われわれのビジネスモデルはテンセントやバイドゥに比べて人を引き付けるものではないし、オンラインゲームで稼いでいるわけでもない。しかし、われわれは毎晩気持ちよく寝ることができる。なぜならば、中小企業の成長を助けることでわれわれは金を稼いでいるからです。**私は、この点を誇りに思っています。私は今まで稼いだ金額の大きさでアリババを誇りに思ったことはありませんが、人、とりわけ小さな企業の社長を助け、影響を与えたということは誇りに思っています。

インターネットが登場する前は、誰も5000万を超える中小企業を助けることはできませんでした。しかし、今日、われわれは中小企業の手助けに尽力しています。人からは

こう言われました。

「馬雲、アリババがうまくいくなんて、何万匹もの羊の群れをヒマラヤの頂上に運ぶくらいありえないことだよ」

私は、そんなときこう答えました。

「そうですね。でも、われわれはその羊を山から下ろすところまでできますよ。そして、必ずやり遂げます」

二番目に作ったタオバオも、皆から、イーベイと競争するなんてどうかしていると言われました。中国は商売をするためのサイトを必要としていました。電子商取引の市場を開拓するのには時間と労力が必要です。ですから、そのころは皆、中国でそんなことをしてもダメだと思っていました。でも私は、「やってもみないでどうして駄目だと分かるんだ？」と言って、試してみたのです。

イーベイが大海を泳ぐサメならば、われわれは長江のワニです。われわれは海で戦うのではなく、長江で勝負する。実際に始めてみると、大変でしたが、とても楽しくて、おまけに生き延びることができました。最初のころはイーベイが中国のC2C市場の90％を占めていましたが、今は、われわれが中国のC2C市場の90％を占めています。われわれはラッキーです。本当に、ただラッキーでした。また別の機会に詳しいことはお話ししますが。

他人の失敗から多くを学ぶ

今では、アリババの成功本がいろんな人たちによって書かれています。しかし、私は、われわれがそんなに賢いとは思っていません。われわれは多くの過ちを犯してきました。当時の私はまだ本当に馬鹿でした。ですから、もしもいつの日か、私がアリババの本を出すとしたら、「アリババの1001の過ち」について書きたいと思います。それは皆さんが覚えておくべきかつ学ぶべきことです。

もし、他人がどうやって成功したのかを知りたくても、それを知るのは大変難しいことです。なぜなら、成功は多くの幸運によってもたらされるものだからです。一方で、他人がどうやって失敗したのかを学ぶことは、大変有効です。私はいかに人が失敗したかを探る本を読むのが好きです。細かく分析すると、失敗した原因はそれぞれ全部違います。そのことが重要です。

タオバオが成功して、われわれはアリペイを作った。誰もが中国にはクレジットシステムがなく、銀行も、物流もダメだと言っていました。それでどうやって電子商取引をするのでしょう。今日、私は皆さんに商売のコツを話すために来たのではありません。私はパワーポイントも用意していません。皆さんに売るための株式も持ってきていませんから(笑)。

しかし、私は物流やクレジットシステム、そして銀行が遅れているからこそ、起業精神を持たなければならないと考えています。つまり、自分の青写真を描くことです。ですから、私は、自分がこの事業をやれば、少しずつこれが中国の標準になるだろうと信じていました。

私は、6年前、アメリカに来たとき、「5年後、中国のインターネットユーザーの数はアメリカを超えるだろう」と言いました。皆は「ありえない」と言いました。それに対して、私はこう言いました。

「あなた方アメリカ人の人口は3億で、中国の人口は13億です。もしアメリカに4億人いたとして、誰も死なず、子どもを産み続けても13億人になるには50年かかります。ですから、これは時間の問題なのです」

われわれは走りながら見ています。今日、中国のインターネットユーザーの数はアメリ力を超えています。でも、「どうしてあなた方中国人の購買力はこんなに低いのか」と言う人がいます。5年後にもう一度見てみましょう。現在、毎月の一人当たりの消費額は200元です。5年後は2000元になっているはずです。われわれは忍耐強いし、若い。私は年をとりましたが、わが社の平均年齢は26歳です。彼らは若い。ですからわれわれも未来に期待できるのです。

「頭の悪いシステム」でもお客様の役に立つならそれでいい

アリペイを始めたころ、皆、この決済サービスはだめだと言いました。普通は、張さんが、李さんから物を買おうとしても、金を払わなければ、李さんは商品を渡さないでしょう。ですが、われわれは一つの通帳を作って、張さんにこう言います。

「まず、お金をわれわれに預けてください。もし、張さんが商品に満足したら、アリペイから李さんにお金を払います。もし、商品に不満があれば、返品してください。お金を返します」

これは、頭の悪いシステムだと言われましたが、頭の悪いシステムかどうかには、われわれは関心がありません。**われわれが気にするのは、お客様にとって必要なサービスかどうか、お客様の需要に応えられるかどうかだけです。**

もし、このシステムが馬鹿なシステムなら、現在、中国にいる6億以上の登録ユーザーは全員馬鹿なシステムを使っていることになります。馬鹿なシステムも、ちょっと改善すれば、非常にスマートなシステムになるということです。今日でも、アリペイの人気は高く、成長を続けています。アリペイはペイパルに似ていますが、取引高ではペイパルを凌いでいます。

最後に、最も重要な、アリクラウドについて話しましょう。この会社はほかのクラウドサービスとは違います。ほかの会社は自社のソフトウエアやハードウエアを皆さんに売ろうと考えています。しかし、われわれには売るものはありません。クラウドの技術を通して、われわれのデータを計算します。中小企業から得たデータ、タオバオの消費者から得たデータ、アリペイのデータなどです。

われわれは未来を信じています。未来は情報処理の世界です。いかに他人とデータを共有するかが、未来のビジネスの核心になるでしょう。アリクラウドは、現在はすこぶる好調だとは言えませんが、収益が上がる潜在能力は大変強いと言えます。

アリババは「信用」を価値あるものに変えた

全体的に見て、わがアリババグループは大変健全です。うまくいくはずないと言われましたが、われわれはまだ生きています。われわれは我慢強い。

「われわれはなぜこんなにひたすら仕事をしなければならないんだ？」ある日、私は仕事仲間に聞きました。すると彼はこう言いました。

「ジャック、まず、私は自分がこんなに多くのことができるなんてまったく知らなかったよ。そして、この仕事がこんなに社会にとって有意義なものだということも分かっていなかった。そして、生活というものがこんなに大変だと知らなかった」

私は昼も夜もなく仕事をしています。現在でもそうです。こんなに痩せて、顔つきも変わってしまいました（笑）。生活というのは簡単なことではないことも知っています。でも、われわれは心から誇りに思っています。われわれは中国を変えているのです。お金ではないのです。

10年ほど前、私が街を歩いていると、私のところに走ってきてお礼を言う人がいました。アリババのおかげで外国から注文が来て外国との取引ができるようになったと言うのです。

今日も、街で私にお礼を言ってくれる人がいました。彼の妻がタオバオで店を開いて生活しており、収入も悪くないそうです。

私にとって、これは大きな意味があります。われわれは信用を価値があるものに変えました。あなたの信用はお金を生みます。以前は、もしあなたに信用があり、商売の業績がよくても、あなたに富をもたらすことはなかった。でも、今は、あなたのタオバオでの信用記録と、売買記録がよければ、あなたは富を築ける。なぜなら、人は、信用のある人と取引したいと思うものだからです。

ある人が言いました。

「馬雲、僕はタオバオで物を買ったんだけど、安すぎるんだ。偽物かな？」

そうです。タオバオには偽物もあります。暮らしている中で偽物のないところなんてありません。でも、われわれは大変な努力をしています。多くの人員を割いてこの問題を解決しようとしています。タオバオでは、50％の社員が毎日、権利侵害をしている商品、偽物をふるい分ける仕事に従事していることもお分かりいただけると思います。

ある赤ワインが、実際の店舗で３００ドルで売られていて、タオバオで9ドルだったら、これはどういうことだと思いますか？　この差は仕入れルートや広告費用です。どうして消費者はこんなにお金を使わなくてはならないのでしょう。

われわれは消費者が節約する手助けをしているのです。ですから、われわれは消費者の皆さんにこう言います。

「タオバオでは1枚15元のTシャツが、店で買ったら150元です。タオバオで買ったほうが断然安いでしょう？　われわれは皆さんがより賢い消費者になるお手伝いをしているのです」

われわれは中国で多くの工場を見ています。特に、広東では工場というよりは一つの会社であって、ただの加工工場ではありません。彼らはOEM（他社ブランドの受注生産）をしています。これらのOEMの商品が、タオバオで売られているからタオバオの商品は安いのです。

彼らは販売ルートがどうなっているか知りませんし、最終的なお客さんのことも知りません。このような受注生産工場は、たとえば金融危機のような問題が発生すると、すぐに行き詰まってしまいます。ですから、われわれはこれらの生産者に、「直接自分の顧客と付き合え、自分たちで販売しろ、自分でサービスを提供しろ、それが本当の商売だ」と言っています。

そうしなければ、彼らはただの工場でしかない。われわれはこれらの工場を変えていきます。この状況を変えたいのです。

私には誇りがあります。これはお金の問題ではないのです。もし、あなたが１００万元持っていたら、あなたは金持ちです。しかし、１０００万元持っていたら、あなたはきっと煩わしく感じるでしょう。あなたはインフレを懸念して、投資を始める。そうすると、大きな問題があなたを待っています。**もし10億元持っていたら、それはあなたの富ではない。社会の財産です。あなたの株主、出資者はあなたが政府よりも有効にこのお金を使うべきだと考えます。それで、あなたを信用して任せるようになるのです。そうなると、あなたはお金をうまく運用しなければならなくなります。彼らの信任に答えられますか？**　これが、今われわれが直面している課題です。アリババが売っているのは、サービスではなく、人、つまりわれわれの社員なのです。

人に貢献できない事業は、アリババに必要ない

わが社社員の平均年齢は26歳です。私も多くの課題に向き合ってきましたが、これは私がかつて考えたことがないことでした。かつて、某国政府の高官がわが社を訪れた際にこうおっしゃいました。

「馬雲、もしタオバオに3億人のユーザーがいたら、タオバオはすでに私の国より大きいよ」私は、

「そうですね、管理するのが大変です」

と答えました。どんな新しい策を出すときも、必ずさまざまなプレッシャーがかかります。ユーザーが不満を感じるときは、政府の施策に不満があるときと同じようなことになります。平均年齢26歳の社員たちが、タオバオの新しいルールを決めています。今まで、こんなことはありませんでした。

たとえば検索エンジンを作るとして、旧来の検索エンジンだったら、売れていて、一番安いものが最初に来るようにするでしょう。しかし、私は、最も信用があるものが最初に来るようにしたいと思います。それから、多くの人が検証できるようにしたいのです。すると200人もの人が会社に来て「ルールの変更をするなら、アリババはその代償を払え」と言いました。

しかし、私の答えはこうです。

「もしこのルール改正が正しいのなら、われわれは続けます。目の前の世界はわれわれが変えられるものです。われわれは人に貢献できない事業は必要ない。われわれは社会学者

や経済学者に運営方針を作ってもらっています」

ですから、われわれは数々の課題に直面していますが、私は誇りを持っています。**成功する会社を作りたいのなら、いかに社会に存在する問題を解決するかを学ぶべきだと思います。また、いくつかあるチャンスをいかにつかむかも学ぶべきです。**チャンスをつかむのは実に簡単です。大風呂敷を広げているわけではありません。

アリババを作って12年経ちますが、私は金を稼ぐのは簡単だと思っています。しかし、われわれは金を安定して稼ぎ、社会に対する責任を果たさなければなりません。社会の発展を推し進めるのは大変難しいことです。私たちはそのために奮闘しているのです。

3〜4年後に起こる中国経済の危機に備えよ

私は、中国がインターネットによって、今から3年のうちに素晴らしい発展を遂げると信じています。多くの人が、「中国の株式市場はVIEによってダメになるだろう」と言っています。他の地域の経済を見ると、アメリカも大きな課題を抱えているし、ヨーロッパもどうすればいいやら分からない状況です。

では、中国はどうでしょうか。**アメリカやヨーロッパで起こることは、必ず3〜4年後**

に中国でも起こります。3〜4年後、中国経済は大きな課題に直面します。

あなたも、もしよくないことが起こると思うなら、今から準備して、その時が来ても不満を言ったり泣いたりしないようにしてください。インターネット関連企業として、われわれはわれわれの果たすべき責任を果たします。

私は政治家ではありません。ただ、自分と自分のお客さんのためだけ、つまり、5000万の中小企業主と800万のタオバオの出店者のことだけを考えます。彼らは3年後どのように生き延びればいいのでしょうか。

これは今回のアメリカ滞在で私が勉強しなければならないことです。オバマ大統領から学ばねばなりません。彼はどのようにして就職率を上げるでしょうか、彼のやり方を見て、その間違いを整理します。3年後、われわれの方法で、われわれ自身を救います。これが、私の渡米の目的です。

第10章

戦略の哲学

正しいことを正確に実行する。

戦略は、結果を出し目標を達成できなければ絵空事に終わる。正しい戦略決定のプロセスは、まず正しい道を選択し、次に正確にそれを行うというものだ。やろうとすることが正しければ、少ない労力で大きな成果を勝ち取ることができ、もしその内容が間違っていれば、正確に実施すればするほど滅亡へと近づく。ゆえに、CEOとしてまず正しいことをはっきりと見極め、それから正確にそれを進めていかなければならず、この二つは決して逆になってはならない。

44

小さな会社の戦略は生き残ること。

会社は二つの状況においてミスを犯しやすい。一つ目はお金がありすぎるとき、二つ目はチャンスがありすぎるときだ。
CEOが見極めるべきなのはチャンスではない。チャンスはどこにでもあるからだ。
CEOは災難を見極め、小さな芽のうちにそれを摘みとらなければならない。

——馬雲

正確な戦略方針の策定は会社の発展にとって非常に重要だ。馬雲は、アリババが発展し始めたころ、戦略決定において大きなミスを犯した。国際化にこだわり、海外への拡張を急ぎすぎたため、破産の危機に直面したのだ。

2000年、馬雲は、融資を受けた数千万ドルを手に、アリババの海外進出を成功させる一大勝負に出ようと心を決めていた。2000年2月、馬雲は一団を引き連れ、ヨーロッパに乗り込む。

そこで馬雲は「ヨーロッパのすべての国を支配し、さらに南米、そしてアフリカへと進出する。9月にはニューヨークに乗り込み、ウォール街にわが社の旗を立て、われわれが来たことをアメリカ人たちに教えてやるのだ！」と豪語した。

しかし、9月になってもアリババはニューヨークに進出できず、馬雲は早急すぎた拡張戦略の対価を支払わねばならなくなった。アリババ創設から2年に満たない2000年に、アリババはきわめて危険な状態に陥ったのだ。

国際化に適応するため、馬雲は世界各国からハイレベルな人材を集めた。多国籍企業の管理職や、有名大学を卒業したエリート学生たちばかりだ。普通に考えれば、このような優秀な人材がアリババのために働けば、会社は急速に発展するはずである。しかしながら、現実はそうではなかった。

馬雲の言葉を引用すると、「50人の聡明な者が一緒にいることは、世界で最も苦痛なこと」だったのだ。この世界各国の精鋭たちは、それぞれが自分の意見を持っており、それに固執し、会議のたびにもめて収拾がつかなくなった。

それぞれに道理があったため、決定権を持つ馬雲は悩みに悩んだ。また、馬雲はアリババのサービス機器と技術の大本営をアメリカのシリコンバレーに置いたのだが、コストが非常に高くなってしまった。

これと同時に、イギリス、韓国、日本、オーストラリアにおけるオフィス建設を次々に計画し、馬雲は「会社管理、資本運用、グローバルコントロールにおいては、徹底的、一点の隙もなく全面的に西洋化しなければならない。アリババが求めるのは、世界を見据え、世界に挑戦し、真の意味でグローバルマーケットに進出することだ」と考えていた。

馬雲がこれらの事業を開始すると、アリババは注目を集め、表面的には迅速に国際化を成し遂げた大会社の様を呈していた。しかし、その陰では暗く恐ろしい流れがひたひたと迫っており、馬雲の日々は決して穏やかなものではなかった。アリババの急速な拡張にともなう費用の増加は莫大なものだったのだ。それぞれのオフィスの支出はどれも天文学的な数字に上っており、2000年末にインターネットバブルがはじけたときには、アリババの帳簿には700万ドルしか残っていなかった。

当時、大量のインターネット企業が倒産し、その流れを受け、アリババも滅亡の危機に瀕していた。馬雲は悩み苦しんだ末、毅然として事業の拡大中止を決定し、活力を取り戻すため休息をとった後、世界的な人員削減を実施した。アリババのこの「傷口を切り落とす決断」と中国回帰の決心には勇気と決意が必要だった。

商売人の最大の義務は努力して金を儲けること

事業拡大はストップしたものの、この2年のあいだ莫大な支出をしたにもかかわらず利益を得られなかったことから、社員の間に動揺が広がっていた。この時期、社員の多くが会社の前途に不安を感じており、管理職から平社員まで退職する者があとをたたなかった。馬雲は全力で社員を励まし、アリババの今後の目標と計画を立て、現実的な案を出した。それにより、社員の動揺はやっと収まっていったのである。

しかし同時に馬雲は、「もし私たちがまともじゃないと思うなら、出て行ってくれ。もし上場だけを待っているなら、出て行ってくれ。もし会社を害する私的な目的を持っているなら、出て行ってくれ。浮き足立って気持ちが落ち着かないなら、出て行ってくれ」とも言っている。

この失敗の原因を馬雲は次のように総括する。

「インターネット上での失敗は間違いなく自分が起こしたものだ。頭が熱くなりすぎていたか、あるいは熱さが足りず、冷めすぎていたかだったのだろう」

危機が訪れたとき、馬雲は会社を守るため大幅なリストラを実行した。このやり方は周囲の理解を得られなかった。だが、馬雲自身は、

「戦略には多くの意味があるが、小さな会社の戦略はシンプルだ。生き残ることだ」

と述べている。


中国、そして世界中で、毎日企業が倒産している。倒産しているのはほとんどが中小企業だ。中小企業発展の前途は非常に厳しいのである。

多くの創業者は起業を簡単に考えすぎているため、ひどい目にあう。商売人にとって、最大の義務は、法と社会道徳を守るという前提の下で、努力して金を儲けることなのだ。**まず金を稼ぎ、自分の会社を存続させることができなければ、自分の信念や目標を持ち続けることはできず、すべての理想が砂上の楼閣と化し、単なる空論に終わってしまう。**

45 協力、提携こそが王道。

戦略を実行する際、最もしてはいけないのは、すべてを完璧にしようとすることだ。ポイントを突いて攻めろ。すべての源は一点突破にあり、そこからこそ勝利が生まれるのだ。――馬雲

他社との提携によりリスクを低減できるため、多くの企業家が提携先をさがし、互いに力を借り合うことで自分の目標を実現しようとする。しかし、協力したり提携を結んだりするには、周到な検討が必要であり、よい提携パートナーを選ぶことが重要だ。よい提携パートナーを得れば、自分自身を向上させ、レベルアップさせることができる。

２００５年、馬雲は捜狐との提携を結んだ。その年の4月12日、タオバオは捜狐との戦略的協力を発表した。双方はそれぞれのユーザーを共有し、オンライン及びオフラインで

提携を結び、中国のネットショッピングとネットオークションを進歩させようと考えたのだ。捜狐とタオバオの提携は互いの強みを組み合わせて、リソースの共有を実現した。

捜狐の代表取締役兼CEOの張朝陽はタオバオとの提携をしっかりと見極め、次のように述べている。

「今回の捜狐とタオバオの提携は多くのビジネスチャンスを持つC2C産業に斬新な提携モデルを提供した。タオバオとの提携により、捜狐の膨大なユーザーに安全で保証されたオンライン取引の場を提供できる。

これはネットユーザーの両社に対するイメージと位置づけをより確かなものとするだけでなく、電子商取引の急速な発展を促進することにもつながっていくだろう。また、中国の電子商取引において、支払い方法が大きな障害だったが、タオバオの決済サービス『アリペイ（支付宝）』の出現が、インターネット取引の安全性に新しい解決法を提供した。今後もユーザーたちはアリペイを使いたがるだろうし、今後、われわれはさらなる提携のチャンスを探っていくだろう」

タオバオと捜狐の提携はウィンウィンの提携だと言える。当時国内で最も知名度の高かったインターネットブランドの一つがソーフーで、ソーフーは一千万のユーザーと膨大なデータ通信量を持っていた。

タオバオは捜狐のプラットフォームを借りて、捜狐の登録ユーザーのタオバオへの登録を呼び込んだ。また、タオバオには、国内最大の個人商取引ネットワークとして、国内の他のサイトにはないブランド力と技術力があり、捜狐はタオバオの豊富なコンテンツを借りて、ユーザーにより多くのサービスを提供できるようになった。

この時代に求められているのは、一匹オオカミではない

捜狐との提携後、タオバオの利益は莫大なものとなった。馬雲は「タオバオは捜狐のポータルサイトにおける優位性及び強力な構造を見極めたのだ」と述べている。こういった大手サイトとの提携により、タオバオはさらに多くの潜在的ユーザーをつかむことができた。強者と強者の連合は、タオバオの今後の発展への牽引力ともなった。

かつてある人が、事業提携は一種の博打のようなもので、提携パートナーの選択には十分な研究が必要だ、と述べていた。捜狐は当時、すでに有名になっていたイーベイ易趣ではなく、タオバオとの提携を選んだが、それは捜狐がタオバオのほうが国内では有力だと判断したからだ。捜狐のこの選択が賢明なものであったことは、事実が証明している。

ビジネスモデルにおける協力や提携によって、リソースを整理統合することができる。インターネット産業における提携は、特にオンライン及びオフラインでリソースを共有でき、高い商業的付加価値を獲得できるのである。

実業界では、提携によって互いに大きく成長したケースは枚挙にいとまがない。強力なライバルが並び立つ時代に、単独で戦って足元を固めるのは困難だ。グループ間の協力、提携の努力は、ほとんどの成功企業が経営のプロセスの中で選んでいる手法だ。

企業であれ人であれ、能力には限りがある。誰もが他者との協力によって社会における自らの地位を確立する必要がある。この時代が求めているのは、互いに相手を受け入れられる者であり、一匹オオカミではないのだ。

46 撤退もまたよし。

中国の電子商取引においては、どんな小さな失敗もすべて成功なのだ。「招財進宝（アリババが2006年に始めたサービスの名称）」からの撤退は、私たちの歴史において最大の進歩と言ってよい。――馬雲

俗に、「純粋な黄金などなく、完璧な人などいない」と言う。この世界に完璧な人などおらず、誰にでも間違いはある。

馬雲も例外ではない。馬雲は間違いを犯したとき、間違いに向き合い、迅速にこれを修正し、同じ間違いを二度と犯さない。自分の犯した間違いに対し、いかなる弁解もせず、勇気を持ってそれを認め、正しい解決方法をさがす。

馬雲は「企業経営において間違いは避けられないが、それらの間違いはゴミの山ではなく、貴重な財産だ」と考えている。

誰もが知っているように、タオバオはアリババの傘下にある中核事業で、2009年末には会員数は1・7億人に達しており、毎日多くのユーザーがそこで売買を行っている。2006年5月10日、タオバオは価格競争のランキングサービス「招財進宝」をスタートした。これは一種の付加価値サービスで、販売者が販売する商品のキーワードに対して費用を払うと、購買者がキーワードで検索を行う際、このサービスを利用している販売者は、検索結果において上位に名前を出すことができるというものだ。

タオバオがこのサービスを打ち出した目的は、増え続ける登録商品をより適切に管理すると同時に、費用を支払う販売者には自分の商品をよりうまく販売促進してもらうことだった。

しかし、一部の販売者は、これは、以前タオバオが二度にわたって約束した3年間は費用を徴収しないという取り決めに反するものだと考えた。そして、「招財進宝」は形を変えた費用徴収だとの不満を抱いて、多くの販売者が無形の「暴動」を画策した。「招財進宝」を発表してからわずか20日以内に、6000名の販売業者がネット上で署名し、6月1日に集団ストライキを行い、店の全商品を撤収し、タオバオの口座にある資金をすべて引き出し、結束して他の個人電子商取引ホームページに移ると表明した。

「招財進宝」プロジェクトの主たる発案者として、馬雲はこういった混乱が起きるとは予想だにしていなかった。事件発生後、人々の怒りを鎮めるため、まず「招財進宝」の価格を改定した。ただちに署名入りの文章を発表し、タオバオとユーザーのコミュニケーション不足について全ユーザーに詫び、3年間無料の約束を変えないことを表明した。

そして同時に、

「現在タオバオには2800万件の商品があり、まもなく5000万件に達するだろう。もし、ネット上にアップした時期によって商品の位置を決定していたら、後からアップした商品の売買の確率が下がってしまう。タオバオはこのサービスによって正常な市場の秩序を維持したいと考えている。いわゆる『見えざる神の手』によって市場環境を合理化したいのだ」

と説明した。しかしながら、多くのユーザーがこの説明と措置に納得せず、反対は続いた。

このとき馬雲はすでに、もしこの危機を適切に処理できなければ、タオバオの今後の発展に影を落とすだろうということに気づいていた。このため、彼は果敢に決定を下した。タオバオはみんなのタオバオなのだから、投票を行い、みんなに招財進宝を続けるかどうかを決めてもらうことにしたのだ。

5月31日の夜、タオバオは緊急通知を出し、6月1日から6月10日の間に10日間の「ネットユーザー投票」を行うことを宣言した。タオバオユーザーによって「招財進宝」を存続するかどうか決定してもらおうというのだ。6月12日、投票結果が公表された。20万余りの投票結果のうち、39％が存続に賛成で、61％が廃止に賛成した。その後、タオバオはネットユーザーに公開書簡を送付し、12日に満1歳を迎える「招財進宝」サービスを廃止することを伝えた。

公開書簡の後に323の書き込みがあったが、大多数のネットユーザーはタオバオが販売者の意見を重視したことに対し安堵を表明し、タオバオの利用を続けたいと述べた。こうして「招財進宝」危機は円満に解決したのである。

間違いを成功へのステップとする

馬雲はこのとき自分の「子供」を最終的に自らの手で「葬った」わけだが、このような圧力は誰もが平然と受け入れられるものではない。しかし、馬雲は成し遂げた。この胆力は間違いなく称賛に値する。彼は決してメンツをつぶされたとは考えていない。なぜなら、間違いの前ではメンツは一文の価値もないことを、よく知っていたからだ。

過ちは、企業にとって体の病気と同じように避けることのできないものだと考える人もいる。問題に襲われたとき、なす術もなく、あるいは実情を隠そうとして最終的に救いようがなくなってしまう企業もある。また、ただちに解決策をとり、回復に向かい、これによって免疫力をつけてより強くなる企業もある。アリババは間違いなく後者であった。このときの「招財進宝」危機の解決を通して、われわれは成熟したアリババを目の当たりにしたのである。

「人はみな聖人賢者ではなく、間違いを犯さない者はいない」。間違いはこの世界の一部であり、間違いと共生することが、人類が受け入れなければならない現実なのだ。しかし、間違いを犯してもこれを恐れないで済むための鍵は、間違いに対しどのような心の持ち方をするか、という点にある。ある者は間違いを直視し、積極的に修正する。これによって常に進歩していく。またある者は間違いから逃げ、間違いに蓋をするため、間違いが指摘されると窮地に陥ってしまう。

馬雲が人より優れているのはまさにこの点だ。彼はこれまで**決して間違いから逃げず、間違いを犯した後、積極的に向き合い、分析し、間違いの中から経験と教訓を汲みとり、成功に向かってさらに一歩ずつ進んできた**のである。

47 資本に力を与えるのではなく、資本によって金儲けをする。

結果が出たからといって、成功とは言えないが、結果が出なければそれは間違いなく失敗だ。——馬雲

テレビ番組『贏在中国』の第2シーズン上級編第1試合での場面。
審査員：熊暁鴿（アメリカの投資会社 International Data Group のアジア地域責任者）、史玉柱（巨人グループ創始者）、馬雲。
出場者：李書文、男、1970年生まれ。
テーマ：オフィス家具の整理統合運営。中潤公司の創設初期において、中国オフィス用家具業界の一回目のブランド統合再編目標を確実に実施する。

以下が番組で繰り広げられた審査員と出場者の会話である。

馬雲：創業からこれまでの2年間で最大の失敗は何だと思いますか。

李書文：最大の失敗は、資金不足が深刻だったときに犯しました。私たちはいたるところで人にすがりました。世の中に多くのベンチャーキャピタルがありますが、彼らは伝統産業を軽視し、これほどの巨大市場に目をくれようともしませんでした。当時私たちは、１００元、５００元というように資金集めをし、麻袋を持って集金し、荷車を引いて金をさがし回るように細々と親戚や友人から金を全部借りました。最大の失敗は資金循環の問題を解決できなかったことで、これも今回この番組に参加した目的の一つです。

馬雲：あなたの会社は去年（２００6年）、80％の成長率を実現しました。伝統産業における80％の伸びというのはかなりのものだと思うのですが、熊社長（熊暁鴿）に言わせると80％ではだめだということです。今後も今のような高い成長率を維持するために、最も足りないのは何だと思いますか。１０００万元ですか、それとも他の何かですか。

李書文：中潤（李書文の会社）には思想や創意は十分にありますが、一に人材が、二に資金が不足しています。私がこの番組に参加したのは、資金を得たいという希望のほかに、より多くの人材に中潤に来てほしいという思いがあったからです。

馬雲：あなたは創業時からのグループの中で、誰を一番高く評価していますか。

李書文：財務担当者です。

馬雲：それはどうしてですか。

李書文：私がどんなに脅しても、一銭も出してくれないからです。

熊暁鴿：もしかして、財務担当者はあなたの奥さんですか。

李書文：いいえ。中潤集団にはいくつか会社がありますが、どこにも、車の運転手にさえ私の身内はいません。

史玉柱：あなたの顧客は主に団体ですね。その場合、一部の顧客からリベートの要求が出ることは避けられないと思うのですが、この問題をどう解決していますか。

李書文：そういったことは中潤では行っていません。政府関連の入札には参加しませんし、いかなるリベートの要求に対しても、私たちの従業員を辱めるようなことはしません。もし馬雲総経理が家具を１００万元分以上買ってくださり、奥様が当店のきれいなイスを気に入ってくださったなら、それを奥様に差し上げはしますが、賄賂はお渡ししません。

馬雲：妻にきれいなイスをくれるのは賄賂ではないのですか。

李書文：賄賂というのは第三者のいないところで行われるもので、私が賄賂をあなたに渡す場合、そこには私たち二人しかいません。私がイスをあなたのオフィスに贈るのは、これは公明正大なものですから。

馬雲：あなたは、リベートは渡さないが、顧客に適当な贈り物はすると？

李書文：それは人情の常ですから。

馬雲：もし従業員が顧客にリベートを渡したとしたら、どうしますか。

李書文：もしその従業員が自分の金を渡したのなら、たぶんそのままにしておきますが、会社の金は一銭も使わせません。

馬雲：あなたの考え方、知恵、勇気は素晴らしいと思います。さすがは寧高寧（訳注：中糧グループ社長）の腹心だ。プロジェクトについて言えば、あなたは最もお金の不要な人です。あなたはもう成功している。1970年生まれだから、40歳まではーつのことに専念することをお勧めします。この世界で考えるべきはあなたに何ができるかではなく、あなたが何をすべきかなのです。もしすべての精力と資金をあなたが話されたオフィス家具の事業に注いだなら、きっとうまくいくでしょう。

資本に束縛されない

このとき馬雲はこのようにも言っている。

「あなたはさきほど、ベンチャーキャピタルについて、もし投資してもらえるなら、資本に力を与える、と言いました。私は、いつのときも資本に力を与える必要はなく、資本に金儲けをさせるべきだとアドバイスします。**資本にものを言わせる企業家は成功しない。最も重要なのは、資本で金儲けをし、株主に金を儲けさせることです。**いつの日かあなたがたくさんの資本を手に入れても、この原則を貫くのです。あなたのような人はお金を稼ぐことができ、いつか資本を思いのままにできる日が来るでしょう」

多額の資本は会社の自信の基礎となる。馬雲がかつてアリババを発展させたとき、今後成長の過程でお金に悩むことのないよう、業務に重心を置けるよう、多額の資本をかき集めた。資本は、束縛とはならず、推進力とならねばならない。しかし、多くの企業は投資を得ると、資本に縛られ、行動範囲が狭まり、資本に踊らされてしまう。

馬雲は資本に縛られることはなく、最も重要な時期に資本を投げ出している。イーベイから中国市場を奪い取るため、馬雲はアリババの上場計画を遅らせただけでなく、3・5億元の資金をタオバオに再度投資し、タオバオにさらに多くの資本を投入しようと計画した。

もしイーベイとのこの戦いを放棄し、上場を選べば、馬雲はさらに多くの資本を囲い込み、より多くの資本を得ることができただろう。しかし馬雲はそうはせず、精力と資金をすべてイーベイとの対決に注ぎ込んだ。ここが馬雲の他者と異なる優れた点で、彼は目先の資金調達より、将来の利益を選択したのだ。

第11章

富の哲学

稼ごうと思うなら、金を重要視するな。

企業家にとって、金とは、目的ではなく、結果でしかない。
自分を賢いと思っているヤツこそが一番バカなヤツだ。
同じように、一番稼ぎたいと思っているヤツが、一番稼げないヤツだ。

48 誠実な人間だけが富を手にできる。

電子商取引を通して情報をやりとりして、それがビジネスにつながった場合は、いつも以上に誠実さを大切にしなければならない。誠実でなければ、何事も成功しない。小さな企業が成功するか否かは賢さにかかっており、中程度の企業ならマネジメントにかかっている。そして、大企業の成否は誠実さにかかっているのである。

――馬雲

馬雲のオフィスの壁には金庸から贈られた「臨淵羨魚、不如退而結網」（「水辺で魚がほしいと思いながら立っているならば、帰って魚の網を編んだ方がいい」という文で、実行することの大切さを述べている）という書が掛かっている。「これは、私に対する戒めだ」と言い、馬雲はこの書をことのほか気に入っており、この言葉を座右の銘としている。

企業間商取引、すなわちB2Bは馬雲によって劇的な変化を遂げた。諸外国のB2Bは、企業が時間とコストを節約するためのものであった。しかし、馬雲はB2Bを中小企業が金を稼ぐためのツールだと考えた。馬雲は、B2Bの世界で最後に勝つのは資金や技術ではなく誠実さだと考えている。

2002年の3月に、アリババは「誠信通」というサービスを打ち出した。誠信通とは、信用管理会社と提携してサイト上の売買取引者の信用度を可視化するサービスだ。これは売り手と買い手の双方の信用を保証するもので、どちらも取引を始める前に、誠信通で相手のデータを検索し、詳しい企業データ、会員内での評価などから信頼に足る相手かどうかを見極めることができる。

書かれている内容はその善し悪しを問わず、勝手に削除することはできない。データとして残り、一生ついてまわるため、よからぬことを企てている会員企業への無言の抑止力となっている。

このように監視体制が整うと、会員は自然と規則を守るようになり、軽はずみな行動はとれなくなる。馬雲が狙った効果はそれだ。馬雲のスローガン「誠実な人間だけが財を成せる」そのままなのである。

誠信通の会員が急増したため、馬雲は人を増やし、膨大なユーザーの要求に応えざるを得なくなった。誠信通はテレフォンオペレーター一人当たり半年で100万元の商売を成立させた。信用というのは、一度確立すれば、その後は揺るぎない大きな力となるのである。

馬雲はさまざまな新聞のインタビューで、「信用」についてこのように述べている。

「中国がWTOに加盟する際の最大のハードルは信用でした。企業がビジネスをしていく上でまず確立しなければならないのが信用であり、信用は一番の財産です。これは、今日の企業、中でも中国企業が直面している問題なのです」

「アリババの『誠信通』は今や人気サービスとなりました。われわれは、昨日ある研究者と信用について議論しました。彼は、『信用に関する問題は、実際の社会では大変解決が難しいのですが、ネット上では誠信通のおかげで簡単に解決できましたね。誠信通は大変シンプルなシステムだ。今後は商売をしたい相手のデータを誠信通で見て、いい評価がされていればそれでよし。裁判所の許可が出れば、中を見ることもできる。私はすべての中国企業がインターネット上に一つずつ現状が分かるデータを持てばいいと思います。それこそが、信用のデータですよ』と言ってくれました」

「今日では、GE（ゼネラル・エレクトリック）もわれわれと取引しています。誠信通を選んだ業者は、われわれの潜在的な売り手となる。ウォルマートもアリババをパートナーに選んでいます。われわれは、その企業がもともと誠実かどうかについて論じることはしません。信用というのは作り上げていくものなのです。ある企業の顧客が書いた信用記録は、新しい顧客にとっては、企業が信頼に足るかどうかを表すデータです。ユーザーが企業の信頼性を判断するのです」

「誠信通は、実際に使っている人が取引相手を評価して、それぞれの評価の際に詳細な書き込みをするようにしています。ですから、現在まで、ライバルによる悪意ある書き込みなどといった問題は起きていないのです。もし、誰かに関するデータに不都合な記録があったとしたら、われわれはそれを公表します。悪事を働く者には、死んだほうがましだというほどの思いをさせます」

誠実さは物事の礎だ

商売の世界では、誠実さなど何の役にも立たないという人もいる。多くの人が金を稼ぐために良心をごまかして不誠実なことに手を染めている。彼らは一時的には利益があげられるだろうが、長い目で見るとすでに勝負に負けている。

アダム・スミスいわく、「商売人は信用を失うことを最も恐れる。彼らは常に注意深く契約に沿って自分のすべき義務をこなしていく」。それゆえに、商売人は信用第一となるものだ。

馬雲は商売をする上で信用を重要視しており、信用は馬雲を助けてくれているのである。「中国黄頁」を運営していたとき、インターネットは仮想現実であるため、ビジネスはやりにくく、詐欺師のように言われたこともある。だからこそ、馬雲は信用を重視した。その結果、中国黄頁は次第に発展していったのである。

さらに馬雲いわく、誠実さはマーケティングの手段ではないし、ましてや、高邁なだけで空虚な理念ではない。誠実さは必ず実行されるべき美徳で、細部に宿るものなのだ。

『赢在中国』というテレビ番組で、撮影中に裏で金銭のやりとりをしていた出場者に対して、馬雲は次のように言い放ち、多くの人に感銘を与えた。

「あなたたちは、ほぼすべての企業家が陥りがちな過ちを犯した。たいしたことではない。商売という世界はとても複雑な社会だ。しかし、私は重要なことは一つだと思っている。自分をしっかり持つこと。それが誠実さだ。誠実であれば、物事はシンプルだ。そして、商売が複雑になればなるほど、誠実さを大事にしてほしい」

「私を含め、この場にいる多くの人が、一人の企業家として自らを振り返ったと思う。私はこのような企業家になりたいのだろうか。私たちは企業家といえるだろうか。企業家、商売人そしてビジネスパーソンの間に何か違いがあるだろうか。商売人はただ利益だけを考える。ビジネスパーソンは状況を見て何をとるか決める。企業家は社会的責任を負い、価値を作り出し、よりよい社会を目指す。しかし、あなたが優秀な商人、優秀なビジネスパーソン、あるいは優秀な企業家になろうとするならば、必ず持っていなければならないものがある。それが誠実さだ。誠実さはものごとの礎だ。だが、最も基本的なことというのは往々にして最も難しいことだ。しかし、これができれば、どんな人の道も長く遠くまで続くだろう」

「あなたと同じように、私も学生時代に起業した。そのとき、4人に騙された。彼らは皆私より年上で、彼らの話はとても面白かった。だから私は騙された。だが、今でも私はちゃんとやっている。私を騙した男たちは、当時は私よりずっと大きなビジネスをしていたが、皆、やめてしまった。人を騙すような者は必ずひどい目に遭う。人を騙さないということは、誘惑に負けず、プレッシャーに負けず、欲に負けない、ということだ」

多くの場合、誘惑に屈し、欲を抑えきれず、プレッシャーに負け、内面の誠実さを裏切る。自分の事業を大きくしたいと望むなら、誠実さと人望を大事にしなければならない。この一点をちゃんと分かっていたから、アリババは大きくなれたのだ。

誠実さは道徳的な価値だが、立身出世の根本でもある。有言実行、そして約束は決して違えない。この二つを守れば、事業の基礎は盤石である。

49
自分の金は大事に使え。他人の金は慎重に扱え。

アリババという手術台には、私という執刀医がいる。私はメスを使い、手術を行う。出資者は看護師だ。

私が「メス」と言えばメスを手渡し、「鉗子」と言えば鉗子を手渡してくれる。すべては私が決める。どんな人であれ、助手でしかない。――馬雲

実業界限定のある調査によると、「浙商」と呼ばれる浙江省のビジネスパーソンが最も金を稼いでいるのだという。浙商は嗅覚が鋭く、いかなるチャンスをも捕えることができる。彼らは聡明で機転が利き、ビジネスの浮き沈みにも対応可能だ。

インターネット業界では、丁磊（網易公司創業者兼ＣＥＯ）、銭中華（復星文化産業集

団総経理)、陳天橋(上海盛大網絡発展有限公司CEO)らが浙江省出身だ。馬雲もまた浙江省出身で、実務に強く感覚が鋭いという浙商の特質を兼ねそなえている。この資質は彼が起業する際に大きな力となった。

アリババの創業当時、馬雲と他の立ち上げメンバーがかき集めた50万元はあっという間に使い切ってしまった。現在のアリババグループの広報・行政関連・マーケティング担当副社長の金建杭によると、この50万元は10ヶ月はもつはずだったが、実際にはそれよりずっと前に使い切ってしまったという。

金に困っていたこの頃、会社の運営コストを抑えるために、もともと倹約を口にしていた馬雲が、さらに支出を細かく管理するようになった。彭蕾は会計と人材の採用を任されており、馬雲に「組織部長」と呼ばれていたが、実際はまるで雑用係のようであった。アリババの副社長になった彭蕾は、創業時のことを振り返ってこう話す。

「あの頃、あの仕事はする人がいないとか、この仕事も人手不足だとか言っていて、できる人がするって感じだったわ。実際、私もお金の管理もやったし、お弁当や印刷用紙を買いに走ったりもした。だって、あの頃はまだ会社じゃなかったもの。正式に会社になったのは1999年9月10日よ。それまでの私は顧客サービスと会計もやっていたわ」

当時は文房具さえも、必ず店を3軒回って一番安い店で買っていたという。文房具に使う金も節約していたぐらいだから、交通手段においてはなおさらだ。車を買うことはできないので、歩いて行けるところは歩いて行き、バスで行けるところならタクシーは使わない。もし、タクシーを使わなければならないときも、一番安い車種を選んでいた。

この節約の「伝統」はアリババに受け継がれていく。創業メンバーで、現在はグループ幹部になっている者は、今でもめったにファーストクラスには乗らないし、車を呼ぶときも一番安い車だ。

アリババのオフィスの入り口には貯金箱が置いてある。壁には、コピー機の使用規則が貼られているのだが、その中には「私用でコピーをしたら1枚につき5分支払うこと」と書かれている。

のちに、アリババが出資を受けられるようになって、やっと社内の雰囲気もよくなってきた。金建杭いわく、「コストを抑えるほど、顧客に提供できる価値は高くなる。この習慣はちゃんと継続され、金があってもなくてもそれなりにやっていけるようになったよ」。

金銭に対する正しい態度を保つ

「若いときに節約生活をしておけば、金ができても苦労しない。逆は難しいが」とよく言われる。多くの企業家が、起業当時は質素な生活をしていても、事業が成功すると贅沢な暮らしを始める。だが、一方で財産を作っても、つつましい暮らしを続けている人もいる。彼らの金銭感覚は質素で地味なものだ。

馬雲がアリババを軌道に乗せてからは、多くの投資家が出資を申し出てきたが、そのとき、馬雲は意外な反応をした。

「われわれは金はいらないんだ。もし本当に金が必要になったら、選択肢は二つ。上場か私募債という道だ」

馬雲が出資者の中に見ていたものは、彼らの金ではなく、彼らがアリババにもたらしてくれる未来だった。

「私募債による資金がわれわれに与えてくれるのは、戦略部門と、人材の蓄えだ。上場すれば長期的な布陣が引けるということではない。今の三大プラットフォームは四半期先のことしか考えられないが、われわれの今日の資金で、3年以上先のことも考えられる。もし上場しなければ、目の前にいる投資家は5人だけだが、上場すれば5000人の投資家を相手にできる。怖がることはない、まだ時期が来ていないだけだ」

人は、馬雲や多くの富豪の持っている財産のことばかり見て、その人たちの金銭の扱い方や金銭に対する態度を見ていない。そこにこそ大事なことがあるのに。馬雲にこの理性と金銭に対する正しい姿勢がなければ、アリババも今日のような輝きを放つことはできなかっただろう。

50 金儲けを最終目標にするな。

支払いのセキュリティ問題が解決しなければ、電子商取引とはいえない。——馬雲

タオバオは改良を繰り返していたが、ユーザーがインターネットショッピングをするときに常に気になる問題が残っていた。それは、支払いの安全性の問題だ。

支払いのセキュリティ問題が解決したら、中国の電子商取引市場は大躍進すると言われていた。ウォール街の投資家もこのように言っている。

「セキュリティ問題の主導権を握った者が中国の電子商取引市場の勝者となるだろう」

馬雲にとってもセキュリティ問題は大きかった。消費者に安心してタオバオでものを買ってもらうためには、何重ものセキュリティの網を張りめぐらさなければならない。タオバオに出店したい売り手は、まず公安部門で身分証の認証を受け、それから携帯電話とク

レジットカードの認証を受ける。そしてタオバオに残っている信用記録を確認する。過去に詐欺行為などを働いていてもその記録はきちんと残っているのだ。

しかし、馬雲はこれではまだ不十分だと考えていた。ネット上の支払いの安全問題は、電子商取引界にとって長く続く戦いであって、馬雲は戦い続ける決意をしており、アリババグループでは秘密裏に解決策を研究していた。タオバオの急成長はまさにそのような努力を背景に生まれたのだ。

金稼ぎに優る目標を持つ

ネットショップのユーザーが増え続けていることから見ても、電子商取引はわれわれ現代人にとって、もはや不可欠なものとなっている。2004年の時点で、まだ立ち上げから2年も経たないタオバオにすでに450万ものユーザーが登録し、毎月1億元以上の取引が行われていた。これは満足に値する数字である。しかし、馬雲は商業的な成功に浸っているわけにはいかなかった。なぜなら、これはさらにセキュリティの重要性が増すということだからだ。

そこで、アリペイ（支付宝）という決済システムを試験的に運用してみたところ、反響は悪くなかった。2004年にはアリペイを利用して支払いをする人がタオバオユーザーの半数を占めるようになった。その後、アリペイは頻繁にバージョンアップを続け、2005年に支払い用プラットフォームサイト「alipay」を開設すると、アリペイは中国国内のオンライン決済のスタンダードとなった。

アリペイの対象となる客はもはやアリババやタオバオのユーザーばかりではなくなった。他の電子商取引の顧客にもサービスが提供できるようになったのだ。それだけでなく、アリババは「完全補償」をうたい、アリペイを利用して詐欺などの損害を受けたユーザーにはその損害をすべて補償することにした。

なんと馬雲はこのように誓ったのだ。

「もし本当に騙されたのなら、われわれは1億だって補償します！」

完全補償は電子商取引界の先例となった。あまりにリスクが大きいため、それまでどの企業もなし得なかったのだ。しかし、馬雲は、リスクは制御可能な範囲内であると考えていた。大きな問題は起こり得ないだろうし、万一起きたとしたら、やはり補償すべきであろう。それが数億元であっても、払えないわけではない。つまり、ユーザーが支払う金の安全を保証するべきだし、いったん口にしたことは違えるべきではないと考えたのだ。

完全補償のほか、遠隔地への送金手数料も無料とした。これで、また世間の馬雲を見る目が少し変わった。この人は、金儲け第一ではないのだ、と。タオバオの社長である孫彤宇はこのように語る。

「アリペイは2003年10月に開始された。今思うと、もしアリペイのような安全な取引方法がなければ、中国の電子商取引は今のように発展していなかっただろう」

また、孫彤宇はこうも言っている。

「馬雲が解決したかったのは、中国の電子商取引全体における決済の問題だった。タオバオだけのことを考えていたんじゃないんだ」

人生には多くの選択肢がある。成功というものの見方も人それぞれだ。ある人は高い地位と権力を手に入れることが成功だと考えているし、またある人は金を稼ぐことこそが成功だと考えている。必要なのは自分がどう考えるかだ。馬雲は多くの金を稼ぎ、社会的地位も高い。多くの人が彼を成功者と見なしているだろう。馬雲は多くの人の目標となっている。

しかし、馬雲は金儲けを人生の目標だとは考えていない。**馬雲の人生の理想は社会に価値を生み出すこと、他人のために価値とチャンスを生み出すことだ。**事実、人生には、追求すべきことが数多くある。成功とは自由を手に入れることだ、という人もいれば、人に認められることこそが成功だ、という人もいる。考え方は人それぞれだ。

金を稼ぐのに、金儲けが最大の目標になった時点で、そこが限界となる。財産などというのはたいしたものではない。金を稼ぐ、という基礎の上にさらに高い目標を持つべきなのだ。

51

他人を儲けさせろ。そうすれば自然に自分も儲かる。

アリババは金の鉱脈を見つけても、決して自分たちでは掘らない。他の人に掘らせてやって、その中のひとかけらを貰えればそれでいいんだ。多くの人ががっちり金鉱を守りたがる。だが、俺たちは他人が稼ぐのを助ける。他人が稼げば、俺たちも儲かるからそれでいい。俺たちに必要なものはそんなに多くないからね。――馬雲

アリババの上場を記念する「満月酒宴」の席上で、蒙牛乳業集団創始者の牛根生は馬雲について、このように語った。

「馬雲は、人を集める能力において、僕に勝るとも劣らない。僕はアリババの報酬委員会

の主席になって、馬雲の利益分配能力が大変高いことに気づいた。彼は、財産を人に分け与えて、人を集めることができるんだ」

2007年11月6日は馬雲にとって忘れがたい一日だ。この日、アリババがついに香港で上場したのだから。アリババが杭州で産声を上げてから8年が経っていた。このとき、アリババは国内外のマスコミが注目する「中国で最も稼ぐ」インターネット企業となったのだ。

馬雲が50万元の元手でこの会社を始めたことは有名だ。アリババが香港証券取引所に上場したこの日、時価総額は200億ドルに上った。では、いったいどんな信念が馬雲をここまで突き動かしてきたのだろうか。馬雲の言葉を借りれば、それは、「世界中のあらゆる商売をやりやすくする」ということに尽きる。

アリババのB2Bビジネスの目的は、中小企業のために電子商取引のサービスモデルを打ち立てることにあった。このモデルは最初から有識者の好評を得た。

また、アマゾンのB2Cモデルやヤフーのプラットフォームモデル、イーベイのC2Cモデルと合わせて、現代インターネットビジネスの「4大モデル」と言われることもある。

実は、このB2Bモデルはアメリカでは失敗している。しかし、馬雲は中国でこのやり方を成功させた。つまり、アリババが切り開いた新時代は、将来への道しるべともいえるものなのである。

2001年の中国のWTO加入にともない、馬雲は「中国サプライヤー」「アリババ推薦バイヤー」などと銘打ったサービスを打ち出し、GE、Sobond、ウォルマートやMarkant等と提携し、インターネットを使った国際的な売買を進め始めた。

2002年、アリババは世界に先駆けて「誠信通」という企業向け信用管理サービスをネット上で始めた。これにより、アメリカの学界ではアリババ研究ブームが起こった。アリババの管理モデルはハーバードビジネススクールでのケーススタディにもなっている。

富は独占せず、分け与える

アリババの中国での市場シェアはすでに50%を超え、世界最大のB2Bサイトとなった。登録ユーザー数も増え、2007年上半期で2500万に達した。7回連続で雑誌『フォーブス』のベストB2Bサイトの一つに選ばれている。

国内外でさまざまな栄誉を受けていて、あるメディアでは、イーベイ、アマゾン、ヤフー、AOL等と同クラスの実力派ビジネスモデルとして選ばれた。まさに「世界的高級ブランド」となったのだ。

アリババの香港上場時の時価総額は200億米ドルを超え、引け値で馬雲の資産は140億香港ドルになった。1日にして社員の中に50万元以上を持つ富裕層が珍しくなくなった。

たとえば、衛哲という名の社員(デビット・ウェイ/後にアリババ・ドット・コムのCEOとなる)は、まだ入社1年程度だったのに、上場によって14億香港ドルの資産家になった。しかし、衛哲が与えられていた株式は全体の1・06%にすぎない。このような例は枚挙にいとまがなく、当時、世間からは「中国インターネット史上最大の集団富豪生産活動」と呼ばれた。

アリババ上場では多くの「百万長者」が生まれたが、その一方で、「億万長者」は一人も生まれなかった。なぜなら馬雲本人でさえ、株全体の5%未満しか所有していなかったからだ。

この件に関して馬雲はこう言っている。

「最初から、株の力で会社をコントロールしようとは思っていなかった。大体、他人をコントロールしたいとも思っていない。会社の株式を分散すれば、今回のように、株主や社員は信念と意欲を持ってくれるからね」

利益と配当を目の前にすると、人は少しでも多く自分のものにしたいと考え、他の人とシェアしようという考えは全く出てこない。しかし、利益を独り占めしようすると、細かい齟齬が生まれ、最後には争いに発展するだろう。

馬雲は富を独占せず、社員に分け与えた。**他人が金を稼ぐのを助けることによってのみ、自分も金を稼がせて貰えることを知っているからだ。**

第12章

生活の哲学

成功に溺れるな。

この世に生まれてきたのは、事業を起こすためでも大事を成し遂げるためでもない、生きるためだ。日々の暮らしの中で、たくさんの学友、友人、同僚に出会い、両親、妻、子供に巡り会う。そんなことが人生の経験なのだ。辛く苦しい出来事も経験だ。そういうことだと理解できたら、この世を離れる時が来ても後悔しないだろう。もしも世の中が君に、多くのことができるチャンスをたくさん与えてくれたのなら、Enjoy it。

52

人生とは「何を為すか」ではなく、「どう生きるか」だ。

私たちは、仕事のためではなく、人生を楽しむために生まれてきた。何を為すかではなくどう生きるかだ、と自分に言い聞かせている。事業ばかりにこだわって、生き方をないがしろにしたらきっと後悔するだろう。どれほど事業で成功しても、どれほど偉大で、どれほど素晴らしい仕事でも、それぱかりにかまけていては、きっと後悔するだろう。私たちがこの世に生まれてきたのは、人生のさまざまな出来事を味わうためだから。——馬雲

馬雲は生まれつき義侠心に富み、子供のころから他人の世話を焼くのが好きで、友だちのためなら命をかけるのも厭わない性格だった。

大学三年生のとき、友人がちょっとしたミスで大学院入試の受験資格を取り消されたことがあった。それを知った馬雲は、友人のため学長に掛け合い、もう一度チャンスを与えてくれるよう願い出た。これにより、学長は再検討し、ついには受験を認め、友人はめでたく大学院生となった。

しかしこの友人は、馬雲に対して特に感謝の意を表すこともなく、卒業後は連絡すら取らなかった。だが、馬雲は腹を立てることなく、その後も同じように友人たちの悩みを我がことと見なし、見過ごせないことが起こると、果敢に解決に乗り出した。

アリババの創業まもない1995年、ある日の夜8時ごろ、自転車に乗って会社に向かっていた馬雲は、数人の男がマンホールの蓋を持ち上げようとしているのを目にした。国有物を盗もうとしているとピンと来た馬雲は、一緒にこの悪事を阻止してくれる人はいないかと周囲を見回した。しかし、道行く人は誰もこの件に関わりたくないようだった。自転車で周囲を何周かしながら馬雲は決意した。悪党たちがいかに筋骨隆々としていようとも見過ごすわけにはいかないと。そこで「蓋を元に戻せ！」と叫びながら彼らに向かって突進した。

そのとき一人の男が歩み出て、振り向いて後ろを見るよう馬雲に話しかけた。見るとそこにあったのはビデオカメラ。こういうとき、人はどうするかを調べる実験をしていたのだった。

馬雲の行動はもちろん合格だ。後から馬雲は、「恐怖を感じもしたし、相手は複数いたから、逃げ切れなければ袋だたきに遭うだろうと思ったけれど、見て見ぬふりをすることは良心が許さなかった」と話した。

一本気な馬雲の性格はその後もずっと変わらず、企業家として名を馳せた後も、事業より人として為すべきことを優先した。

「人として何を為すかは事業よりずっと重要だ。会社をうまく経営したければ、まず人としてきちんと生きること。人として最低限の振る舞いや勤勉さを身につけてこそ、事業もうまくやれる」と馬雲は言う。

人となりが一番重要だ

あるとき、馬雲は北京で開催された世界経済フォーラムに参加した。5人が講演を行ったが、真面目に聞いている聴衆はごくわずかで、多くの人がしゃべったり、電話をかけたりしており、またその声も非常に大きかった。

聴衆の一人だった馬雲は恥ずかしさでいっぱいだった。「小さな企業は賢ければ成功し、中規模の企業はマネジメント次第で成功する。大企業は誠実さが成功をもたらす」と彼は言う。しかしそのフォーラムに参加した企業家たちは最低限のマナーも守れないのだ。大企業の経営など話にもならない。

だからこそ馬雲は、会社設立であれ他の事業であれ、人となりが一番だと常に強調しているのだ。ちょっとばかりの成功でいい気になり、他人にひけらかしては自分の偉さに酔っている人がいる。彼らは気づいていないのだ、他人の目には自分がいかに滑稽に映るかを。**世の中で人から尊敬される企業家や成功者というのは、その経験や業績だけでなく、人となりがそれに値するから尊敬を集めるのだ。**

馬雲は、人柄の上でも非常によくできた人物である。個人的な損得で感情を害したり、世間でのささいな出来事にいちいちこだわったりしなかった。起業まもないころ、馬雲を訪ねて深圳にやって来た人がいた。彼こそがその昔、馬雲のおかげで大学院に進学できたあの同級生だった。彼は今、外資系企業に勤めていると言い、「君のことを聞きつけて、深圳までやって来たんだ」と感極まったように話した。

馬雲もこの出来事にとても慰められたという。「過去には裏切られたり、利用されたりして傷ついたこともある。しかし、善良で寛大でさえあれば、心から付き合える親友に出会えると信じている」と彼は言う。

寛容で気持ちが落ち着いていたからこそ、商業界の浮き沈みの中でも、馬雲は常に前進し続けることができた。失敗したからといってあきらめず、成功したからといって方向を見失うこともなかった。

馬雲にとって、成功とは外からの評価にすぎない。やるべきことはあまりにも多く、それさえやり遂げられたなら人生に悔いはない、と考えているのである。

53
あまり生真面目に働くな。楽しければそれでいい。

あまり生真面目に働いてはいけない。楽しければそれでいいのだ。楽しくなければ新しいアイデアは浮かばないし、真面目にやってもストレスやプレッシャー、不満が増えるだけで、いつのまにか働く機械になってしまう。

どれほど立派な人でも、どれほど勤勉な人でも、どれだけ苦しんでいる人でも、嘘いつわりなく、心地よく生きなければならない。そういう人がいちばん美しいのだから。――馬雲

2001年、馬雲はネットでの質問に実名で回答をする機会があり、このように述べている。

「生きていくのは大変だ。うまくいかなければ笑われるし、うまくやったら今度は真似されたり盗まれたりするし、いろいろ理由をつけて訴えられたりする……。しかしそれでも私はやっぱりうまくやるほうが好きだ」

仕事や事業は、自分にとって最も楽しいことを選ぶべきだと馬雲は考えていた。それでこそ強い熱意を持って、効率的に仕事ができるからだ。アリババはまさに「楽しく働き、楽しく生きる」主義だった。アリババの社員はみな笑顔で出勤し、いくら忙しくても楽しそうに見えた。それがアリババの企業文化だ。高給やヘッドハンティングによってではなく、「楽しさ」の企業文化で人材を集めたいと馬雲は望んでいた。

衛哲（アリババ・ドット・コム元CEO）も入社してすぐその「楽しさ」に感化されてしまった一人で、「ここはおそらく、中国一、笑顔の多い会社だよ。しかも業務遂行能力も高い。なぜかは知らないけどね」と語っている。

馬雲は社員に杓子定規な規則など押し付けない。「ローラースケートで出勤してもいいし、いつでも私のオフィスに来てくれてかまわない。社員には気分よく働いてほしいからね」と言う。

彼はまた、いかめしい社長といった顔を社員に見せることがなく、常に穏やかで親しみやすいボスだった。社員の一人は「馬雲社長は誰とも距離をとることがない。そこがいちばん驚くところだ」と評している。

馬雲の「楽しさ優先主義」はたくさんの人をアリババに引き寄せた。その中には優秀な人材も少なくない。蔡崇信もその一人だ。有名大学を卒業し、グローバル企業に就職し、重要なポストに就いていたが、アリババがまだ小さな会社にすぎなかったころに転職している。それについて蔡崇信は「ここには面白いことをしている人たちがいたんだ。私にとって、とても面白そうなことをね。だからここに決めた」と話している。

蔡崇信は高給を捨て、アリババに入ってゼロから再スタートした。ひとつには馬雲の人柄に、もうひとつはアリババの「楽しさ」に引かれたからだ。それはまさに馬雲が常に訴えていたことだった。

馬雲は「社員第一、顧客第二。彼らなくしてウェブサイトはできない。社員が楽しくなければ顧客も楽しくない」と語り、「顧客からのほめ言葉があれば、社員も必死に働くだろう。それでサイトもどんどん発展するのさ」と言う。

狂ったように働いて、笑いながら帰宅する

肩肘を張らない職場は、社員の潜在能力を花開かせ、仕事の効率も高めてくれる。馬雲は率先してリラックスしたムードを作ろうとする。社員には趣味を持つことを奨励している。社内には十数個の趣味のサークルがあるが、その費用はすべて会社で負担している。頻繁にパーティーを開き、歌あり踊りありの楽しい雰囲気の中、馬雲は社員の前でさまざまなパフォーマンスを繰り広げるのだ。あるときはかわいい女の子に扮して歌ったり踊ったり、またあるときは白雪姫に仮装し、社員たちを大笑いさせたりもした。

こうしてアリババの「楽しさ」文化は損なわれることなく、社員たちはリラックスして働いている。これで業績が上がらないわけがあるだろうか。

会社を経営するとは、社員の利益を最大限に考えることだ。人間味ある対応が特に重要だ。マイクロソフトのウェブサイトには「自由気ままに、コーラ片手に音楽を聞きながら働ける職場は好きかい？」と書かれていた。これは単なる募集広告のキャッチコピーではなく、気楽で健康的な企業文化を表している。社員にとって、職場の雰囲気は会社選びの

重要な条件の一つだ。誰だって金を稼ぐだけの機械にはなりたくないからだ。

これについて馬雲には思うところがあった。「狂ったように働いて、にこにこ笑って仕事を終える、社員にはそんなふうであってほしいと思っている。仕事を負担に感じて苦行僧みたいに生きてほしくはない。笑顔のない会社は苦痛でしかない。その人が優秀かどうかは出身大学なんて見る必要はない。狂ったように働いて、笑いながら帰宅しているかどうか見ればいいんだ」と話している。

好きな仕事をするのがベストだ

馬雲が審査員として出演したテレビ番組『赢在中国』で、李紅梅という参加者がいた。彼女のビジネスプランは医療ファイルの管理ソフト販売と関連データサービスの中間業者として両エンドにサービスを提供し、仲介費を取ることで利益率50％前後を見込んでいた。

馬雲：海外全般向けですか、それとも北米市場だけが対象ですか？
李紅梅：現段階では北米のみです。他国に比べて北米市場は成熟していますから。
馬雲：あなたのビジネスの売りは二つですね。一つはソフトウエアとデータの統合ですが、その市場は海外にはなく、国内も模索中ですね。どうやって結びつけますか？もう一つの売りはアウトソーシングですが、それは特長になりますか？　特長になるなら、なぜ米国企業ではアウトソーシングできないんでしょう？

李紅梅：データの管理とインプット業務をソフト販売と統合することでわが社の強みとします。

馬雲：それで、高い競争力を持ちえますか？

李紅梅：アメリカ企業はそのような統合をあまりやりませんから。

馬雲は最後に「社員は現在、何人ですか？」と尋ね、「北米にハイレベルなプログラマーが４人ほど」と彼女は答えた。

彼女に対する馬雲の講評は以下のようなものだった。

「あなたのプランは相当厳しいでしょう。誠実にお答えすると、あなたは起業しないほうがいい。起業で苦労している人ほど『好きでやっている』と言うものですが、あなたからも同様の印象を受けます。性格的にあなたは起業に向いていないと思います。

友人とよく話すのですが、好きな仕事をすれば、自分で会社を起こさなくても十分『起業』と言えます。あなたは親切でとても人がいい。きっと、いい社員になれる。いいボランティアにもなれるだろう。好きな仕事を見つけて、自己実現するのがベストだと思う。ただ起業には向いていない」

仕事は収入で選ぶべきか、自分の好きなことをするべきかは多くの人にとって悩ましい問題である。まったく興味の持てない仕事は苦痛でしかないが、好きなことで十分な収入が得られるとも限らない。

面白い実験がある。あるＭＢＡの１９６０〜１９８０年の卒業生１５００名を二組に分け、一組にはまず金を稼いでから自分のやりたいことをやらせ、もう一組にはまず趣味や好きなことをやらせ、財産を築くのは後回しとさせた。

20年後、後者からは１００人の大金持ちが生まれたが、前者からはたった一人しか生まれなかった。この実験を行った研究者は「大多数の人にとって財産とは、心の底に情熱を秘め、行動し続けることによって得られた結果だ。彼らが口にする『ラッキー』とは、好きな分野に対する限りない情熱が生み出すのだ」と結論づけている。

仕事を単なる金儲けの道具とみなすのではなく、自分の生活の一部と考えて楽しんでこそ、生活そのものを楽しみ、仕事の面白みを見出すことができる。それは、たくさん稼ぐよりずっと大切なことだ。

54

他人のよいところを覚えておけ。悪いところは忘れろ。

これからは他人から受けた批判のみを胸に刻め。ほめられたことは忘れるんだ。

——馬雲

これまでの人生を振り返るとき、20歳の人であろうと30歳、50歳の人であろうと、またどれほど苦しい人生だったとしても、誰もみな困難を乗り越える手助けをしてくれた恩人を思い出すだろう。ルソーはかつて「謝恩なくして真の美徳はない」と言った。他者への感謝の心を持たない人は往々にして他人の苦痛に鈍感だからだ。

アリババ傘下のインターネット広告取引と広告サービスのプラットフォームである「ア

リママ」というサイト事業がある。馬雲がアリママを作ったのは、利益のためではなく、起業当初にアリババやタオバオを支えてくれた中小サイトへの感謝の気持ちを表すためだという。

世間では、アリババは世界が注目するほどの成果を収めたことばかりが脚光を浴びていて、起業当時の苦難の日々や、それを支えた人たちのことは知られていない。創業から日の浅いアリババは、数十年あるいは百年以上の歴史ある企業からすれば、まだまだひよっこだ。投資家たちの信任や援助がなく、自分の力だけだったとしたら、そのひよっこが成長することはできなかっただろう。

アリババの基幹部門であるタオバオは、今では知らぬ人のいない大型ショッピングサイトだ。しかし、ここに至るまでにはさまざまな困難があった。その当時は、国際的な大企業が大型サイトの広告を独占していた。それはタオバオにとって非常に苦しく、身動きのとれない状況だった。そこで、馬雲は仕方なく中小規模のサイト運営会社を回って、助けてくれるよう頼んだ。

想像してほしい。当時もしもこれらの中小サイトが援助の手を差し延べてくれていなかったら、現在のアリババは存在し得ただろうか？　不可能だ。つまり、馬雲の成功の一部は、これら中小サイトによってもたらされたといえる。彼らがいなければ、アリババはその困難を抜け出して成長することはできなかったろう。

恩に報いることが成功への道

馬雲はこうした恩義を忘れることがなかった。成功後もその当時の支援を覚えており、恩返しすることが馬雲の強い願いだった。

少数の大型サイトによって独占、制御される状況にあっては中国のインターネットは健全に成長できない。中小企業も競争に加わってこそ良好な「生態系」が築けると馬雲は考えていた。このためにも、そして苦しいときに自分たちを「起死回生」に導いてくれた多くの中小サイトに報いるためにも、馬雲はなんとしても中小サイトの発展を支援したかった。こういった事情によってアリママは誕生したのである。

「アリママが儲かるかどうかはどうでもいい。大切なのはアリママが中小サイトに利益をもたらす適切な経営スタイルを持ち得るかどうかだ」

と馬雲ははっきりと表明している。そしてアリママの収益データは、馬雲がまたしても成功したことを示した。彼の恩返しの願いもかなえられたのだ。

「他人のよいところは覚えておけ。悪いところは忘れろ」

これは馬雲が生涯大切にしている座右の銘であり、馬雲の人格を形成した言葉でもある。

このような人間が人から愛されないはずがあるだろうか？

55 身にあまる大金は間違いのもと。

何をするにしても、功利を焦る気持ちがあってはならない。頭の中が金のことでいっぱいになると、目に見えるのは札束だけ、口から出るのは金の話だけ。そんな人とは誰も仕事をしたがらないだろう。

以前、金のなかったころは一銭の金を使うのにも細かく計算していた。金のできた今でも同じように計算する。われわれの金はベンチャーキャピタルの金だからだ。責任を持って使わなければならない。——馬雲

中国に「人心不足蛇呑象」ということわざがある。人の心は蛇が象を飲み込むように貪欲で限りがないという意味だ。

ことわざのもとになった寓話がある。ある農夫が1匹の蛇を助けた。蛇は恩返しに農夫の願いをかなえようと言った。そこで農夫は、もう野良仕事はしたくない、遊んで暮らし

たいと言い、蛇はその願いをかなえてやった。しばらくすると農夫はお役人になりたいと言いだした。蛇は彼を宰相にしてやった。しかし農夫はそれでは満足せず、とうとう皇帝になりたいと言いだした。きりがないと思った蛇は農夫を飲み込んでしまった、という話だ。

欲とは魔法の呪文のようだ。欲深い人ほど得るものは少なく、反対に自分が本当に欲しいものが分かっている人は多くを得られる。馬雲は生まれつき欲がない。それを表す面白いエピソードがある。

孫正義から3000万ドルの投資を受ける約束を取り付けた馬雲は杭州に戻り、役員会でソフトバンクがアリババに投資することになったと報告した。しかし、役員たちは、激しい討議の末、「ソフトバンクが持ち株30％となるのは多すぎる。株主間で不均衡が生じ、今後の発展のさまたげになる可能性がある」と結論づけた。

これを受け、冷静になった馬雲は「俺はバカだった。そんな大金をどうするつもりだったんだ」と日本での合意を後悔した。馬雲は孫正義の秘書に電話をかけ、「これほどの大金はいらない。2000万ドルで十分だ」と伝えた。

「金が多いというクレームは初めてだ」とすっかり面食らってしまった秘書は「投資する

金が多いと文句を言うなんて、そんなおかしな話があるだろうか？　ギャンブルじゃあるまいし、話にならない」と抗議した。

だが馬雲は、

「いや、私にとってはギャンブルだ。ただ、賭け金は自分の管理できる範囲でやりたい。私が管理できる人間は60人、金は最高で２０００万ドルだ。２０００万ドルならなんとかできる。金は多すぎると価値をなくし、会社にとって危険になるから、２０００万ドルにしてくれと言ってるんだ」

と正直に話した。

秘書とは話が折り合わなかったため、馬雲は直接、孫正義にメールを打った。

「孫氏とともにインターネット界で生きていきたいと希望している。もしも投資していただけなかったとしても、よき友人でありたい」

メールを出したわずか数分後、孫氏から「ビジネスチャンスをありがとう。きっとアリババを世界的な企業にしてみせましょう」と返信が届いた。

最終的にソフトバンクがアリババに２０００万ドルを投資することで決着がついた。

騙す人がずるいのではない。自分の欲が深すぎるだけだ

アリババの当時のＣＦＯ（最高財務責任者）蔡崇信は「投資をする上で孫正義がこれほど譲歩したのはこのときだけだ」と話している。手に入れた数千万ドルをそっくり返してもいいというのだから常軌を逸した話だが、簡単に言えば、使うべき金を使い、やるべきことをやるということだ。最低限の金で最も効率を上げるのが、馬雲の理念である。

人間は、誰もがよりよい物をより多く欲しがる傾向にある。非常に魅力的なチャンスを前にして自分を抑制できる人は少ないだろう。しかし真に聡明な人はすぐさま冷静になって、その利害を分析できる。成功とはすべて受け入れることではなく、すべて放棄することでもない。あまり欲張らず、足るを知らなければならない。また、あまりに謙虚すぎてもならない。

多ければ多いほどよいと目先の利益に飛びついてしまう人は数多い。深すぎる欲は人を惑わせる。何事も適度にとどめておかなければ失敗してしまう。馬雲は「騙す人がずるいのではない、自分の欲が深すぎるだけだ」と考えている。

欲深い人は何もかも欲しがるが、そんなことができるわけがない。何もかも欲しがって、あちこち追いかけても結局はくたびれ儲けにしかならない。

何を手に入れ、何を手放すか、それを知ることが最高の知恵だ。

56 若者に道を譲れ。

「馬雲」というのは衣装のようなものだ。それを羽織れば「馬雲」に変身する。「馬雲」とは記号のようなものだ。愛する人もいれば、憎む人もいる。そういった存在でいるには、強い精神力が必要だ。

もうこれ以上「馬雲」に縛られたくはないんだ。あまりにも大変だからね。

——馬雲

2013年、馬雲は引退を宣言した。

引退の前、彼は言った。

「真の偉大さとは平凡さにある。自分がどこから来てどこへ行くのか、それを知らなければならない。俺なんてチンピラにすぎないよ」

２０１３年5月10日、馬雲はアクション俳優のジェット・リーとともに太極拳館をオープンさせた。これより2年前、二人は共同で太極禅国際文化発展有限公司を設立していた。馬雲は太極拳愛好家として知られ、健康のために太極拳を行うだけでなく、陰陽二極や動作の収め放ち、進退など、太極拳の中から哲学的な思考を取り入れたりもしている。

引退も太極拳から得た「放ち」の考えだ。馬雲は言う。

「ときに人はあまりに自分にかまけすぎ、何かを手に入れることに執着する。確かに、成功のためには絶対に放棄しない精神力が必要だ。しかし、放棄することを学んだとき、人は初めて前に進める」

馬雲によると、アリババＣＥＯの職を辞すに当たっては、構想に9年、計画に6年、実行に3年の時間をかけたという。２０１３年はあまり会社に行かず、社員に実務を任せて鍛えようとした。

「インターネットの世界は４人で１００メートルずつ走るリレーのようなものだ。どれほどすごい選手も一度しか走れない。若い人に道を譲らなければね」

アリババを率いていけるのは若者だけ

馬雲は管理機構と業務構造を改革し、何もかもきちんと整えたのち、スマートに身を引いた。2013年5月10日の夜、杭州市黄竜体育センターで開催されたタオバオ10周年記念パーティーで、馬雲は社員に別れを告げた。

雨の中、会場には世界各地から集まったアリババグループの社員2万4000人、さらには取引先やマスコミ関係者らがつめかけ、馬雲の登場を待ちかまえた。馬雲に別れを言うために。

馬雲が現れると全員で「友よ」（原題「朋友」）を合唱し、社員たちは「ありがとう、社長」と叫んだ。合唱のあと、馬雲はアリババCEOとして最後のスピーチを行った。

「インターネット時代は一瞬に変化する。この変化に対応し、アリババを率いていけるのは若者だけだ」

と語り、自分は若者に道を譲り、生活を楽しむつもりだと告げた。

自分のことだけ考え、好きなことをやれば、世界はよくなる

人から見ると、馬雲の人生は神秘的な伝説のようだろう。学生時代にはじまり、創業当時の苦難の時代、電子商取引業界での同業者との激しい競争まで、どこを見ても敬服させられる。しかし馬雲本人はたいしたことだと思っていないようだ。彼はスピーチの中で若者にこう告げている。

「若者よ、今はまだ不平を言うときではない。成功したいのならどんなことも前向きに、楽観的に見なければならないからだ。

この時代はまだ君たちのものではない。今の君たちは、不平を言う権利はあるが資格はない。40～50歳くらいになったら不平を言う資格ができるが、権利は失う。自分で解決しなければならないからだ。

今はまだ、君たちはその立場にはない。20年後、われわれが君たちに不平を言わずにすむようにしてほしい。

さあ、君たちの番がやってきた。やってみなさい。20年後の成功は君たちのもの、中国の未来は君たちのものだ。毛沢東主席はかつて『世界は若者のもの』と言われたが、まっ

たくその通りだと思う。世界は君たちのものだ。君たちはまだその立場になっていないが、そこにたどり着いたとき、どれほどつらい立場か分かるだろう」

すべての成功の影には大きな苦労が隠されている。この十数年間の馬雲の苦労は余人には計り知れないが、馬雲自身はきわめて冷静に考えている。馬雲の赤ワイン好きは多くの人の知るところで、友人と飲みながら語り合うのが好きだ。馬雲にとって、成功とはそんな平凡な生活と引き換えにするほどのものではない。馬雲は言う。

「人生とは何かを経験することだ。成功はどれほどの苦難を克服し、どれほどの災難を乗り越えてきたかであって、どんな結果を出したかではない。70歳、80歳になったとき、孫に語るのは何を経験したかであって何を得たかではないんだ」

財産や責任などたくさんのものを抱え込んでしまう人は多い。手放すことができないのではない。手放したくないだけのことなのだ。しかし馬雲はこうした問題をきれいに解決した。

「10年前、私は世界全体のことを心配していて、とてもしんどい毎日を送っていた。5年前は中国の先行きを案じていて、やっぱり毎日きつかった。3年前からは会社のことだけを気にかけるようにしたら、少しマシになった。今は自分のことだけ考えていて、かなりよくなっている。つまり、**誰もが自分のことだけ考えて、自分の好きなことをきちんとやれば、世界はよくなるに違いない**と思うよ」

つかんでおかなければならないことは、人生の各段階でそれぞれ異なっている。すべてを手に入れ、手放さないでいるのは不可能だ。取捨選択しなければ、それに振り回されて疲れきってしまうばかりだろう。

CEO退任講演

2013年5月10日・中国杭州
アリババが運営する個人向け電子商取引サイト「タオバオ」の10周年記念式典にて4万人の来場者の前で、馬雲がCEOを正式退任した際のスピーチ

明日からは生活が私の仕事になるだろう。

皆さん、こんばんは！

全国各地から来てくださった皆さん、ありがとうございます。アメリカやイギリス、インドから来てくれた仲間もいると聞いています。わざわざ杭州まで、本当にありがとう。タオバオの10周年記念パーティーに御参加いただき、感謝申し上げます。

本日は本当に特別な日で、私に言わせれば、待ちに待った日です。すべての仲間、友人、ネットショップの皆さんや、すべてのパートナーに、ここで何を話せばいいかを最近ずっと考えていました。でも、結婚を夢見ていた若い娘が結婚式当日になるとどうすればいい

か分からなくなるのと同じように、今日、私は微笑む以外に何をすればいいかまったく分かりません。

われわれは本当に幸運です。10年前の今ごろ、SARSが中国で流行したとき、多くの人が自信を失い、将来に対して悲観的になっていました。しかし、アリババの仲間たちは、10年後の中国はもっとよくなり、10年後には電子商取引が中国でさらなる注目を浴びることになるだろう、と確信していたのです。

とはいえ、正直言って10年後にここまで成長しているとは、私も思っていませんでした。この10年間、会社の発展のために、数え切れないほど多くの人々が莫大な対価を払い、一つの理想と一つの目標に向かって頑張ってきた結果です。

たとえ今年アリババグループがその99%を失うことがあっても、われわれは十分価値ある仕事をしてきたのだから、悔いはありません。これだけ多くの友人、応援してくださる多くの仲間に出会えたのですから。

われわれは「信じる」という道を選んだ

何がわれわれをここまで発展させてくれたのか、そして、一体、何が馬雲をここまで成長させてくれたのかを考えているところです。私にも、アリババにも、タオバオにも成功する理由がありません。しかし、われわれは不思議なことに、これだけ長い間、頑張ってくることができました。将来に対する自信も揺るぎません。私は、今、「信じること」について考えています。

すべての人が、この世界を信じず、未来を信じず、人を信じなかったときに、われわれは人を信じるという道を選びました。われわれは「信頼」を選んだのです。われわれは、10年後の中国の明るい未来を信じ、仲間を信じ、中国の若者を信じています。

20年前も、10年前も、自分で自分を信じられるとは言い切れませんでした。しかし、仲間は私を信じてくれた。本当に感謝しています。CEOをするのはとても大変です。しかしCEOの部下をするのはもっと大変だと思います。

皆が人を信じられない時代に、見たこともないものが買えて、売り手に代金を支払うことができ、1000キロ以上の距離を越えて見ず知らずの人からそれが届くなどということは考えもつかないことでした。

信用が保証された今日の中国では、タオバオ上で毎日2400万件の売買が成立しています。これは、中国で毎日2400万回もの信用がやりとりされている、ということなのです。

ここにいるアリババの仲間、タオバオや小微金融（アリババの金融サービス）に関わっている皆さんを大変誇りに思います。今世で皆さんと同僚になりましたが、来世でもきっと同僚です。皆さんがいたから、この時代に希望を持つことができました。

中国のすべての「80後（バーリンホウ：1980年代生まれの世代）」、「90後（ジョウリンホウ：1990年代生まれの世代）」たちが新しい信頼を作り上げたように、ここにいる皆さんが新しい信頼を築き上げるでしょう。信頼は、世界をより開けたものにし、より透明にし、人々に分かち合いということを理解させ、責任感を持たせるでしょう。私は本当に皆さんを誇りに思います。

今日の世界は、変化の世界です。30年前には、誰も、今日のように中国が製造大国になるとは思いもしませんでした。誰もコンピュータが一般的に使われ、中国でこんなに発展するとは思いもしませんでした。誰もタオバオやヤフーなんて思いつきもしませんでした。いまは、変化の世界です。われわれがここに一堂に集まり、未来に思いを馳せるなどと、一体、誰が想像したでしょうか。

人が不平不満を言っているときにこそ、チャンスがある

コンピュータの進歩は早く、インターネットはさらに早いと考えています。多くの人がまだパソコンやインターネットが何物かをはっきり理解していないうちに、モバイルインターネットが生まれました。モバイルインターネットが何物かをはっきり把握できていないうちに、ビッグデータ時代がやってきました。

変化の時代とは若者の時代でもあります。しかし、今日、多くの若者がグーグル、バイドゥ、テンセント、アリババのような会社がすべてのチャンスを奪っていってしまったと感じているでしょう。

10年前、私たちも無数にある偉大な企業を見て、「私たちにまだチャンスが残っているだろうか？」と思っていました。しかし、10年間頑張り続けて、今日まで来ることができました。もし変化の時代ではなかったら、ここにいるすべての若者には出番がなかったと思います。

工業時代は、資格を重視し序列を重んじ、「裕福な父親」が求められていました。しかし、今日のわれわれはそうではありません。われわれが求めているのは「継続と理想」で

す。多くの人々が変化を嫌っています。しかし、すべての変化をしっかりとつかんでこそ、未来に展望が開けるのです。

これからの30年間、この世界に、この中国に、さらなる変化が訪れます。この変化はすべての人にとってのチャンスです。このチャンスをつかむべきなのです。

多くの人が、昨日はおろか30年以上前のことに今も文句を言っています。現在の中国のような急速な発展は、誰も経験したことがありません。このような世界の急速な発展は、誰も経験したことがありません。われわれは過去を変えられない。しかし、30年経った今、ここにいる人たちは皆、自分で決定できるのです。自分自身を変えて小さなことから始めるのです。そうやって10年続けば、それは一人ひとりの夢になります。

私はこの変化の時代に感謝します。多くの人々の不平不満に感謝します。なぜならば、人が不平不満を言っているときにこそ、チャンスがあるからです。変化の時代であるからこそ、自分には何があり、何が必要で、何を捨てるべきなのかがはっきり分かるのです。

商売人は、利益至上主義の代名詞ではない

アリババを作り上げ続けた14年の間、光栄なことに私は商売人でした。人類は商業時代

に突入しました。しかし、残念なことに、商売人は、この世界で得るべき待遇と尊敬を得ていない。商売人は、今や利益至上主義の代名詞ではありません。われわれ商売人は、芸術家や教育家や政治家などと同じく、最善を尽くしてこの社会を改善し続けているのです。

14年の商売歴は、私に人生はどういうものかを分からせてくれましたし、困難ということや継続すること、そして責任がどういうものかということを分からせてくれました。また、人の成功こそが自分の成功だということも分からせてくれました。われわれが最もうれしいのは、社員の笑顔なのです。


今日の夜12時を過ぎたら、私はもうCEOではありません。明日から、商売は私の趣味になります。私は商売に捧げた14年を大変誇りに思います。

皆さんや中国の若者には、昔を懐かしむだけの中年になってほしくないと思います。誰しも、本当にいい時期はせいぜい5年間しか続きません。失敗したり、老いたり、愚かになったりしないと言い切ることはできないのです。**失敗せず、年を取らず、愚かにならないようにする唯一の方法は、若者を信じることです。彼らを信じることは、未来を信じることだから。**だから私はもうアリババに戻りCEOを務めることはありません。

戻ってきてほしいと言われても、私は戻らない。戻っても役に立たないし、皆さんのほうがよりうまくやれるからです。

会社を経営してきて、ここまで大きくできたことを、私は誇りに思っています。しかし、私たちの会社は社会への貢献を始めたばかりです。アリババ社員は皆、勤勉で非常に努力しています。一方で、非常に平凡で、真面目に暮らし、楽しく仕事をしています。われわれが今得ているものは、われわれが投じた労力よりはるかに大きい。この社会、この時代に、わが社がより長く存続し、社会問題を解決してくれればこんなにうれしいことはありません。**今、社会が抱えている多くの問題は、ここにいる皆さんにとってのチャンスなのです。問題がなければ、社会は皆さんを必要としません。**

小さな企業にこそ夢がある

14年前、私たちは「世界中のあらゆる商売をやりやすくするために、小さな企業をサポートする」と宣言しました。アリババ社員は小さな企業のためにサービスし続けなければならないのです。小さな企業にこそ、中国で最も夢があるからです。

電子商取引やインターネットによって、世の中が不公平になると言われているようですが、私はそう思いません。インターネットは、公平さを生み出します。全国の各省、各市、各地域で、小企業やベンチャー企業に優遇税制をとったところがあるでしょうか。

その一方、インターネットは小企業にチャンスを与えてくれました。ある企業は3～5年で、5～6億の顧客を手に入れました。その企業は、ともに平等を求めていこうと小企業に呼びかけています。小企業に必要なのはたった500元の税の優遇なのです。すべてのアリババメンバーがサポートすれば、将来必ずや今の小企業は中国最大の納税者グループになるのです。

皆さん、私がずっと自分の好きなことができるようにしてくれてありがとうございます。たとえば、教育とか、環境保護とか。Heal the world という曲がありますが、世界には多くのことがありすぎて、われわれがすべてをすることはできません。

この世界でオバマ大統領は一人だけですが、多くの人が自分をオバマ大統領だと思って世界を見ています。**この世界で、すべての人が自分の仕事をちゃんとして、自分が関心を持てる仕事をやりきれば、それでいいのです。**われわれはともに努力し、仕事だけでなく、中国の環境を改善し、清らかな水と青い空と安全な食料を取り戻しましょう。皆さん、お願いします。(馬雲は片膝を地面につき跪く)

私はここにアリババグループの仲間のご紹介ができることを光栄に思います。彼らは私と共に何年も働いてきてくれました。彼らは私よりも自分をよく分かっています。

陸兆禧は、13年間アリババのさまざまな部署で働き、さまざまな経験を積んできました。13年で涙を流した回数は13年で笑った回数と同じです。私の後を継ぐのは大変だと思います。私が今日までやってこられたのは、皆さんが私を信じてくれたからです。陸兆禧も信じることができる人間ですので、彼もやっていけると私は信じています。

私がみなさんにお願いしたいのは、私にしてくださったのと同じように、新しいチームを、陸兆禧CEOを助けてやってほしい、ということです。私を信頼したように、陸兆禧を信じてください。

皆さん、本当にありがとうございます。

明日から、私は新しい生活を始めます。私は幸運です。私は48歳で仕事のポストから離れます。ここにおられる皆様にも、いつかはこんな日が来ます。48歳までは、仕事が私の生活でした。明日からは、生活が私の仕事です。

さあ、陸兆禧に盛大な拍手を！

寧波でのスピーチ

2002年6月11日・中国寧波
アリババが中国各地で行っている
出店業者大会の第6回目でのスピーチ

アリババはビジネスサービス企業。
インターネットはただの道具にすぎない。

寧波に来ることができ、本当にうれしく思っています。今日は日曜日ではありません。それなのに、皆さんがここに集まってくださって本当にうれしいです。私はアリババの全世界120万人の会員と500人の社員を代表して、夏のご挨拶に参りました。

商売人は常に他人と付き合っていなければなりません。電子商取引は、ユーザーが他人とコミュニケーションを取って、いろいろ話をしてこそ、そのすごさを発揮するのです。以前われわれは杭州で「西湖論剣」というビジネスフォーラムを開催していました。今年か来年には電子商取引「幹幇（ガンバン）」大会を開く予定です。「幹」というのは「実幹（まじめにこつこつやるという意）」の「幹」で、「幇（助けるという意味）」はお互いに助け合うというところからとりました。実際に商売している人が電子商取引について語る会です。

ＩＴ業界人、投資家、インターネット関係者が語るのとは違います。本当に商売をしている人の会です。電子商取引は、商売する人が便利だと感じることが大切なのであって、不便だと思われたらどうしようもありません。

今日、名刺を見せていただいたら、皆さん、企業経営者や工場長、会社の責任者など、比較的年齢が上の方ばかりです。

私は、今日のスピーチを３つに分けようと思います。

１つ目は、アリババの過去と現在について皆さんと意見交換をして、アリババを分析したいと思います。われわれの会社は大変小さく、まだできて３年です。この３年間でわれわれは多くの苦しみを経験してきました。１つの事例として皆さんに分析してほしいと思います。

　2つ目は私が世界中の一流企業経営者と会って学んだことを皆さんにシェアしたいと思っています。

　3つ目は、電子商取引とは何か、今日の電子商取引はわれわれに何をもたらしてくれるのかについて話します。


　寧波の企業経営者は以前から、聡明で度量が大きく、素晴らしい戦略と見る目を持っていると言われています。私も先日、浙江省の対外貿易誘致懇談会に参加していましたが、その席上にも、特に素晴らしいと言われている寧波の企業経営者がいました。香港の10大企業経営者のうち3人が寧波出身だそうですね。

　今日、ここで皆さんにアリババを作った経験についてお話しすることは、必ず大きな実を結ぶと思います。


　ある都市の電子商取引のレベルを見極めるとき、電子商取引業者数で測ることはできませんし、IT企業の数で測ることもできません。寧波の電子商取引はそんなに発展していないと言う人もいます。IT企業も7～8社しかなく、そのうち4～5件がすでにつぶれている。有名な成功例も少なくて、ITに関するレベルは低いというのです。でも、私はそうは思いません。寧波は現在、電子商取引のレベルが最も高い地域です。その都市の電子商取引のレベルは電子商取引業者の数で測るものではありません。その都市の企業がどれだけ電子商取引を利用しているかで見るべきです。

われわれは寧波の企業の電子商取引利用率は高いと見ています。今年契約更新をしなかったのはたった2社でした。寧波の契約更新率は95%に上っています。アリババが寧波に来て1年以上、寧波のような状況は、国内だけでなく全世界的に見ても珍しいものです。それゆえ、私は、この街の電子商取引のレベルは大変高いと感じているのです。

今日のスピーチの主なテーマはアリババの過去と現在です。わが社は今まで2回、ハーバード大学のMBAの研究事例に取り上げられています。彼らはわが社に研究スタッフを派遣してきましたが、たった5日しかいられないとのことでした。その5日間のうちにすべての責任者、新入社員、お客様にまで詳細な調査をしていきました。その後2ヶ月かけてケーススタディを仕上げたそうです。

ですが、彼らから原稿を受け取ったときは、アリババのことが書かれている感じがしませんでした。多くの人が抱くアリババのイメージは「よく分からない」ではないでしょうか。多くのメディアでアリババについて評論がなされており、私は全部を見ているわけではありませんが、多くの会員様が書いてくださっているアリババに対する意見だけは必ず見ています。

アメリカにアマゾン・ベゾス　中国にはアリババ・馬雲

技術というのは、スマートではないほうがいいと思っています。技術は人に奉仕するが、人は技術に奉仕できない。アリババがこのように成長できた最大の理由は、CEOが技術のことを分かっていないからです。技術が分かる人と技術の分からない人が一緒に仕事をするのは面白いことです。

85%の商売人が私と同様、技術のことが分からないと聞いて、誇らしい気持ちです。私はサイトの使い方を簡単にするように言っています。使うときにマニュアルが要らないようにして、すぐに欲しいものを見つけられるのがいいシステムだと思います。

アリババのサイトを作ったときは、まだ私は北京の対外貿易経済合作部という部署にいたことを、皆さんはご存じだと思います。1999年に杭州に戻って起業しようと決めました。北京を離れる1週間前、私は6~7人の仲間と万里の長城へ行きました。その日は、決して後戻りしない、というような悲壮な決意を秘めていました。われわれは必ず、成功する。中国人が世界に誇れるような企業を作る、という気持ちでした。

長城に登ったとき、ちょっとしたひらめきがありました。長城のあちこちに「張三、ここに登る」といったような記念の落書きがあるのを見て、私たちはとても面白いと思ったのです。それで、会社を作ったら、最初にＢＢＳ（インターネットの掲示板）をやろう、と決めました。

杭州に帰ると、ある依頼が来ていました。シンガポール政府が、私にシンガポールで開催されるアジア電子商取引大会でスピーチをしてほしいというのです。私は不思議に思いました。だって、私は無名な存在ですし、中国大陸で呼ばれているのは私一人。何かの間違いじゃないのかと思いました。行き帰りの飛行機代は向こうが持つとのことでした。

２００人以上が参加していたシンガポールの電子商取引大会は大変ハイレベルなものでした。スピーカーの80％がアメリカ人で、聴衆の85％が欧米人でした。すべてのテーマがヤフーなどの企業に関するもので、すべての事例がアメリカのものでした。

しかし、大会の名前はアジア電子商取引大会です。私は急遽スピーチのテーマを変えました。中国には中国の特色があります。アジアはアジア、アメリカはアメリカです。アメリカのやり方が必ずしも中国でうまくいくとは限りません。

のちに雑誌『エコノミスト』にある記事が掲載されました。私とアマゾンの社長について書かれたもので、その記事の中に「アメリカではベゾス（ジェフ・ベゾス。アマゾン社長）だが、中国では馬雲だ」とありました。

私とベゾスは同じ1995年に事業を始めています。シアトルで第一歩を踏み出したアマゾンのアメリカでの成長に比べて、私たちはまだまだ小さい。この違いは大きい。では、**アジアの特徴はなんでしょうか。それは中小企業が多いことです。全世界の企業の85％以上が中小企業です。ビル・ゲイツは一人だけですが、中小企業は山ほどある。中小企業をサポートする会社の前途が最も明るいのです。**

アジアは世界最大の輸出拠点です。アリババは中国企業の輸出をサポートすることを目的としています。全国の中小企業の輸出をサポートすることがわれわれのとるべき方向です。企業間の電子商取引が必要とされているのです。

「中国黄頁」をやっていたときも、北京の対外貿易経済合作部で宣伝に携わっていたときも、国有企業のトップを説得するためには、13回も交渉しなければなりませんでした。ところが、中小企業の多い浙江省では3回出向けば説得できます。だから私は中小企業の電子商取引の未来は明るいし、進めやすい、と確信しています。シンガポールから帰ったときに、中国の中小企業のために電子商取引をやると決めました。これがアリババの第一歩でした。

国内リーグではなく、初めからワールドカップを目指す

1999年2月21日、杭州でわれわれは非常に重要な会議を開いていました。この会議は今もアリババに大きな影響を及ぼしています。18人の創業メンバーが集まっていました。**私は「東洋の知恵。西洋のマネジメント。全世界をマーケットに」という目標を打ち出し、**

「中国人が誇りに思える企業を作ろう。80年もつ企業を作ろう」

と言いました。商売人であれば誰でもアリババを必要とするような会社になろうと。

ですが、この考えは社外では全く理解されず、われわれも他人にこのことを話さないし、われわれがメディアに出ることもありませんでした。ひたすら、地道に会社を作っていったのです。われわれは皆自分の金を差し出し、50万元集めました。ですが、6ヶ月目に入ると、金が足りなくなり、ベンチャーキャピタルが訪ねてきたときには、私たちの財布はすっからかんでした。

われわれは昼夜を問わず働いていました。9月になって、やっと初めての投資の申し出がありました。金額は500万ドルです。ゴールドマン・サックスが仲介してくれました。当時、インターネットブームが来ており、皆が金を欲しがっていました。しかし、私は出資者に、金は要らないと言いました。でも、彼らは真剣に私の話を聞いてくれました。

最初に私を訪ねてきたのは浙江の企業でした。「協力しましょう。100万元お渡しするので、来年110万元にして返してくれればいい」と言うのです。私はこの人は銀行よりひどいと思いました。でも、9月28日に金を受け取りました。

そして、その2日後にソフトバンクの孫正義社長と出会ったのです。大変話が弾んで、われわれはすぐに合意しました。2000万ドルも出資してくれたのです。私は彼にたった6分しか話をしませんでしたが、彼にはアリババがどのようなものかすぐに理解できたのです。

初めてメディアと接触したのは1999年8月でした。アメリカの『ビジネスウィーク』という雑誌が、どこから聞いたのか知りませんが、アリババを訪ねてきたのです。彼らはインタビューしたいと言いましたが、私たちは断りました。すると彼らは外交部（日本の外務省に相当）や浙江省の国際関係部門などを通してまた取材申し込みをしてきました。

われわれは当時電話もファックスも持っておらず、アメリカのメールアドレスがあるだけでした。自分たちが中国の企業であることを知られたくなかったのです。グローバル化が進む中で、中国の企業だと知られれば三流と見なされてしまうと思っていました。

わが社は当時住宅地にあったのですが、そこに彼らを連れてくると大変不思議そうな顔をしていました。ドアを開けると、20〜30人が4つの部屋に分かれて作業をしていました。アリババには当時すでに2万人の会員がいたので、彼らは有名で大きな会社に違いないと考えていたようです。結局私たちはこの記事を雑誌に載せることを拒否しました。

1999年ごろまでは、アリババはこんな感じでした。

1999年に香港アリババを作ったとき、あるトルコの記者にこう言われました。

「馬さん、アリババというのはトルコの会社でしょう？　どうして中国へ来たのですか？」

当時、こんなふうに聞かれることが多く、少なくとも20以上の国の人に、「うちの国の会社でしょう？」と聞かれました。

ここ数年、多くの人がアリババは国内より国外でのほうが有名だと言ってくれていますが、それは、われわれの1999年から2001年の戦略と関係があります。

グローバル化の波に乗り、全世界の電子商取引市場となりたかったのです。われわれが電子商取引の市場を開くためには、中国国内の市場を育てなければなりません。われわれのスローガンは、「国内のトップリーグではなく直接ワールドカップを目指そう」でした。

われわれはいち早く海外に打って出ました。当時、本部を香港に置いていました。それは、アリババを中国人が作り、中国人が運営する会社にして、中国人が誇りに思える会社にしたかったからです。香港は国際化が進んだ街です。われわれはアメリカに研究拠点を置き、ロンドンにも子会社を置きました。それから、杭州に拠点を置いたのです。

現在、多くの企業で急速にグローバル化が進んでいますが、グローバル化とは外国人を雇い入れたり、海外に工場を作ることではないと言われています。われわれもグローバル化の過程でさまざまなことをしてきました。

私が最初にドイツで講演をしたときにはアリババの会員は4万人強で、1000人収容できる会場で3人しか聴衆がいませんでした。しかし、2回目にドイツに行ったときは、開場が満員になっていました。わざわざイギリスから飛行機で来たという会員もおり、話が弾みました。

中国がＷＴＯに加盟してから、国内のすべての企業は、皆「どうしたらいい？」と自問しています。外国の企業はわれわれよりマネジメントがうまいでしょうし、資金もわれわれより持っています。どうやったら勝てるのでしょう？

去年、私は20数ヶ国を訪ねて、50の研究会に出てきました。すべての研究会で、この問題に行き当たりました。われわれが外国企業を怖がるように、外国企業だってわれわれを怖がっているのです。去年私が出た研究会のテーマは「中国という脅威」でした。

私が初めてロンドンに行ったとき、わが社の広報担当の責任者がこう言いました。

「午後6時15分に、ＢＢＣがインタビューに来ます。録画撮影で生放送ではありません。この5つのテーマで話すことを準備しておいてください」

私はもともと話すことの準備はしないので、渡されたテーマを見ることもしませんでした。午後3時にＢＢＣは、またファックスを送ってきました。「馬様　必ずよくお読みください」と書いてあります。

6時にＢＢＣに入ったときも、その5テーマが出され、よく準備しておいてくださいと言われました。そこで、私は少し準備して、スタジオに入りました。すると、司会者がこの番組はＢＢＣ本部から全世界に生中継され、3億人が見ていると言いました。

カメラを私に向け、質問がなされましたが、結局準備してきたあの5テーマとは何の関係もない質問でした。「御社は中国企業ですが、イギリスで会社を作って成功すると思われますか。あなたは大富豪になりたいとお思いですか。大富豪になれると思われますか」

私はぽかんとしてしまいました。そのとき、私はとても緊張していましたが、微笑んで話をしました。放送が終わってから私はこう言いました。「われわれは、われわれがやっていけること、さらには順調に進んでいけることを証明しなければならない」

その後、BBCから何度か訪問を受けました。そのうちの一回は記者団を中国まで派遣してきたのですが、記者のうち一人は徐匡迪上海市長を訪問し、もう一人は私に取材に来ました。番組はBBCで最も人気のある番組で、放送時間は25分でした。

インターネットの低迷期には、アリババは中国に帰り、本部を上海から杭州に移しました。地道に仕事をこなし、国内のほかの市場をあきらめましたが、本当につらい時期でした。そのとき初めてリストラをしました。

私は会員にこう言いました。

「2000年にアメリカのプログラマーの一部をリストラしました。もし、それがあと半年遅かったら、会社もなくなっていたでしょう。それしか方法がなかったのです。われわれは、中国回帰戦略をとっていたとき、外に対しては何も言いませんでした。われわれは、アリババは海外市場を開拓すると言い続けました。ライバルの一部は、われわれとともに海外に打って出て、すぐつぶれてしまって、中国に帰って来られませんでした」

なぜアリババは生き残っているのでしょうか。われわれが中国に帰ってきて行った事業を毛沢東の大事業と比べてみましょう。何がアリババをここまでにしたのでしょうか。1つは延安での綱紀粛正運動、2つ目は抗日軍政大学の設立、3つ目は南泥湾の開拓です。

夢が共有できない社員には会社を去ってもらう

われわれの綱紀粛正はインターネットに大きな変化が現れたことによるものでした。インターネットに対する印象は人それぞれだし、アリババに対する見方も人それぞれです。仕事のことしか見えないような社員が50人働いてくれるのは、うれしいことです。一方、すべての人が自分は賢いと思っているとうまくいきません。当時、アメリカの有名企業のマネジャーが何人も来てわが社の副社長になりましたが、意見がまとまりませんでした。50人がばらばらの方向を向いていたらうまくいくわけがありません。

ですから、そのころが一番つらかったです。そのときはまるで動物園のような状態で、社内には、弁が立つ人もいれば、話すのが苦手という人もいました。そこでわれわれは社内の綱紀粛正において大事なのはアリババの統一した目標と価値観を定めることだと考えました。

今、ここにおられる社長さんたちにお聞きしますが、あなたの会社の社員全員の共通の目標はありますか。今年の春節のときには、杭州の企業のうち90％が共通の目標を持っていませんでした。あなたの会社の社員はあなたと同じように考えていますか？

私は１９９９年にアリババの目標を掲げました。

「80年もつ企業を作ろう。世界の10大ウェブサイトに入ろう。商売人がみなアリババを使うようにしよう」

これが私たちの目標です。すべての社員の目標です。この目標に賛同できない人がいたら、会社を去ってもらう。もし、できそうにないと考えるなら、やはりその人にも会社から離れてもらいます。

２ヶ月前、私はニューヨークの世界経済フォーラムに参加しました。私が聞いた世界のトップ５００企業のＣＥＯの話の中で最も多く語られていたのが、使命感と価値観についてでした。中国企業はあまり使命感や価値観について語りません。もし、あなたがそういうことを言い出したら、周りは空虚な話だと思うでしょう。

だから中国の企業は大きくなれないのです。このとき、クリントン前大統領夫妻が私を朝食に招待してくださいました。クリントン前大統領ともそんな話になりました。アメリカには多くの分野におけるリーダーがいます。**リーダーも、時には方向について迷います。彼らにはモデルとなるものがありません。では、何が彼らに決断を下させるのでしょう。クリントン前大統領はこう言いました。「使命感です」**


「世界中のあらゆる商売をやりやすくしたい」。これが私の使命です。現在では有名企業となったＧＥ、ゼネラル・エレクトリック社ですが、彼らは、１００年前最も早く電球を作りました。彼らの使命は世界を明るくすることでした。その使命感がＧＥを世界最大の電器企業にしたのです。またディズニーは、世界の人を楽しませることを使命としています。この使命があるから、ディズニーの映画はみなエンターテインメント性が高いのです。

アリババが決定を下すとき、もとになる使命は「世界中のあらゆる商売をやりやすくする」です。われわれが作るすべてのソフトウエアはわれわれの顧客の商売をやりやすくするものばかりです。

アリババの9ヶ条

企業は統一された価値観を持つべきです。わが社には11の国や地域から来た社員がいます。彼らの背景にはそれぞれの文化があります。ですから、価値観というものがわれわれを一つにまとめて、明日に向かって頑張る力になるのです。

われわれが招聘したCEOは53歳で、旧来型の企業の経営者でした。大変優秀な人物で、GEで16年も働いていました。私は自分たちの精神を9つにまとめました。それによって、彼は4年間もわれわれと共に奮闘してくれました。

われわれはすべての社員に、この9ヶ条を守るように言いました。**第1条は団体精神、第2条は教える者も教えられる者も共に向上していこうという姿勢です。それ以降は、品質、シンプルさ、情熱、開放、イノベーション、集中、そしてサービスと丁寧さです。**この9つの価値観はアリババで最も価値があるものだと思います。

われわれは2000年に共通の使命、共通の目標、共通の価値観を定めました。新入社員はこれらを学んでから入社します。今日、私が申し上げたいのは、使命、価値観、目標はどんな企業、どんな組織でも必ず必要なものだということです。もしもこの3つがなければ、決して長く遠くまで走り、大きくなることはできません。

世界のトップ500企業は、私と同じく、とある2つの点を重視しています。それは、価値と使命です。しかし、私が調べてみたところ、世の企業経営者のうち90％は、この2点を重要視していないようです。

宋代の梁山泊の108人が価値観を持っていなければ、梁山泊で起こったことはすべて煩わしいだけでしょう。彼らは同じ価値観を持っていました。すなわち義侠心です。何があっても兄弟だという気持ちです。この価値観が彼らを一つにまとめていました。そして108人の使命は、天に代わって正義を行うということでした。

しかし、彼らには共通の目標はなかった。そのため宋江は自分は投降すべきだと考え、李逵は戦い続けます。捕まらなければそれでいいと思っている人もいて、梁山泊は結局瓦解してしまいます。

ですから、やはり目標、使命、価値観の3つを重視しなければなりません。これがアリババの2001年の綱紀粛正です。

他にも幹部チームを養成すること。これはどの企業も同じだと思います。では、いかにして幹部を育てればいいのでしょうか。アリババはどうやってこの難問に対処しているのでしょう？

部下が自分を超えてこそリーダーたり得る

もしアリババが世界の10大サイトの1つになりたいのなら、ゲリラ戦に頼るわけにはいきません。

毛沢東もゲリラ戦に頼っていたのでは天下を取れなかったはずです。最後は戦略が勝利を決めたのです。また、多くの将校がいたからこそうまくいったのです。

すべての企業は特定の人を頼り、その人がいなくなったら、業務が回らなくなるのではないかと考えています。だから、日々その人を喜ばせようとする。そうすると、悪循環に陥り、会社はだめになってしまいます。時には、支配人が社長よりも偉くなってしまう。多くの業務を掌握しているのは支配人のほうですから。

ですから、幹部にする前に、あなたはその支配人に学ばせなければなりません。

中国にはさまざまなタイプのマネジャーがいます。

その中の一種類が「侠気」タイプです。彼は上から圧力がかかったら自分が跳ね返すタイプです。

そしてもう一種類が「模範労働者」タイプ。長時間労働もいといません。

そして、もう一つが「専門家あがり」です。このタイプは、自分の専門の仕事はよくできますが、マネジャーにしてはいけません。

たとえば、4人で楽しく仕事していたのに、突然その人が周りを管理し始める。周りは嫌な顔をしているのに、自分は満足しています。しかし、彼は他の3人がどう思うか知るべきなのです。誰かがマネジャーになり管理する側に回ったとたんに、今までいた社員を全部辞めさせて、新しい社員を雇おうとするのを見たことがあるでしょう。

私は、管理職の上層部には、「問題は起こる前に摘み取れ」と言っています。

「君の決断は会社の3〜6ヶ月後に影響する。君の代わりをする人が現れなければ、君自身も昇進できない。下の人間が君を超えて初めて君はリーダーたり得るのだ」

あなたがするのではなく、下の人間にやらせなければなりません。6ヶ月経ってもあなたの代わりをする人が現れなければ、あなたの人の使い方に問題があるということで、あなたは人を使えないということです。

リーダーは部下の一番いいところを引き出さなければならない。あなたは部下の長所を探さなければならない。もし本人も気づいていない長所を見つけることができたら、あなたは素晴らしいリーダーだ。

もし後ろから虎が追いかけてきていたら、あなたは想像以上のスピードで走れるでしょう。それはなぜか。虎に追いかけられているからです。すべての人に潜在能力があります。大事なのは、リーダーがその潜在能力を引き出さなければならないということです。

どうして私がそのことに気づいたか。きっかけはNBAです。アメリカのNBAはどうして、どんどん素晴らしくなっていくのか。それは、ベンチに12人座っているからです。補欠の人は上に行きたいと考え、自分はまだ足りないと考えます。試合に出ている人の感じるプレッシャーも相当なものでしょう。

一定の制度を設けなければなりません。制度がちゃんとしていれば、あなたの会社は大丈夫です。人では保証できません。ですから、私は幹部を養成する際に学習制度を取り決めたのです。

1999年、アリババは会員8万人というのを目指していました。当時、私がそう言い出したとき、まだ会員は3000人でした。しかし、その一年で、会員は8・9万人になりました。

2000年にはアリババは会員25万人と打ち出しました。その結果、会員は50万人になりました。2001年にはわれわれは100万人を目指しましたが、2001年はインターネット不況で、実現は不可能だと思われました。しかし、2001年12月27日に達成してしまいました。また、その年、収支が均衡しました。現在ではアリババの売上は伸び続け、日増しによくなっています。

インターネット業界に関する話題で最も多いのは、出資者と経営者の間がうまくいかない、ということです。でも私はそうは思いません。**経営者は出資者を騙せますが、出資者は経営者を騙せません。出資者が金を出すとき、出資してもらったほうは、いつか必ずそれを返さなくてはならないのです。**これは人としての問題です。

私には一つ誇りに思っていることがあります。起業したばかりの頃、われわれはタクシーにもめったに乗れなかった。あるとき、タクシーに乗らざるを得ない状況になりましたが、やってきたのが高いタクシーだったら見送って、安いタクシーが来たら手を挙げて停めました。その頃われわれが使っていたのは自分の金ではなく出資者の金でした。いつか自分の金が使えるようになったら、大胆に使おうと思っています。ですから、この数年間は、自分がケチであることにプライドを持っています。

２０００年以降、われわれの国内外での広告予算はゼロです。予算がなくても、われわれはすでに１２０万人の会員がおり、さらに増え続けています。口コミのおかげです。先日、ある研究会で、寧波のマーケットはよくないと言っている人がいました。だが、私は寧波のマーケットは非常にいいと思うし、私も寧波でずいぶん稼がせてもらっています。

２００1年12月から、わが社は非常にいい状態になっています。不思議なのは、金を持つほど、出資希望者が増えることです。現在、インターネットへの投資は大変リスクのある投資です。でも、われわれは簡単に投資を受けることができます。われわれは今、お金は十分にあります。しかし、使う額は多くありません。われわれは常に海外で大きな市場戦略を繰り広げていかなければなりません。

今は、わが社の幹部も成熟してきましたし、社員も５００人に増えました。現在インターネット界ではリストラが盛んですが、わが社は成長しています。われわれの目標は年間で1元儲けることです。つまり、もしわれわれが年間に８００万ドル投資しているとしたら、８００万１ドル儲ければいいのです。

実際、今まではうまく進んでいて、社員は去年より１００名以上増えています。去年までの社員数は２００名強、今年は５００名強です。われわれはまだ募集し続けています。

金は社員にかけろ

どうしてアリババはまだ社員を募集し続けるのかと聞かれることがありますが、それは**社員は会社の最高の財産だと考えているからです。同じ価値観と企業文化を持った社員は最大の財産です。**

現在、銀行の利息は2％程度です。もし、その金を社員に投資して、彼らを教育したら、社員が生み出してくれる富はそれどころではありません。わが社は去年広告にはまったく金を使っていませんが、社員の教育には数百万元つぎ込んでいます。われわれはこれが一番いい社員へのお返しの方法だと思います。アリババには現在120万人の会員がいます。また、ハーバードの成功事例に2度も選ばれました。『フォーブス』のベストB2Bサイトにも2回連続で選ばれています。電子商取引の分野では一躍会員数世界一になりました。

私がコロンビア大学へ行ったとき、教授がこう言っていました。「現在、世界のインターネット界には5つのタイプの企業があります。マルチメディア多プラットフォーム型で、AOLがその典型です。B2Cはアマゾンが典型。C2Cはイーベイが、ポータルサイトはヤフーが、そしてB2Bはアリババがその典型です」

アジア人がアジアの企業にサービスするために電子商取引のひな形を作ったということは、世界中のＩＴ関係者が認めるところです。

中国は遅れを自覚すべき

最近もいろいろなところに行き、いろいろな話を聞きますが、中央電視台の『対話』という番組で中国の有名企業経営者が言った言葉にはどうしても納得できませんでした。その人いわく、「この会社を管理していくのは大変です。ＧＥの元ＣＥＯのジャック・ウェルチがわが社を管理したとしても３日ももたないでしょう」

まず、ジャック・ウェルチは３日もそこにいないでしょうね。第２に、ジャック・ウェルチが来たら必ずその人の会社は変わります。**恐れるべきなのは距離ではなく、距離があることが分かっていないことなのです。**私はネットでもそう書きました。

まず一つ例を挙げましょう。私の友人で、浙江省で武術チームのコーチをしている男がいます。彼が、私にある話をしてくれました。

武当山という流派に一人のすごい子供がいたそうです。彼はどんな相手でも打ち負かしてしまう。それでその子は天下に敵無しと考えて、北京へ行き、北京の武術合宿チームのコーチを訪ねて、そのチームの選手と試合をさせてほしいと言ったそうです。

コーチはだめだと言いました。しかし、だめだと言うほどその子は試合をしたがります。最後にとうとうコーチは試合をさせてやろうと言いました。やってみると、5分もかからずにその子は負かされてしまいました。

コーチはその子供に、

「ぼうず、お前は毎日2時間練習して、毎日30分しか練習していない相手を破ってきた。ここの生徒は毎日10時間訓練している。相手になるものか。うちの選手も本気は出していないが」と言ったそうです。上には上がいるということです。


企業には大きな違いがあります。去年、われわれは収支が均衡し、会員数も100万人を超えました。こうなると、どこへ向かっていけばいいか分からない。TCL（中国の電気機器メーカー）の李東生とソニーの社長と香港で話をしたことがあります。

話しているうちに、私は大変感服しました。CEOをここまでやってくるのは生半可なことではありません。彼らはマネジメントを一つの「道」ととらえていて、大変明晰な管理理念を持っていました。私はどう行ったらいいか分からなかったが、すぐに本来行くべき道はここだと分かりました。

後に、世界経済フォーラムのニューヨーク大会に出たときに、ボーイング社の元社長と、ビル・ゲイツと、マイクロソフトの社長と食事をしました。また私は大いに感服しました。もう、比べようもありませんでした。比べればすぐにその違いが分かります。

ボーイング社の元社長が、会社の成長戦略について話しているとき、こう言いました。「すべての企業が自分に1つの問題を問いかけている。この決定は正しかったのかどうか、だ。ここにいる人たちもそうでしょう？　そういうときは、往々にして欠けているものがあります。それは成長戦略です。明確な成長戦略がなければだめです」

彼が現役の社長だった頃、ボーイング社は民間機に重心を置いており、軍用機は重視されていませんでした。もし、軍事的な危機が起これば、ボーイング社にとって大変な危機です。しかし、9・11でも全面戦争にならなかったため、ボーイング社には大きな損害がなかった。9・11のテロに感謝するつもりはありませんが、産業、特に工業にとって、これは戦略を引き上げるきっかけとなりました。

私が言いたいのは、この距離は大変遠く、われわれ中国の企業経営者との隔たりは大変大きいということです。私は先月北京で世界経済フォーラムの北京分会に参加しました。どなたか、私と北京大学の教授が喧嘩しているのをネット上で見た方もいるのではないですか？　その先生は中国のＭＢＡは素晴らしいと言いましたが、私は、中国のＭＢＡはまったく役に立たないと言ったのです。

企業経営者に必要なのは、見る目、気概、実力

ＭＢＡが使い物にならないというのは、私の実体験から出た言葉です。そのときは、ニューヨークから帰って1週間目で急いで北京に行っていました。中国企業経営者フォーラムがあったからです。

あんなに恥ずかしいと感じたのは初めてです。その会議では、壇上に4～5人が出て話をし、客席では半分の人は聞いていましたが、半分の人は電話しているか、たばこを吸ったり無駄話をしたりしていて、壇上と客席がまったくばらばらになっていました。

私が恥ずかしいと思ったのは、中国の経済界でなぜこんなことが起こるのか、ということです。国家の大臣が12人の企業経営者を呼んで座談会をしているのに、大臣の話はたったの15分でしたが、この間にどんなことが起こったと思います？

参加者の大半が電話をし始めたのです。大臣は大変決まり悪そうにしていました。私もどう言っていいか分かりませんでした。これは文化の違いではなく、礼儀、敬意の問題です。もし中国の企業経営者がこんな調子だったら、誰がそんな人たちと付き合いたいと思

うでしょうか。**誰が中国企業と商売したいと思うでしょうか。MBAでは先に仕事を教えるのではなく、まず、人間性を学べと言いたい。**そうしなければわれわれは変われません。

それで、その日、私は思ったままに話すことにしました。後に、ハーバード、スタンフォード、MIT、インド等へ行きましたが、どこへ行っても非難囂々でした。私はMBAが無駄だと言っているのではないのです。学んでおくべきことは他にも多くある、と言っているのです。

私はMBA学生から多くのEメールをもらってきました。私が彼らを悪く言うのは彼らを愛しているからなのです。

企業経営者が人と付き合う際には、次の3つのことが必要です。それは、見る目、気概、実力です。

私は金庸先生（中国の武俠小説家）と『笑傲江湖』（金庸作の小説）について語り合っていて、この見解に到達しました。なぜ人は幸せになるか。どんな人が成功するか。あなたが企業経営者なら、どんな人が明らかな幸せを手にするか。それは、見る目があり、想いのある人です。どんな人が成功するか、それは実力ある人です。人に殴られて、5メートルも吹っ飛ぶようなら成功なんてできません。

ですから、あなたが世の中で成功しようと思うなら、見る目は鋭く、心は闊達にしていなければなりません。私は、見る目というのは何万冊本を読むよりも実際に道を歩くほうが養われると思います。多くのものを見て、多くの素晴らしい人と付き合いましょう。

あなたはこれを大変長い道のりだと思うでしょうが、こうすれば必ず自分の視界は広がります。多くの企業家はこんな感じです。「自分はある街で一番になった。それで街の外を見てみたら、自分はまだまだだと思った」

見る目

私は鄧小平を非常に尊敬しています。改革開放を実行できたのは見る目があったからこそです。彼はヨーロッパやアメリカへ行き、中国と欧米との差がいかに大きいかが分かっていました。

われわれ企業経営者は皆理解すべきです。距離があることを恐れる必要はありません。しかし、距離があるということが分かっていないという事態は恐れなければならない。

クリントン前大統領と朝食を取ったとき、彼は中国の大臣の名前をすらすらと言うことができたし、中東の大臣の名前もそうでした。彼は誠実な人です。彼は平凡な人です。だからこそ彼は偉大なのです。常に、進み、走り回り、物事を見続けなければなりません。

気概

気概というのは大事なものです。見る目があっても、気概がなければ何もならない。『三国志』の周瑜は見る目はあったが、肝は小さかった。ゆえに諸葛孔明のために憤死することになりました。

「宰相の腹の中を船が進む」という言葉は、宰相は多くの人から非難される存在だと言うことを意味しています。たとえば周恩来総理に関して、ぶつぶつ文句する人は多かったでしょう。でも、周総理はそんな人たちにいちいち言い訳することはできない。できるのは気概を見せることだけです。人は辛い思いをするほど気概が大きくなるものなのです。

実力

実力とは、失敗が積み重なってできるものだと思っています。一つひとつの失敗は人の実力であり、企業の実力でもあります。もし、私が年を取って、孫に何か自慢でもしたいと思って、「おじいさんはこんなでかい事業をやったんだ」と言っても、許されるでしょう。でも、それに対して、孫はこう言うでしょう。「ちょうど、インターネットブームが来て、誰かが投資してくれたんでしょう?」これでは私の業績自慢は失敗です。孫は運がよかったと褒めてくれるだけです。これは困ったことです。一人の成功の後ろには大変な苦労が隠れているのですが、それはなかなか人からは見えません。

アリババはエリート集団になってはいけない

私は長らく、中国の企業はチームスピリットにもっとこだわるべきだと言ってきました。アリババはその点で大変成功していると思います。私は会社で、あれこれとうるさいことを言う口だけの人間です。私はわれわれのチームを大変誇りに思っています。会社には4人の「O（officer）」がいます。今から、わが社でやっていることをお教えします。

関明生はわれわれのCOO（最高執行責任者）です。GEやBTR（イギリスのコングロマリット）などの世界の500大企業で25年間責任者を務めてきた英国籍の香港人です。また、CFO（最高財務責任者）の蔡崇信は、ヨーロッパのInvestor ABで投資業務をしていた法学博士で、カナダ籍の台湾人です。CTO（最高技術責任者）の呉炯はヤフーの検索エンジンを発明した男で、アメリカ籍の上海人です。

私は中国籍の杭州人です。われわれ4人がそれぞれの分野を担当しており、大変うまくいっております。**協力というのはチームだからできることです。他の人があなたを英雄だと言っても、あなたは英雄になってはいけません。もし自分で自分を英雄だと思ったら、**

下り坂の始まりです。

中国人は、最高のチームとは劉備、関羽、張飛、諸葛孔明、趙雲のチームだと思っています。関羽は武術に優れ、忠誠心が篤い。劉備と張飛はそれぞれの持ち分があり、諸葛孔明や、趙雲もいる。こんなチームは1000年に1度しか現れません。とても見つけられない。私は、中国で最高のチームは、三蔵法師が天竺にお経を取りに行ったときのチームだと思うのです。

三蔵法師は、多くを語らず、ただ経を取りに行くというリーダーです。こういうリーダーには、普通、魅力も能力もない。孫悟空は武術に優れ、人徳もあるが、少々気が短い。チームに一人はいるタイプです。猪八戒はずるいけど、いないと何となく味気ない、というタイプ。沙悟浄は、人生観や価値観を語るタイプではなく、仕事と割り切って、仕事をさっさとやってしまって、終わったらすぐ眠ってしまうというタイプです。このような人は職場に多いでしょう。でも、この4人が苦しい旅を乗り越えて、お経を取ってくるのです。このようなチームが一番いいのです。このような企業は必ず成功します。

アリババは、エリート集団になってほしくありません。もし、エリートばかりが一緒にいたら、絶対に物事はうまくいきません。われわれは、みな平凡な人間です。**平凡な人間**

が一緒に非凡なことをする。これがチームスピリットです。皆がチームのことを好きならそれでいいのです。

電子商取引はたんなる道具の一つ

続いては、電子商取引についてお話ししましょう。ここ2年、電子商取引はますます魔法のようなものと思われるようになってきました。

実を言うと、私は、そんなにIT関係のフォーラムには出たくないんです。皆さんに、馬雲はIT業界人だと言われると、うろたえてしまいます。アリババはIT企業ではなく、サービス企業です。われわれはネットワークを手段として、お客様の手助けをして、お客様を電子商取引企業に変えているのです。

もし、明日、インターネットよりもいいシステムができたら、われわれはすぐそちらに乗り換えます。われわれはハイテク企業になりたいのではありません。お客様に得していただくためです。お客様と話すときは、お高くとまってはいけません。

あなたが顧客に、自分たちは先進技術を持っていると話すと、お客様はあなたを尊敬はするでしょうが、あなたの商品を買おうとはしません。先進技術は身近なものではないからです。われわれがハイテクを語るというのは、人に聞かせるためです。自分が自分をハイテク企業だと信じていたら煩わしいばかりです。ですから、**われわれはハイテク企業でもないし、ＩＴ企業でもなく、ビジネスサービス企業だと言っています。インターネットはそんなに高邁なものではなく、ただの道具なのです。電子商取引も道具の一つにすぎません。**

ここ数年、インターネットの世界は道具を作る人ばかりがそのすごさを喧伝して、本当に道具を買う人の声は聞こえませんでした。ですから、多くの人がこの業界に参入してくるようになったのです。そういう人は「あなたに電子商取引で問題解決をしてあげましょう」と言いますが、電子商取引は問題解決の万能薬ではありません。ただの道具です。あなたは、持ち帰って自分で問題を解決しなければなりません。これが本当の電子商取引です。

電子商取引という道具は、ファックスや電話と何ら違いはありません。ただファックス、電話、ネットワーク、コンピュータ、テレビ、新聞が一緒になった道具にすぎませんが、使ってみるとなかなかいいものです。ですから、私は、皆様に、電子商取引を神秘的なものだと思わないでほしいと言いたいのです。

寧波にはいくつ企業がありますか？　多くの企業が電子商取引を利用して物流や配送を

しているとu喧伝していますが、本当でしょうか。電子商取引には3つの流れがあります。情報の流れ、資金の流れ、そして物の流れです。現在の電子商取引は情報の流れしか作れていません。また、企業は電子商取引を情報を流すのにしか使っていません。

もし、誰かがあなたに情報の流れだけでなく、資金と物流も作ってあげると言ったら、その人は嘘をついています。現在、一社たりとも、情報、資金、商品の3つの流れを取り扱えているところはありません。それは技術の問題ではなく、そんなに多くの品物を準備することができないからです。たとえば、資金の流れはどこがうまくやってくれますか。銀行が一番いいですね。

アリババは資金には関与していません。2001年12月私はダボスでの会議に参加しました。その会議で、あるヨーロッパ人のお客様が、こう話しました。

「アリババは素晴らしい。私も使っています。私の取引相手はアリババで探しました。しかし、私はネット上で取引はしません。私の口座にある金をどの口座に送っても、24時間で相手が受け取れます。なぜ、ネット上で支払いしなければならないのでしょう」

彼の意見は筋が通っていると思います。私が調べたところ、99%のアリババ会員はネット上でやりとりする金額を5000ドル以下にしたいと考えています。

電子商取引は命を救う藁にはならない

アメリカの東海岸と西海岸とでは、そこにいる羊が全く違います。種類は一緒なのですが、東海岸の羊は心臓が強く、体格がいい。西海岸の羊の心臓は肥大しています。どうしてこんなことが起こるのでしょうか。東海岸には狼がいて、羊は常に走って逃げています。西海岸側には狼はいませんが、羊の寿命は長くありません。

狼が来たとき、スマートな羊は逃げきることができます。どういうことでしょう？　狼が来たときに、私は自然に走り出しています。私は今、身体は健康ですから。すると狼は逃げ遅れた羊を先に食べてしまうでしょう。

同じように、大企業は外国企業に消し去られてしまいます。小企業は素早く方向を変えて逃げてしまいます。寧波や温州の企業は、この2年間で大変成長しています。これらの企業は小規模だからです。舟も小さければ方向転換が早く、形勢が不利ならすぐに逃げることができます。これは賭けではなく投資なのです。

かつて、ある企業のトップが私にこう言いました。

「わが社は電子商取引をしなくてもつぶれるようなことはないが、電子商取引のようなよく分からないことをすればすぐにつぶれてしまう」

彼らはそれが怖いと言っていました。私はそんなことはないと思います。でも、すべての資金をそこにつぎ込むことはできません。ビジネスにおいて投資する際は、有効かどうかよく見なければなりません。有効ならばさらに投資をする、効果がなければ、多額の投資はしない。

電子商取引は決して命を救う「薬」にはなってくれません。企業が成長するためには、電子商取引だけでなく、多くのことをしなければならない。電子商取引があなたのお役に立てるのは、国内外の買い手を見つけることだけです。売買を成立させることと、企業内の多くの経営管理の問題は別です。

ですから、私は、電子商取引は投資だと言っているのです。外国語を学ぶのと同じで、勉強していなければ必要なときに使えませんから。

電子商取引に関して、さまざまな人が語る意見を決して信じないでください。中国の商売人は賢い。誰も他人に自分の成功経験を語りません。

私は、子供の頃、勉強ができませんでした。同級生がみんな遊んでいたので、自分も一緒になって遊んでばかりいたのです。同じように遊んでいたのに、試験になると私は誰よりも成績が悪かった。ある日、友人の家に行って初めて分かりました。彼らは家では真面目に勉強していたのです。私はその間も遊んでいました。

このことからもお分かりのように、中国の中小企業は、電子商取引をうまく使っていても、あなたにその経験を話すことはありません。あるお客様が自分の経験を話してくださって、私はとてもうれしく思いました。このような事例はとても少ないのです。

彼はネット上で傘を売っています。とてもよく売れているそうです。彼いわく、「インタビューなんかに来ないでくれ。体験談を皆に話すのもだめ。そんなことできないよ。みんなが同じようにしたら、うちはどうしたらいいんだ?」

この気持ちは私もよく分かります。江蘇、浙江の企業は大変面白い。口ではインターネットなんて使い物にならないと言いながら、入金は誰よりも早い。他の人に追いつかれては大変だと思うのでしょう。自分を信じ、自分の目で見てみると、電子商取引は大変面白いものだと分かります。われわれのサイトでも他のサイトでもいいので、サイトが必要なら、大胆にその一歩を踏み出してください。そして歩き続ければ、あなたはきっと利益を手にすることができます。しかし、今日インターネットを始めて、3日後に利益が出るなんて贅沢な望みは抱いてはいけません。

ある社長が私にこう言いました。彼らはとっくに電子商取引をやっていると。そこで、私は尋ねました。

「どんな電子商取引をやっているんですか？」

答えはこうです。

「たくさんのサイトを借りて、金を十分使っているんだ」

「どのサイトですか？」

「名前は忘れたよ。趙君、何ていうサイトだったっけ？」

その趙さんという人も、サイトの名前を覚えていません。これで電子商取引と言えますか？　サイトを作る目的が、ソフトウエアを買うことになってしまっています。サイトを作ることは始まりでしかないのです。金槌を買って帰って家に置いておいても、何の得にもならないでしょう？

アリババの2：7：1戦略

今、お話しした電子商取引は1つの過程にすぎません。ビジネスを目的として、インターネットを道具あるいは手段として、会社を経営するのです。ソフトウエアを1本買ってそれでOKということではないのです。

現在、われわれは2：7：1戦略を実行しています。**20％の優秀な社員、70％の素晴らしい社員、そして、10％の社員は淘汰されます。顧客に対しても、この戦略をとっています。毎年、10％の顧客が淘汰されます。**

たとえば、私が医者で、あなたが病人で、診察に来たとします。あなたは電子商取引が分からない。私は処方箋を書きます。もし、あなたが薬を受け取って帰っても、それを飲まなければ私にはどうしようもありません。これと同じことです。

私はよく社員にこの話をします。私は企業というのはこうあるべきだと思います。

杭州にある有名なレストランがありました。6年前、私は、そのレストランに行きました。数卓しかない小さな店です。私は、料理を頼むとそこでしばらく待っていました。

5分ほどすると、その支配人がやってきて、こう言うのです。

「お客様、ご注文をもう一度お願いできますか？」

私は答えました。

「何かあったのかい？」

すると、

「お客様は、スープ4種類とお料理を1種類ご注文になっています。このままだと、きっとお帰りになってから、あの店はよくなかった。食事が悪かった、とお思いになるでしょう。ですが、悪いのは食事ではなく注文の仕方なのです。当店にはおいしい料理がたくさんあります。ぜひ、料理を4種類とスープを1種類ご注文ください」

私はこの店を大変面白いと思いました。この店は客の立場で考えています。よくあるような、伊勢エビを食べろとかスッポンはどうだ、と言ってくるような店とは違います。支配人は無駄なことは言わず、「お二人ならこれで十分です。足りなければまたご注文ください」と言いました。客が満足すれば、店も成功する。客が満足しなければ、店は失敗なのです。

アリババ発展史

1998年12月　馬雲と17人の創業メンバーが杭州で中国初の電子商取引サイト「アリババオンライン」開設を発表
1999年3月　馬雲は仲間を率いて杭州に戻りアリババ・ネットを正式に創設
7月　アリババ中国の持株会社を香港に設立
9月　アリババネットワーク技術有限公司を杭州に設立
10月　アリババが500万ドルのベンチャーキャピタルから投資を受ける
2001年1月　ソフトバンクがアリババに2000万ドル投資
12月　利益が上がり始める。登録会員数が100万人を突破（世界初の快挙）
2002年10月　日本市場に全面進出
12月　完全黒字になる
2003年5月　完全無料の中国C2Cサイト、タオバオ設立
7月　馬雲はタオバオに1億元の投資を発表し、国内C2C市場モデルの打破を開始する
10月　第三者支払機関、アリペイ（支付宝）設立
2004年2月　中国インターネット史上最高額の国際的投資を得る
4月　タオバオと中国最新鋭のインターネット娯楽総合ポータルサイト21cn.comとが業務

提携

7月　アリババがタオバオへの3億5000万元の再投資を発表

年末　支付宝（アリペイ）公司独立

2005年1月　タオバオが香港の電子商取引市場に参入し、「香港街」をオープン

4月　タオバオと捜狐が戦略的業務提携。タオバオは2005年第一四半期の取引額が10億元を突破し、国内C2Cサイトでトップに

7月　アリペイは「お買い上げには保証付き」というキャンペーンを展開し、ネットショッピングの支払システムで人気ナンバーワンとなり、中国のネットショッピングの発展に寄与

8月　アリババがヤフーチャイナから10億ドルの投資を得る

年末　アリババが「2005年CCTV中国年度雇用主調査」で最優秀雇用主に選ばれる

2006年6月　米誌『ビジネス2．0』の世界で最も影響力のあるビジネスマンベスト50に中国大陸から唯一馬雲がランクイン

7月　日本投資持株会社を設立しケイマン諸島にて登記

2007年1月　アリババグループが上海においてアリババソフトウエア有限公司設立を発表

6月　「e通貸」ローン貸付開始式典を杭州にて挙行

7月　タオバオの2007年上半期の総取引額が157億元を突破、2006年同期比200%増に迫る

8月　アリペイ海外全面進出

10月　アリババが中国工商銀行と共同開発したネットショップ融資の新商品「易融通」をウェブ上で公開
11月　アリババインターネット有限公司が香港証券取引所に上場
2008年3月　アリババがハンセン総合指数およびハンセン流通指数の構成銘柄となる
2009年9月　クラウドコンピューティングの「アリクラウド」設立
2011年6月　B2Cサイト「淘宝商城（2012年3月に「天猫（Tモール）」に改称）」開設
2012年9月　米国ヤフーより同社の所有していたアリババ株40％のうち半分を買い戻す
2013年5月　馬雲CEO辞任。陸兆禧がCEOに就任
2014年9月　ニューヨーク証券取引所に上場
2014年10月　アントファイナンシャル設立
2016年1月　生鮮スーパー「盒馬鮮生（フーマーシエンシェン）」第一号店（上海金橋店）出店
2016年4月　動画配信サービス「優酷土豆（ヨウクートゥードウ）」完全子会社化
2017年10月　先端技術研究機関「阿里巴巴達摩院（アリババ　ダーモーユアン）（Alibaba DAMO Academy）」設立
2018年4月　フードデリバリーサービス「餓了麼（ウーラマ）」完全子会社化
2018年9月　ジャック・マー、2019年9月のアリババグループ会長退任を宣言

訳者解説

本書は、2014年12月に発行された『ジャック・マー　アリババの経営哲学』の携書版である。

この4年間で、日本におけるジャック・マー（本名　馬雲《マーユン》）の認知度は上昇し、アリババグループ自体のイメージも「ネットショッピングサイト」から、「キャッシュレス革命の牽引者」へと変化した。

2018年に注目された「中国の先進スマホ決済」の主役「支付宝《ジーフーバオ》（アリペイ）」というサービスはアリババ傘下のアントファイナンシャルが運営しており、アントファイナンシャルの経営理念にも、本書で紹介されているアリババの経営哲学が反映されている。

ジャック・マーとアリババの歴史

ここで、簡単にジャック・マーとアリババの略歴を振り返っておく。

ジャック・マーは、1964年浙江省杭州市生まれ。両親は伝統芸能の関係者であった。

数学が苦手だったことが原因で、大学受験に2度失敗し、杭州師範大学（当時の杭州師範学院）の英語本科に進学。

卒業後、杭州電子工業学院（現在の杭州電子科技大学）の英語教師になったジャック・マーは、1995年杭州市の要請によりアメリカに出張し、そこで、インターネットと出会い、その魅力にとりつかれた。そして帰国後、大学を辞し、「中国黄頁」という企業広告サイトを立ち上げた。

その後、北京での政府系インターネット関連機関での勤務を経て、1999年に杭州で起業。企業間取引（B2B）サイトの「アリババ（阿里巴巴）」から始まり、2003年には個人間取引（C2C）の「タオバオ（淘宝網）」とそしてそれらを支える決済システムの「アリペイ」を始めた。

その後、2011年にはB2C（企業から消費者への販売）メインのショッピングプラットフォーム「淘宝商城」を始めた（2012年に「Tモール（天猫）」と改称）。毎年11月11日の「シングルズデー（独身の日）」の大々的なセールは、日本でも中国のネットショッピングの隆盛を示す現象としてしばしば報道される。

そのシングルズデー1日の売り上げは、2014年が約570億人民元（約1兆770億円）、2015年が約910億人民元（約1兆7560億円）、2016年が約1200

億人民元（約1兆8840億円）、2017年が約1680億人民元（約2兆8720億円）、2018円が約2130億人民元（約3兆4720億円）と増加の一途をたどっている。（当時の為替レートに基づき日本円での金額を表示）

一方、現在、日本で最も注目を集めているアリババ関連の話題は、スマホ決済プラットフォームのアリペイ（支付宝）だと言えよう。日本でもスマホによるQRコードかバーコードの読み取り決済サービスが複数開始されたことで、この分野への注目が高まった。スマホでQRコードを読み取るだけで支払いができて便利であること以外に、顔認証などの最先端技術の導入、芝麻《ジーマ》信用（Zhima credit）、余額宝というサービスなどは注目に値する。

これらの金融関連部門が独立してできた企業が現在のアントファイナンシャルだ。同社は、アリペイの決済機能から始まり、誰でも金融サービスを享受できるファイナンシャルインクルージョン（金融包摂）の実現を理念に掲げている。

かつてジャック・マーは「やりにくい商売をなくす」と言ったが、アントファイナンシャルは、使いにくい金融をなくすことをミッションとしていると言ってもいいだろう。

一方、本書にも書かれているとおり、ジャック・マーは2013年にアリババグループ

ＣＥＯを辞し、現在は会長として「アリババの顔」を務めているが、来年には会長職も辞す予定である。

ジャック・マーの二つの使命

本書が新刊書として出版されたとき、多くの人の関心は、ＩＰＯによって、アリババやジャック・マーが得た金額だったが、ジャック・マーの凄さは、その稼ぎ出した金額よりもむしろ、強烈な使命感を持ち続けていることにあると言える。そして、その使命感は至ってシンプルで、

- 世界のあらゆる商売をやりやすくする
- 中小企業を助ける

という二つに集約される。しかし、アリババグループの施策、戦略にこの二つの使命感が息づいている。

現在では、多角化を進めており、映画制作などにも進出して、この使命感とは一見関係のないとも見える事業もある。しかし、基本的には、アリババ系列の企業の得意分野は小規模のビジネスのサポートであり、それを使命としている。

前述のアントファイナンシャルも、スマホ決済の競合相手であるテンセントがソーシャル分野に強いこともあり、ソーシャル機能の強化も試みたが、順調にはいかず、コミュニティ機能と芝麻信用のスコアを結びつけようとした結果、批判に晒されている。

アントファイナンシャルは、そのような紆余曲折を経て、プラットフォーム機能の充実を本分としている。また、将来的には、自らが運営する金融サービスはなくし、プラットフォームに専念する方向だとみられる。

ジャック・マーとアリババの現状と今後

前述の通り、本書が新刊として出版されてから今日に至るまで、アリババは大きく変化した。ここでは、現在のアリババグループの動きと今後についていくつか触れておきたい。

現在アリババ関連の話題の中で最も注目されているのが、前述のとおり、小額金融を中心としたアントファイナンシャルだ。世界最大のユニコーン企業（企業価値が10億ドル以上の未上場企業）と言われており、その評価額は日本円にして16兆円を超えている。その評価額が示すように、アントファイナンシャルが運営しているサービスは画期的で、今後の中国におけるサービスの潮流を示すものだと思われる。

●担保取引　支付宝（アリペイ）

C2Cのショッピングサイト「タオバオ（淘宝網）」で、見知らぬ人同士が代金のやりとりをするために生まれたツール。買い手がアリペイに商品の代金を支払い、アリペイが入金を確認してから売り手に商品の発送を指示。その後買い手が商品を確認してからアリペイは保留しておいた代金を売り手に支払うシステム。

●スマホ決済　支付宝銭包《チエンバオ》（アリペイウォレット）

アリペイのスマホアプリ。

●信用評価スコア　芝麻信用

タオバオ、旅行サイト「フィギー」などアリババ系列のサイトの利用データなどから信用履歴、行動傾向、契約履行能力、属性などに基づき個人の信用度を点数化したもの。スコアが高いとホテルのチェックイン時のデポジット不要などの特典が受けられる。

●小額投資　余額宝《ユーウーバオ》

アリペイの口座に入っている資金を、最低1元から資産運用できるサービス。定期型商品ではないため、必要なときに決済に利用できるなどの利便性がある。

●小額貸付　借唄《ジエベイ》
アリペイアプリから利用できる小額貸付。アリペイが持つデータと技術力を駆使した低コストのキャッシングサービスであるため、それまで既存金融機関からは貸付を受けられなかった層にも利用可能。

●読み取り決済用QRコード　収銭碼《ショウチエンマー》
商店などに設置するQRコード。顧客はこれを読み取ることで支払いができる。これを普及させることで、現在日本のメディアなどで取り上げられている「街角の屋台や露店でもQRコード支払いが可能」という状況が出現した。

日本の報道ではQRコード決済が大きく扱われているが、社会的意義は、芝麻信用、余額宝などの方が高いと言える。芝麻信用は、個人の信用を可視化するシステムで、例えばカナダへ観光旅行に行く際に、このスコアが高い人物は預金証明が不要になる、などの特典が受けられる。一企業が算定した個人への評価が政府機関への証明代わりになることは、日本人には違和感があるが、中国社会では受け入れられている。また、余額宝の登場によって、それまでは富裕層以外には縁の薄かった資産運用が身近なものになった。

このように、アントファイナンシャルの金融サービスの基本的なスタイルは、「利用者にとってのハードルを下げる」ことである。その中には、アプリの使いやすさ、借り入れにかかるコストの低さなどが含まれる。そのような低コストで利便性の高い金融サービスの背後にあるのは高い技術力である。アントファイナンシャルにとって、技術力はその存立の根幹に関わる強固な基盤なのである。

技術と言えば、アントファイナンシャルは、2018年12月に「蜻蜓（トンボ）」という顔認証デバイスを発表した。商店のレジにつなげて設置しておけば、顧客は、支払いの際にそのカメラに自らの顔を映すことで支払いができる。その支払いの手軽さは、まさに「商売をやりやすくする」デバイスだと言える。

このように、アリババグループは先端技術を利用し、人々の生活を変えつつある。技術力に関する自身とこだわりは、自らへの定義づけにも現われている。アントファイナンシャルは、自らをフィンテック企業とは名乗っておらず、テックフィン企業と言っている。この語順から分かるように、あくまでテクノロジーが先だという位置づけなのである。

アントファイナンシャルは、2014年の設立から2018年4月まで、アリババ創業者グループの一人である彭蕾（Lucy Peng）が率いてきた。彼女は、ジャック・マーの考えを最も理解している人物とも言われている。その後、2016年10月に、井賢棟（Eric Jing）がCEOに就任。井賢棟も、2007年にアリババグループに入社したベテラン社員で、就任前からすでに彭蕾の片腕として活躍していた。

5つの「新」

また、ジャック・マーは2016年以降、「新小売、新製造、新金融、新技術、新エネルギー」を5つの「新」として、今後の成長戦略と位置づけている。中でも特に「新小売(ニューリテール)」は、無人スーパーなど市民に身近な分野でもあり、注目を集めている。5つの「新」は、今後、アリババが事業を拡張していく方向を示していると思われるので、それぞれについて簡単にご紹介しておきたい。

新小売 オンラインとオフラインが融合し、Eコマースという言葉はなくなる

新製造 製品のオーダーメイド化が進む。IoTの普及。

新金融 インクルーシブ・ファイナンスの推進。信用を財産化する。

新技術 今後はビッグデータとクラウドコンピューティング中心になる。

新エネルギー データが過去の水や電気のようなエネルギーになる。

もちろんそれぞれが個別に存在しているのではなく、全体が融合して、アリババを中心としたエコシステムを形成していくのだが、キーワードとして、この5つを知っておくと今後のアリババ関連のニュースなどの理解もしやすいと思われる。

『アリババの経営哲学』新刊書の発行から、4年あまりが経過し、アリババグループの影響力も大きく変化したが、本書の中には、同グループ創始者であり、世界で最も注目される人物の一人でもあるジャック・マーの考え方のエッセンスが詰め込まれている。中国企業のみならず、世界のビジネスの動静を見る際の参考になれば幸いである。

最後になりましたが、本書を飜訳するにあたり、近本信代様、岡本悠馬様、須田友喜様、下垣内あゆみ様、生長真澄様、文杰様にご協力いただきました。誠にありがとうございました。家族の協力にも感謝いたします。また、株式会社ディスカヴァー・トゥエンティワン社の藤田浩芳取締役編集局長にも、この場を借りてお礼申しあげたいと思います。

2018年12月

永井　麻生子

ディスカヴァー携書 210

ジャック・マー　アリババの経営哲学

発行日　2019年1月30日　第1刷

Author　張燕

Translator　永井麻生子
Book Designer　遠藤陽一（DESIGN WORKSHOP JIN.Inc.）

Publication　株式会社ディスカヴァー・トゥエンティワン
〒102-0093　東京都千代田区平河町2-16-1 平河町森タワー11F
TEL　03-3237-8321（代表）　03-3237-8345（営業）
FAX　03-3237-8323
http://www.d21.co.jp

Publisher　干場弓子
Editor　藤田浩芳

Marketing Group Staff
小田孝文　井筒浩　千葉潤子　飯田智樹　佐藤昌幸　谷口奈緒美
古矢薫　蛯原昇　安永智洋　鍋田匠伴　榊原僚　佐竹祐哉　廣内悠理
梅本翔太　田中姫菜　橋本莉奈　川島理　庄司知世　谷中卓
小木曽礼丈　越野志絵良　佐々木玲奈　高橋雛乃

Productive Group Staff
千葉正幸　原典宏　林秀樹　三谷祐一　大山聡子　大竹朝子
堀部直人　林拓馬　塔下太朗　松石悠　木下智尋　渡辺基志

Digital Group Staff
清水達也　松原史与志　中澤泰宏　西川なつか　伊東佑真　牧野類
倉田華　伊藤光太郎　高良彰子　佐藤淳基

Global & Public Relations Group Staff
郭迪　田中亜紀　杉田彰子　奥田千晶　連苑如　施華琴

Operations & Accounting Group Staff
山中麻吏　小関勝則　小田木もも　池田望　福永友紀

Assistant Staff
俵敬子　町田加奈子　丸山香織　井澤徳子　藤井多穂子　藤井かおり
葛目美枝子　伊藤香　鈴木洋子　石橋佐知子　伊藤由美　畑野衣見
井上竜之介　斎藤悠人　宮崎陽子　並木楓　三角真穂

DTP　有限会社マーリンクレイン
Printing　共同印刷株式会社

・定価はカバーに表示してあります。本書の無断転載・複写は、著作権法上での例外を除き禁じられています。インターネット、モバイル等の電子メディアにおける無断転載ならびに第三者によるスキャンやデジタル化もこれに準じます。
・乱丁・落丁本はお取り替えいたしますので、小社「不良品交換係」まで着払いにてお送りください。
本書へのご意見ご感想は下記からご送信いただけます。
http://www.d21.co.jp/contact/personal

ISBN978-4-7993-2421-9

©Discover 21,Inc., 2019, Printed in Japan.

携書ロゴ：長坂勇司
携書フォーマット：石間　淳